슈퍼비전을 위한
상담사례보고서

이론과 실제의 통합적 관점에서 본
해설과 개념화

| 김용태 저 |

학지사

머리말

저자는 지금까지 햇불트리니티신학대학원대학교 기독교 상담학과에서 오랫동안 슈퍼비전을 해 오고 있고, 학교뿐만 아니라 학회 및 기타 여러 상담기관 등에서도 많은 슈퍼비전을 해 왔다. 이러한 경험을 통해 슈퍼비전에 대한 사례보고서의 양식이 다양함을 알게 되었다. 저자는 사례보고서 양식의 다양성을 통해서 사례를 깊게 그리고 다각도로 볼 수 있는 풍부함을 경험하였다. 그러나 다양한 사례보고서 양식은 사례를 이해하는 데 제한을 가져다주기도 하였다. 꼭 있어야 할 내담자에 관한 정보들이 빠져 있는 경우도 있었고, 어떤 경우에는 내담자를 이해하기 위한 기본적 틀이 없기도 하였다. 아마도 이는 표준화된 상담사례보고서 양식의 부재에서 비롯되었다고 생각한다. 저자는 그동안 상담학도들이 상담사례보고서를 작성할 수 있도록 양식을 개발해 왔다. 개발된 상담사례보고서 양식은 그동안 햇불트리니티신학대학원대학교 기독교 상담학과 학생들뿐만 아니라 여러 상담기관에서 슈퍼비전을 할 때 사용되어 왔다.

저자는 상담사례보고서 양식이 가지고 있어야 할 공통 영역을 제시하고자 한다. 상담을 전공하는 학도나 상담전문가가 상담사례를 이해할 때 공통적으로 알아야 할 영역이 무엇인가라는 주제는 상담 슈퍼비전을 할 때 중요하다. 이러한 점에서 상담사례보고서를 작성하는 많은 상담학도나 상담전문가에게 도움이 되게 하고 싶은 마음으로 이 책을 집필하였다. 이 책에서 제시하는 상담사례보고서 양식은 완성된 내용이 아니다. 앞으로 이 책을 통해서 많은 상담전문가가 상담사례보고서를 작성하는 데 꼭 필요한 내용이 무엇인가에 대해서 서로 토론하고 학술대회도 하면서 새롭게 수정되고 변화되기를 기대하는 마음이다. 또한 이 책에서 제시하는 상담사례보고서 양식이 첨삭되고 수정되면서 표준화된 상담사례보고서 양식이 탄생하기를 바라는 마음이다. 학회나 상담기관은 자신이 추구하는 가치관에 따라서 상담사례보고서 양식을 다르게 할 수 있다. 또한 슈퍼비전의 형태에 따라서도 상담사례보고서 양식이 달라질 수 있다. 상담사례보고서 양식은 개인 슈퍼비전인가 집단 슈퍼비전인가에 따라서 달라질 수 있고 또는 개인상담인가 가족상담인가 혹은 집단상담인가에 따라서도 달라질 수 있다. 그럼에도 불구하고 상담사례보고서를 작성할 때 내담자를 이해할 수 있는 기본적 틀은 중요한 주제다. 앞으로 이러한 기본적 틀을 만들어 가는 데 이 책이 기여할 수 있는 하나의 참고자료가 되었으면 한다. 많은 상담전문가에 의해서 표준화된 사례보고서가 채택되는 데 이 책이 기여할 수 있다면 더욱 기쁜 일이다.

전문가에게 형식은 중요하다. 저자는 어렸을 때 탁구를 배웠고, 대학생 때는 테니스를 배운 적이 있다. 저자를 가르친 코치들은 한결같이 폼의 중요성을 강조했다. 폼을 제대로 익혀야 운동을 잘할 수 있다고 배웠다. 테니스를 배울 때 테니스 코치가 저자에게 "테니스를 치면서 탁구 치듯이 왜 손목을 움직이느냐?"라고 지적을 한 적이 있다. 이는 테니스를 치기에 적합한 형식을 익히게 하기 위해서 한 말이다. 전문 영역은 나름대로 일정한 형태의 폼, 즉 형식을 가지고 있는데 그 분야에서 전문가로 훈련을 받는 사람들은 이러한 형식이 몸에 배도록 훈련을 한다. 상담도 전문 영역이기 때문에 나름대로 형식이 있다. 상담을 진행할 때 익혀야 하는 형식, 상담 슈퍼비전을 받기 위해서 발표해야 하는 형식, 법정이나 학교 등과 같이 상담 외 영역의 사람들에게 상담보고서를 제출할 때 익혀야 하는 형식, 상담전문가끼리 상담보고서를 공유할 때 익혀야 하는 형식, 상담과 관련된 여러 다른 전문기관 또는 전문가에게 상담보고서를 제출할 때 활용해야 하는 형식 등 상담 영역에서도 다양한 형태의 형식이 있다.

슈퍼비전을 받기 위해서 상담자가 발표할 상담사례보고서 양식은 전문가가 되기 위해서 꼭 필요하고 배워야 하는 형식 중 하나다. 상담사례보고서를 통해서 상담자들이 배워야 할 내용은 두 가지다.

첫째, 상담자는 다른 상담전문가와 의사소통을 할 수 있어야 한다. 상담사례보고서는 상담자 자신이 진행한 상담을 다른 상담전문가가 이해할 수 있는 형태로 전달하기 위한 수단이다. 따라서 상담자는 다른 상담전문가가 이해할 수 있는 형태로 상담사례보고서를 작성하여야 한다. 상담전문가가 서로 이해하기 위해서는 공유된 형태의 틀이 필요한데, 이것이 곧 상담사례보고서다. 상담사례보고서를 작성하는 상담자는 자신이 원하는 내용을 다른 상담전문가가 쉽게 이해할 수 있는지를 검토하여야 한다. 그렇게 하지 않으면 상담자 자신은 이해를 하고 있는데 다른 상담전문가가 이해하지 못하는 경우가 발생하게 된다.

둘째, 상담사례보고서는 상담자 자신의 전문성을 증진하기 위한 수단이다. 상담대학(원)에서 지식을 배우는 과학적 훈련, 내담자에게 상담을 제공하는 임상적 훈련 그리고 슈퍼바이저나 동료 상담자들에게 도움을 받는 슈퍼비전 훈련은 상담자가 전문인으로 성장을 하는 데 반드시 거쳐야 할 세 가지 훈련이다. 여기에 상담자 자신에 대한 이해를 높이기 위한 분석을 통한 성장 훈련과 자신의 문제를 해결하는 치료적 훈련이 더해지면 상담자는 전문인이 되기 위한 모든 훈련을 다 받게 된다. 상담사례보고서의 작성을 통해 슈퍼비전을 받는 훈련은 이러한 여러 가지 훈련 중 하나다. 전문가와 비전문가를 구분하는 점 하나가 곧 형식이다. 비전문가는 많은 경험은 하지만, 이를 어떤 형식으로 다른 사람에게 전달해야 하는지에 대해서 잘 모르는 사람이다. 이때 경험을 이해할 수 있는 틀, 즉 형식이 주어지면 비전문가는 자신이 경험한 내용이 무엇인지를 새롭게 인식하거나 이해할 수 있게 된다. 그리고 자신이 경험하는 내용에 대해 새로운 의미를 부여할 수 있게 된다. 상담사례보고서 양식은 이러한 형식 중 하나다. 슈퍼비전을 받기 위해서 상담자는 자신이 경험한 상담을 형식에 맞추어서 보고할 수 있는 역량을 키워야 한다. 상담자는 상담사례보고서를 작성하면서 많은 것을 이해하고 깨달을 수 있다. 자신이 미처 생각하지 못했거나 보지 못했던 점을 형식을 통해서 생각해 보게 된다. 사례보고서를 작성하면서 자신의 생각을 수정하기도 하고, 상담진행의 방향을 다르게 할 수도 있다. 상담자는 임상훈련을 통해서도 배우고 성장할 수 있지만 자신이 진행한 상담을 일정한 틀, 즉 형식에 따라서 보고하는 훈련을 통해서도 배우고 성장할 수 있다. 임상이 상담자가 실제 상담을 접하면서 배우는 활동이라면, 상담사례보고서 양식을 작성하는 일은 상담자가 자신의 경험을 반영하고 반추하면서 배우는 활동이다.

이 책은 모두 3부로 구성되어 있다. 제1부는 상담사례보고서 양식과 상담사례를 제시하고 있다. 먼저 상담자가 자신의 사례를 슈퍼비전받기 위해서 필요한 전체 상담사례보고서 양식을 제시하였다. 각각의 항목에 간단한 설명을 하여 상담자가 자신이 경험한 상담 내용을 어떻게 기록할 수 있는지를 표시해 놓았다. 두 번째는 상담사례다. 여기서 제시한 상담사례는 저자의 임상경험에서 얻어진 자료를 모아서 각색한 내용이다. 직업이나 나이, 여러 가지 사회적 사항 등을 변경하여 내담자 자신이 보아도 자신의 이야기라는 생각이 들지 않게 하였다. 상담사례는 책의 목적에 부합하도록 작성하였다. 상담사례보고서는 상담진행과 상담평가 부분만 제외하고 [부록 3]에 제시하였다. 상담진행 부분인 상담과정과 상담이 끝난 후에 이루어지는 상담평가 부분은 해설 부분에 제시하였다.

제2부는 사례보고서의 여러 가지 항목을 설명하고 있다. 상담사례보고서의 양식은 크게 다섯 가지 영역, 즉 기본정보, 임상자료, 사례개념화와 상담목표, 상담과정 그리고 상담평가로 구분된다. 다섯 가지 영역 속에 있는 구체적인 항목들은 각각의 단체나 학회 그리고 학교의 필요에 따라서 추가되기도 하고 빠지기도 한다. 그럼에도 불구하고 여기서 소개하는 다섯 가지 영역들은 각각의 상담사례보고서가 공통적으로 가지고 있는 부분이라고 볼 수 있다. 각각의 항목들은 개념적 설명을 한 다음 예를 제시하여 살펴보았다.

제3부는 사례개념화의 예를 제공하고 있다. 사례개념화는 상담자가 가장 어려워하는 부분으로 많은 노력이 필요한 부분이다. 특히 이 부분은 과학적 배움, 예술적 훈련 그리고 철학적 사고가 어우러진 내용이다. 사례개념화는 하나의 이론만을 가지고 이해하려는 방법, 즉 단일이론 사례개념화, 여러 이론을 사용하여 상담효과를 내려는 방법, 즉 절충적 사례개념화가 있으며 또한 여러 이론을 하나의 틀에 집어넣어서 내담자를 이해하는 방법, 즉 통합적 사례개념화가 있다. 단일이론 사례개념화는 두 가지 이론을 바탕으로 제시하였다. 하나는 Bowen 이론이고, 다른 하나는 저자가 개발한 초월상담이론이다. Bowen 이론은 제2장에서 상담사례보고서 양식을 해설할 때 이미 다루었으므로 단일이론 사례개념화로 제시하였다. 초월상담이론은 기독교 상담의 한 이론으로서 초월의 관점에서 사례개념화를 제시하였다. 절충적 사례개념화는 몇 가지 이론을 가지고 내담자를 이해함으로써 상담효과를 높이려는 노력이다. 각각의 이론들은 서로 독자적이고 독립적이지만, 모두 내담자를 임상적으로 이

해하는 관점을 제시하고 있다. 통합적 사례개념화는 몇 가지 이론들을 하나의 틀에 넣어서 사례를 이해하고자 하는 노력이다. 통합적 사례개념화를 시도하고자 한다면 자신 나름대로 사례를 설명할 수 있는 하나의 통합된 틀, 즉 이론적 관점이 있어야 한다. 이러한 이론적 관점을 간단하게 설명하고 이에 맞추어서 사례개념화를 시도한다.

이 책이 출판되기까지 많은 분의 도움이 컸다. 무엇보다도 이 책이 만들어질 수 있도록 도움을 준 동료 상담자들 그리고 슈퍼바이저들과 내담자들에게 깊이 감사한다. 이들은 모두 자신의 소중한 경험을 저자에게 제공하였고, 이를 통해서 상담사례보고서를 작성할 수 있었다. 상담사례보고서를 읽고 교정한 여러 횃불트리니티신학대학원대학교 기독교 상담학과 박사과정 학생들에게 감사한다. 많은 시간을 들여서 꼼꼼하게 읽고 피드백을 주고 교정을 해서 현재의 모양이 탄생하였다. 특히 이 책을 위해서 수고를 아끼지 아니한 김지연, 조난숙, 박대선, 박영남에게 고마운 마음이다. 끝으로 이 책이 출판되도록 애를 써 주신 학지사 김진환 사장님에게 심심한 감사를 표한다.

2014년 2월
양재동 우면산 자락에서
저자 김용태

차 례

1

제3부
SUPERVISION
상담 이론에 따른 사례개념화

3

1

SUPERVISION

상담사례보고서 양식과 상담사례

제1부는 상담사례보고서 양식과 상담사례로 구성되어 있다. 상담사례보고서는 상담자들이 슈퍼비전을 받을 때 필요한 양식이다. 상담자들이 전문가로 성장하기 위해서 필요한 훈련 중 하나가 보고서 양식을 작성하는 일이다. 상담자들은 자신의 상담사례를 보고서에 맞추어 기록하는 방식을 통해서 자신들의 상담을 객관적으로 바라볼 수 있게 된다. 이러한 훈련을 위해서 상담자들은 보고서 양식에 익숙해지도록 한다. 상담사례보고서를 작성하기 위해서 필요한 예로 상담사례를 제시하였다. 상담자들은 여기에 제시된 상담사례를 바탕으로 자신이 좀 더 창의적으로 사례를 작성할 수 있다.

상담사례보고서 양식

1. 기본정보

1) 호소문제

호소문제는 내담자의 말을 직접 인용하여 기록한다.

예 "나는 화가 나서 미칠 지경이에요."

"우울해서 아무것도 할 수 없어요. 나 좀 어떻게 해 주세요."

"실패한 느낌이 많아요. 어떻게 살아야 할지 모르겠어요."

주 의 사 항

상담자는 내담자의 말을 상담자의 언어로 변경하여 기록하지 않는다. 변경하면 상담자를 통해서 내담자를 이해하게 되므로 다른 상담자가 내담자를 잘못 이해할 수 있다.

호소문제가 많으면 영역별, 증상별, 주제별 등으로 구분하여 기록한다. 상담자는 자신이 원하는 방식으로 호소문제를 제시할 수 있다.

예 **영역별 호소문제**
- 부모자녀관계

  "아이 때문에 죽겠어요. 아이가 말을 안 들어요."

  "어떤 때는 아이가 무서워요. 아이가 아닌 것 같아요."

- 부부관계

  "남편이 나를 못살게 굴어요."

  "아무래도 살기 어려울 것 같아요. 남편이 나를 의심하고 힘들게 해요."

예 **증상별 호소문제**
- 편집증

  "남편에 대해서 의심할 수밖에 없어요."

  "누군가를 만나는 것 같은데 말을 하지 않아요."

- 우울

  "나는 하루 종일 기분이 안 좋아요."

  "잠을 너무 많이 자요. 자고 나면 기분이 몹시 안 좋아요."

예 **주제별 호소문제**
- 진로 주제

  "나는 앞으로 무엇을 해야 할지 모르겠어요."

- 정체성 주제

  "내가 이상한 것 같아요."

  "내가 누구인지 잘 모르겠어요."

- 생존 주제

"나는 살아남기 위해서는 무엇이든 하려고 해요."

"상담을 받는 것도 왠지 사치같이 느껴져요."

2) 내담자의 사회적 정보

(1) 개인사항

내담자가 사회적으로 제공하는 정보를 기록한다.

예 성별, 연령, 민족/국가, 사회경제적 지위, 결혼 상태, 직업, 종교 등

(2) 가족사항

① 현재가족

- 내담자의 현재가족의 정보를 기록한다. 현재가족이란 동거하고 있
  는 가족을 말한다.
- 개인사항에 대한 정보를 기록하는 방식과 같다.

  예 현재가족의 연령, 민족/국가, 사회경제적 지위, 결혼 상태, 직업,
  종교 등

② 원가족

- 현재가족과 마찬가지로 원가족의 정보를 기록한다.
- 개인정보에 대한 정보를 기록하는 방식과 같다.

  예 원가족 구성원의 연령, 생존 여부, 민족/국가, 사회경제적 지위,
  결혼 상태, 종교, 기타 필요한 사항 등

- 내담자의 결혼 유무에 따라서 원가족의 가족사항이 달라진다.
  - 미혼인 경우, 아버지와 어머니의 원가족을 기록한다.

– 기혼인 경우, 내담자와 배우자 각각의 원가족을 기록한다.

③ 가계도
- 구조 가계도를 그린다. 구조 가계도란 가계도 중에 관계 형태를 뺀 가족관계의 정보를 기록한 도형을 말한다.
- 현재가족과 원가족에 대한 정보를 나타낸다.
- 내담자의 3대 가족관계를 구조적으로 그린다.
- 가계도를 그리는 방법은 McGoldrick과 Gerson(2011)[1]의 책이나 김용태(2000)[2]를 참고한다.

(3) 사회활동 사항
- 내담자의 사회활동에 대한 간단한 정보를 제공한다.
- 직장 유무, 친구 유무, 활동하는 단체의 유무, 기타 필요한 사항을 기록한다.
  - 예 – 중소기업에 다니는 중이다.
    - 친한 친구는 거의 없다.
    - 교회에 다니고 있다.
    - 영어학원에 다니면서 이직을 준비 중이다.

(4) 상담 경위
상담 경위를 기록할 때 다음의 세 가지 항목을 기록한다.

---

1) McGoldrick, Gerson & Petry (2011). 가계도 사정과 개입.
2) 김용태(2000). 가족치료 이론(제9장의 보웬 가족치료이론 부분)

① 내방 경위

• 자발적(내담자 신청)인지 비자발적(의뢰인 요청)인지에 대해 기록한다.

• 자발적이라면 어떻게 상담을 신청하게 되었는지에 대해서 기록한다.

• 비자발적이라면 누가 상담에 의뢰했는지를 기록한다.

• 상담을 의뢰한 사람과 내담자와의 관계를 기록한다.

② 상담경험

• 이전에 상담받은 경험이 있는지를 기록한다.

• 몇 번이 있었는지, 왜 그만두었는지 등을 기록한다.

• 그만둔 과정에 대해서 가능하면 자세하게 기록한다.

• 상담경험을 통해서 내담자가 좋아지거나 달라진 점을 기록한다.

③ 상담 시점

• 내담자가 왜 이 시점에 상담을 받으러 왔는지에 대해서 기록한다.

• 증상과 관련이 있는지 아니면 위기 상황인지를 기록한다.

• 내담자가 위기를 느끼는지 아니면 주변 사람들이 위기를 느끼는지를 기록한다.

3) 슈퍼비전받고 싶은 내용

(1) 동료 상담자에게 도움받고 싶은 내용

• 상담사례보고서 양식에 관한 부분

  – 상담자가 더 제시했으면 하는 영역에 관한 부분

  – 상담자가 불필요하게 많이 제공한 영역에 관한 부분

• 내담자에 대한 기초 정보에 관한 부분

- 내담자에 대한 정보 중에서 더 필요한 부분

- 정보를 받아서 기록하는 방식에 관한 부분

• 동료 상담자가 보는 상담자의 강점과 단점에 관한 부분

- 사례 속에 보이는 상담자의 강점 부분

- 동료 상담자라면 어떻게 다르게 할 수 있는지에 관한 부분

• 상담 실제에 관한 여러 가지 영역

- 상담 시간 및 기간에 관한 부분

- 상담 장소에 관한 부분

- 방문인가 내방인가의 상담방식에 관한 부분

- 상담 실제 영역에서 필요하다고 생각하는 부분

• 기타 부분

- 상담자가 자신이 필요하다고 생각하는 부분

(2) 슈퍼바이저에게 도움받고 싶은 내용

• 상담 효과에 관한 부분

- 어떤 상담 효과를 내고 있는지에 관한 부분

- 호소문제와 상담 효과의 관계의 부분

• 사례개념화에 관한 부분

- 상담자의 이론적 입장에 관한 부분

- 상담자가 내담자를 이론적으로 설명한 것에 관한 부분

- 상담 목표 설정과 전략 수립에 관한 부분

• 상담진행에 관한 부분

- 상담과정에서 상담자의 개입에 관한 부분

- 축어록을 통한 상담자와 내담자의 상호작용에 관한 부분

- 전체 상담진행의 방향에 관한 부분

• 상담자의 전문적 발달에 관한 부분
 - 상담자의 전이와 역전이에 관한 부분
 - 내담자와의 신뢰관계 형성에 관한 부분
 - 상담자의 성장과 치료에 관한 부분
• 기타 영역
 - 상담자가 도움받고 싶은 영역

2. 임상자료

1) 내담자의 문제

상담자가 내담자에 관한 정보를 진술할 때 서술식으로 할 수도 있고 항목별로 할 수도 있다. 여기서는 서술식 방법과 항목별 방법에 대한 예를 제시한다.

(1) 심리내적 상태

서술식 기록은 내담자의 심리내적 상태를 전반적으로 기록하며, 영역별 기록은 감정·생각·행동으로 나누어서 한다.

예 서술적 기록방법

내담자는 두려움과 불안을 동시에 느끼면서 "아버지에 대해서 무섭고도 그리우며 분노를 느낀다."라고 한다. 자신이 이용당할 것 같은 생각을 하면서 "남자들은 다 자신을 이용하려고 한다."라고 말하고 있다. 내담자는 갈등을 못견뎌하면서 "갈등이 생기면 폭식하는 경향이 있는데, 결국 음식을 많이 먹고 토한다."라고 말한다.

예 영역별 기록방법

- 두려움과 분노

  "무서우면서도 그렇고 또한 분노를 느껴요."

- 이용당한다는 생각

  "남자들은 다 나를 이용하려 한다는 생각이 들어요."

- 폭식 행동

  "갈등이 생기면 폭식을 하는 경향이 있어요."

  "음식을 많이 먹고 토해요."

(2) 관계 형태

① 현재가족과의 관계 형태

호소문제와 관련이 있는 현재가족과의 관계 형태를 기록한다.

예 서술식 기록방법

내담자는 평상시에 "아버지에게 대들다가 맞은 적이 있다." 그리고 어머니에 대해서는 "불쌍한 엄마지만 답답할 때가 있다."라고 말을 한다.

예 영역별 기록방법

- 아버지와의 관계

  "아버지가 무서웠지만 대들다가 맞은 적이 있어요."

- 어머니와의 관계

  "불쌍한 엄마지만 답답할 때가 많아요."

② 원가족과의 관계 형태

가족들이 원가족 내에서 어떤 형태의 관계를 가지고 있는지 기록한다.

예 서술식 기록방법

> 내담자는 아버지와 할아버지의 관계에 대해서 "아버지는 할아버지
> 에게 많이 맞고 자랐다."라고 진술하였다. 내담자는 할머니에 대해
> 서도 "할머니는 순종적이어서 오히려 아버지에게 의지하는 삶을
> 살았다."라고 말을 하였다.

예 영역별 기록방법

- 할아버지와의 관계

  "아버지는 할아버지에게 많이 맞고 자랐어요."

- 할머니와의 관계

  "할머니는 순종적이어서 오히려 아버지에게 의지하는 삶을 살았어요."

③ 사회적 관계 형태

- 일반적 관계 형태를 기록한다.
- 친구들과 어떤 관계를 맺고 있는가를 기록한다.
- 직장이나 단체에서 어떤 관계를 맺고 있는가를 기록한다.
- 불특정의 사람들과 어떤 관계를 맺고 있는가를 기록한다.
- 기타 필요한 관계 형태가 있으면 기록한다.

예 서술식 기록방법

> 내담자는 사람들과 피상적으로 관계를 하고 있다. 깊이 속마음을
> 나누는 친구는 거의 없는 편이고, 마음이 힘들 때는 사람들을 거의
> 만나지 않는다. 내담자는 사람들을 만날 때 "감정을 보이지 않으려
> 고 노력한다."라고 보고하면서 "사람들이 가까이 오면 거리를 유지

하려고 한다."라고 말하고 있다.

예 영역별 기록방법

• 일반인과의 관계

"다른 사람들이 가까이 오면 거리를 유지해요."

"사람들과 대화를 하거나 관계를 할 때는 감정을 보이지 않으려고 해요."

• 교회에서 성도들과의 관계

"따뜻하게 대해 주는 사람들에게 매달리는 경향이 있어요."

"남자 성도가 가까이 오면 차갑게 대해요."

(3) 영적 상태

내담자의 호소문제와 관련된 영적 상태를 기록한다.

주 의 사 항

내담자의 호소문제와 직접적으로 관련이 없는 영적 정보들은 내담자의 사회적 정보에 기록한다.

예 서술식 기록방법

내담자는 분노를 느끼거나 답답할 때 하나님에게 매달리는 기도를 하지만 응답이 없다고 느껴지면 하나님을 원망한다. 내담자는 요즘 에는 기도도 잘 나오지 않고 "하나님이 나와는 상관없는 분같이 느 껴진다."라고 말하면서 교회 목회자들을 보면 왠지 "자신을 혼낼 것 같아서 가까이 가지 않는다."라고 진술하고 있다.

예 영역별 기록방법

- 하나님과의 관계

  "하나님이 나와는 상관없는 분같이 느껴져요."

- 교회 목회자와의 관계

  "나를 혼낼 것 같아서 가까이 가지 않아요."

(4) 심리검사 결과

심리검사의 결과를 다음의 두 가지 방식으로 제시한다.

① 원자료의 제시

원자료는 심리검사의 결과를 내담자가 기록한 그대로 제시한 내용이다.

② 해석적 자료의 제시

해석적 자료란 검사에 나타난 내담자의 정보를 의미 있게 체계적으로 제시한 심리검사의 결과다.

- 개별 심리검사의 결과를 제시하는 경우
  - 각각의 심리검사(예: MMPI, 문장완성 검사, DAP, HTP 검사 등)는 개별적으로 실시한 심리검사에 관한 내용을 소개한다.
  - 각각의 검사에 대해서 원자료 방식과 해석적 방식으로 제시할 수 있다.
- 종합적 심리검사 결과를 제시하는 경우
  - 여러 개의 심리검사
    ○ 심리검사를 여러 개 실시한 경우에는 종합적으로 보고한다.
    ○ 종합적 보고는 각각의 심리검사를 서로 확인해서 공통되는 항

목을 제시한다.

– 개별검사에 나타난 특이 사항

    o 내담자에게 맞는 것은 제시한다.

    o 내담자에게 맞지 않는 것은 폐기한다.

    o 이는 내담자와의 면접을 통해서 확인할 수 있다.

– 여러 개의 조사를 해석적 자료의 형태로 제시한다.

2) 내담자의 임상관찰

상담현장에서 관찰된 내담자의 행동을 기술한다.

(1) 전반적인 행동특성

• 옷차림, 머리모양, 전반적 분위기 등에 대해서 기술한다.

• 위생 상태에 대해 기술한다.

• 특정한 행동들에 대해 기술한다.

• 기타

(2) 상담자와의 관계행동 형태

상담자에게 대답하는 방식, 상담자를 쳐다보는 방식, 대화하는 방식, 대화를 하면서 보이는 특이한 행동들, 그 밖의 기타 행동에 대해서 기록한다.

주 의 사 항

• 내담자의 행동에 대해서 사실적으로 기록한다.

  예 – 내담자는 눈을 잘 마주치지 못하고 힐끔거리면서 본다.

     – 내담자는 숨을 몰아쉬면서 가슴을 문지른다.

• 어떤 행동 특성은 상담자의 판단이나 주관성이 개입되는 경우도 있다.

　예 – 내담자가 우울해 보인다.

　　　– 내담자가 예뻐 보인다.

• 가능하면 상담자의 주관적 느낌이나 판단을 배제하고 기록한다.

3) 문제발달사

(1) 전반적 생육사

내담자의 가족관계 전반에 관해 기술한다. 가족의 분위기나 행동양식 그리고 내담자가 느끼는 가족에 관한 전반적인 내용을 중심으로 기술한다.

　예 내담자의 가족은 어려서부터 편안할 날이 별로 없는 가정이었다. 아버지의 잦은 사업 실패와 외도로 어머니는 회한과 눈물의 삶을 살았고 가출도 하였다. 가정의 분위기는 무겁고 가라앉아 있어 가족 간에 정이 없고 친하지 않는 상황이다.

(2) 문제 형성사

문제 형성사는 사건을 중심으로 기록한 내용이다.

• 호소문제와 관련된 직접적 사건들을 기록한다.

　예 "최근에 어떤 남자가 나를 뚫어지게 쳐다보아서 미칠 것 같았어요."

• 연대기 순으로 기록하되 최근 것들을 먼저 기록한다.

　예 "최근에 남자 친구와 헤어지고 폭식증이 늘어요."

　　 "고등학교 때 아버지가 노려보아서 가슴이 벌렁거렸어요."

　　 "초등학교 때 아버지가 엄마를 때려서 실신한 적이 있어요."

3. 사례개념화와 상담목표

1) 사례분석

(1) 이론적 입장

① 상담자가 서 있는 입장
• 상담자는 자신이 어떤 이론적 입장에 있는지를 밝힌다.
• 세 가지 입장(예: 단일이론 접근, 절충적 접근, 통합적 접근) 중 어느 입장인지 밝힌다.

② 입장에 따른 개념 설명
• 이론적 개념의 의미를 설명한다.
  예 단일이론 접근에서 Bowen의 개념 중 분화를 설명: 분화는 주어진 상황에서 한 개인이 얼마나 목표지향적 활동을 할 수 있는가를 척도로 나타낸 개념이다. 특히 불안이 유발되는 상황에서 감정반사행동을 하지 않고 지적반응을 할 수 있는 정도가 곧 분화다.
• 사례를 설명하기 위해서 필요한 개념 모두를 설명한다.
  – 단일이론 접근에서 사용하는 개념 모두를 설명한다.
  – 절충적 접근이나 통합적 접근에서도 사용하는 이론적 개념 모두를 설명한다.

(2) 이론적 개념과 원자료의 연결
상담자는 내담자의 원자료와 개념을 연결시켜서 기록한다.

① 각각의 개념에 해당되는 자료를 제시한다.

예 감정반사행동: 피하고 싶은 내담자의 행동

"나는 사람들이 없는 곳에서 살고 싶어요."

"사람들이 많은 곳을 피해요."

② 사용하는 모든 개념에 대해서 자료를 제시한다.

예 감정체계

- 내담자는 감정에 의한 관계를 유지한다.
- 불안을 느끼지 않으려고 어머니와 밀착관계를 형성한다.

예 느낌체계

- 불안과 두려움에 대한 이차적 감정으로 수치심을 느낀다.
- 내담자는 자신이 불안해 하거나 두려워 하면 자신을 부끄럽게 여긴다.

③ 이론적 개념을 원자료와 연결시킬 때는 기본정보와 임상자료 모두를 사용한다.

- 개념에 필요한 정보는 모두 사용한다.
- 연결시킬 때 원자료에서 필요한 부분은 사용하고, 필요 없으면 제거한다.

(3) 사례개념화

• 연결된 자료와 개념을 이론적으로 설명한다.

- 자료와 개념을 연결하여 호소문제가 왜 발생했는지를 설명한다.
- 자료는 개념을 뒷받침하는 구체적이고 실증적 증거다.

- 개념 속에 들어있는 의미를 자료를 통해서 구체적이면서 포괄적으로 표현한 내용이 개념적 설명이다.
- 이론적 설명으로 상담자는 내담자에 대한 개념적 지도를 형성한다.
  - 상담자는 개념적 설명을 통해서 내담자의 호소문제의 위치, 기능, 목적 등을 이론적으로 밝힌다.
  - 상담자는 내담자의 호소문제를 어떻게 해결할 수 있는지에 대한 이론적 방향성을 제시한다.

(4) 도식(자아도 또는 관계 가계도)

상담자는 자아도나 관계 가계도를 그릴 수 있다.

- 자아도
  - 분석된 내담자의 심리적 자아도를 그림으로 표현한다.
  - 이론에 따른 자아도를 그린다.
    예 교류분석의 자아도: 아이, 부모, 어른에 대한 그림
- 관계 가계도
  - 분석을 통한 내담자의 관계 형태에 대해 기술한다.
    예 – 내담자는 어머니와 밀착관계를 형성하고 있다.
        – 아버지와는 소원관계를 형성하고 있다.
  - 표준화 형태를 따라서 가계도를 그린다. 주로 가계도에 가족들 간의 관계를 상징적 기호로 표현한다.

2) 상담목표

상담목표는 내담자의 상태로 진술한다.

- 내담자 자신이 달성하고 싶은 상태를 기록한다.

주 의 사 항

상담자 자신의 활동이나 기대를 상담목표로 진술하지 않는다. 다음은 좋지 않은
방법들이다.

- 내담자를 동기화시켜서 자신의 문제를 보게 한다.
- 내담자를 격려하고 자신의 문제를 해결하는 방법을 제시하게 한다.
- 내담자를 공감하고 지지하며 이해한다.

• 상담자는 내담자의 변화된 상태를 사회적 또는 임상적 목표로 기록
한다.

(1) 합의된 상담목표

• 사회적 목표
  - 상담자는 내담자와 상담목표를 합의한다.
  - 내담자는 상담에 대한 이해가 없다고 간주한다.
  - 상담목표의 합의는 사회적 수준에서 한다.
  - 상담자는 자신이 해결할 수 있는 목표를 내담자와 합의한다.
  - 내담자 입장에서는 자신이 해결하고 싶은 내용이 합의된 상담목
    표다.
  - 합의된 상담목표는 내담자의 언어로 기록한다.
  - 합의된 상담목표를 기록할 때는 인용을 한다.
    예 쿵쾅거리는 느낌 줄이기

(2) 임상적 상담목표

• 이론적 목표

　– 내담자의 이론적 설명, 즉 사례개념화에 근거한 상담목표다.

　– 상담자의 전문적 목표가 된다.

　– 내담자의 상태를 이론적으로 기술한 목표다.

　– 임상적 관점의 목표다.

　– 상담자는 내담자와 합의할 필요가 없다.

　　예 – 중상 회복이 늦은 내담자의 분화 수준 올리기

　　　– 내담자의 어머니에 대한 밀착관계를 해결하여 지적반응행동
　　　늘리기

3) 상담전략

상담자는 과정별로 전략을 수립한다.

상담전략 수립의 원칙

• 이론에 따른 상담전략

　– 상담전략은 이론과 일관성을 가져야 한다.

　– 각각의 이론들은 나름대로 전략과 기법을 가지고 있다.

　– 이론적 전략을 사례에 맞게 수립한다.

　　예 – Bowen의 이론에서는 교육이 중요한 전략 중 하나다.

　　　– 가계도를 그리면서 Bowen 이론의 개념들을 가르친다.

> • 상담목표를 달성하기 위한 상담전략
>   - 상담전략은 모두 상담목표에 초점을 맞춘다.
>   - 상담목표를 가장 효과적으로 달성하기 위한 전략을 수립한다.
>   예 - 증상 회복이 늦은 내담자에게 가장 효율적인 전략 수립
>   교육을 시키는 방법에 대한 전략 수립

(1) 초기전략

• 내담자와 동맹관계를 형성하기 위한 전략을 수립한다.
• 내담자가 상담자를 신뢰할 수 있도록 전략을 수립한다.
  예 - Bowen의 개념을 가르치기 위한 방법에 관한 전략을 사용한다.
    - 가계도를 그리면서 적당한 유머를 사용한다.

(2) 중기전략

• 내담자를 변화시키기 위한 전략을 수립한다.
  예 - 어머니와의 밀착관계를 해결하기 위해서 탈삼각화를 실시한다.
    - 무서운 아버지와의 관계에서 느낌체계와 지적체계를 사용한다.
    - 무서움이 느껴지면 왜 부끄럽다고 느끼는지 생각해 보고 이에
      따른 행동을 하게 한다.

(3) 후기전략

• 상담을 마무리하기 위한 전략을 수립한다.
  예 - 내담자가 스스로 정리할 수 있도록 돕는다.
    - 상담자는 주로 자문 역할을 하도록 한다.

4. 상담과정

1) 상담진행

(1) 전체적 흐름

• 전체적 흐름에 대한 요약
- 상담진행이 어떻게 이루어졌는지 기록한다.
- 전반적으로 부드러운 진행이었는지 아니면 어려웠는지 기록한다.
- 상담진행의 전반적 분위기를 기록한다.

• 요약에 들어갈 내용들
- 상담자의 주요 의도 및 개입 방식
- 상담자의 마음과 태도의 변화
- 내담자의 반응 및 호소문제의 변화
- 내담자의 전반적 태도 및 반응
- 상담진행 중 발생한 사건들
- 상담회기의 진행에 따른 상담효과

(2) 회기 요약

• 묶음별 요약
- 묶을 수 있는 회기들을 하나로 묶어서 제시한다.
- 각각의 묶음 회기의 특징들을 기록한다.
- 주요 사건이나 내담자의 변화, 상담자의 개입 등을 기록한다.

• 회기별 요약
- 상담회기를 요약하여 기록한다.

- 각 회기가 가지고 있는 특징을 부각하여 기록한다.
- 내담자가 하려고 했던 내용, 상담자의 개입 등을 기록한다.
- 회기별 요약을 할 때 다음 항목들을 참고하여 서술식으로 기록한다.

회기별 요약 방법: SOIRP에 따라 기록

- 내담자의 주관적 진술(Subjective statement)
- 상담자의 객관적 사정(Objective assessment)
- 상담자의 개입(Intervention of counselor)
- 내담자의 반응(Response of client)
- 상담자의 계획(Plan for the next session)

---

2) 축어록

① 회기를 선택한 이유를 기록한다.
- 슈퍼바이저나 동료 상담자들이 회기를 선택한 이유를 알게 한다.

회기 선택 시 고려사항

- 내담자의 상태를 고려하여 선택한다.
- 상담자 자신의 발달 수준을 고려해서 선택할 수 있다.
- 잘된 회기를 선택할 수도 있고, 잘되지 않은 회기를 선택할 수도 있다.
  - 잘된 회기 선택: 무엇이 상담을 잘되게 했는지 배운다.
  - 잘되지 않은 회기 선택: 어려워한 요인을 찾는다.

② 축어록 작성방법

- 작성 분량
  - 50분 분량 전체 회기를 작성할 수 있다.
  - 약 10분 정도의 필요한 부분만 작성할 수 있다.
  - 필요한 부분을 여러 부분으로 나누어서 작성할 수 있다.
- 인물에 번호 매기기
  - 상담자와 내담자 한 명씩만 있는 경우
    - 예 상1, 내1 등등
  - 부부상담의 경우
    - 예 상1, 남1, 부1 등등
  - 가족상담의 경우
    - 예 상1, 아1, 어1, 큰딸1, 작은딸1, 큰아들1, 작은아들1, 할아1, 할머1, 내1 등등
  - 집단상담의 경우
    - 예 상1, 원(집단원)1, 원2 등등
  - 상담자가 두 명 이상 있는 경우
    - 예 – 남상1, 여상1(남녀 상담자가 있는 경우)
    - – 주상1, 보상1(주상담자와 보조 상담자가 있는 경우)
- 비언어적 표현
  - 침묵에 대한 시간을 괄호 속에 기록한다.
    - 예 내2: (10초 간 침묵)
  - 내담자의 웃음을 괄호 속에 기록한다.
    - 예 내35: (배시시 웃은 후 10초 간 침묵)

5. 상담평가

상담평가는 내담자, 상담과정 그리고 상담자 자신에 대한 평가로 나누어 기록한다.

1) 내담자에 대한 평가

(1) 상담목표의 달성 여부
• 호소문제에 기초한 상담목표의 달성 여부
  − 내담자가 상담을 마치고 난 후에 호소문제를 어떻게 말하는지 기록한다.
    예 "지금은 가슴이 뛰지 않아요."

    "여전히 남자가 빤히 쳐다보면 불편하지만 예전 같지는 않아요."
• 상담과정에 따른 상담목표의 달성 여부
  − 상담과정을 통해서 내담자의 호소문제가 어떻게 달라졌는지 기록한다.
  − 호소문제가 상담목표를 통하여 얼마나 해결되었는지 평가한다.
  − 초기, 중기, 후기 과정을 통해 변화된 호소문제와 상담목표를 기록한다.

(2) 내담자의 자원에 대한 평가
• 문제를 악화시킨 원인에 대한 평가
  − 내담자의 무엇이 문제를 일으켰는지 기록한다.
  − 문제를 악화시키는 원인을 다각도로 기록한다.

• 문제를 해결하는 데 도움을 준 자원에 대한 평가

  – 내담자의 어떤 자원이 문제를 해결하도록 했는지 평가한다.

  – 자원을 활용하는 방법을 내담자가 어떻게 획득하였는지 평가한다.

2) 상담과정에 대한 평가

(1) 상담의 순조로움

• 상담자 요인: 상담자의 어떤 개입이 상담을 원만하게 했는지 기록한다.

• 내담자 요인: 내담자의 어떤 요인이 부드러운 상담을 하게 했는지 기록한다.

(2) 상담의 깊이

• 상담자 요인: 상담자의 개입 방식이 어떠했는지 기록한다.

• 내담자 요인: 내담자의 반응 양식이 어떠했는지 기록한다.

(3) 상담과정 속의 사건들

• 내담자가 상담을 받는 동안 겪었던 사건들

  – 상담을 받는 중의 결혼 혹은 부모의 이혼 등을 기록한다.

• 사건들이 상담과정에 미친 영향

  – 각각의 사건들이 상담과정에 어떤 영향을 주었는지 기록한다.

(4) 상담자와 내담자의 상호작용

• 관계 형태에 대한 기록

  – 상담자와 내담자의 관계가 전반적으로 어떠했는지를 기록한다.

- 협력관계, 갈등관계, 일방적 관계, 순응관계, 의존관계 등을 기록한다.

3) 상담자 자신에 대한 평가

(1) 상담자의 태도
- 동기
  - 상담자가 어떤 동기로 상담에 임하였는지를 기록한다.
- 의도
  - 상담자의 주된 의도가 무엇이었는지를 기록한다.
  - 내담자와의 상담을 빨리 종결하려고 하였는지 혹은 내담자를 붙들고 있었는지를 기록한다.
- 자세
  - 부모 같은 자세였는지 아니면 객관적이고 중립적이었는지를 기록한다.
  - 아들이나 딸의 입장이었는지 아니면 친구였는지 등을 기록한다.

(2) 상담자의 개입 방식
- 상담자의 성격에 따른 개입
  - 상담자의 성격특성이 상담자의 개입에 어떻게 나타났는지를 기록한다.
- 내담자에 따른 개입
  - 상담자의 성격특성과 관계없이 내담자의 특성에 따른 개입이었는지를 기록한다.

(3) 상담자의 변화

- 인식의 변화
  - 상담을 마친 후에 갖게 된 인식은 무엇인지를 기록한다.
  - 인식이 변화된 후 자신에 대한 이해가 어떻게 달라졌는지를 기록한다.
- 열정의 변화
  - 다음에 또 상담을 하고 싶은지 아니면 안 하고 싶은지를 기록한다.
  - 다짐하는 계기가 되었는지 아니면 즐겼는지를 기록한다.

상담사례

1. 기본정보

1) 호소문제

"나는 정말 힘들고 어려워요. 직장에서도 많은 갈등이 있어요. 특히 남자들이 나를 빤히 쳐다볼 때마다 가슴이 쿵쾅거리고 힘들어요. 때로는 미칠 것 같은 마음이 들기도 해요. 나는 사람들이 없는 곳에서 살고 싶어요."

2) 내담자의 사회적 정보

(1) 개인사항

내담자는 33세 여성으로서 현재 취업 준비를 위해서 노력하고 있다. 이전에 직장에 다닌 적이 있으나 남자 상사와 갈등이 생겨서 직장을 그만두었다. 직장을 몇 군데 더 다녔으나 거의 같은 이유로 직장을 그만두었다. 학력은 대졸이고, 아직 미혼이다. 한국인으로서 한국에 살고 있으며, 기독교인이다. 내담자 개인의 사회경제적 지위는 아직 낮지만, 가족의 사회경제적 지위는 중류 계층이다. 내담자의 별칭은 회피다.

(2) 가족사항

① 현재가족
- 아버지
  - 63세, 공무원 은퇴, 고졸, 무교
  - 모든 것을 자신의 뜻대로 하려고 하는 사람임
  - 자신이 원하는 대로 되지 않으면 폭력을 사용하기도 하였음
  - 물건을 집어던지기도 하고, 발로 문을 차기도 하였음
  - 공포 분위기를 조장하면서 가족을 괴롭힘
  - 특히 어머니를 많이 괴롭히고 때렸음
  - 내담자는 아버지에 대해서 무섭지만 분노를 느낌
  - 내담자는 가끔씩 아버지에게 대들다가 맞기도 하였음
  - 내담자는 아버지에게 따지듯이 말을 하였음
  - 요즘에 아버지가 내담자를 전혀 건드리지 않음
- 어머니
  - 60세, 가정주부, 중졸, 기독교
  - 순종적인 사람임
  - 아버지에게 평생 기를 펴지 못하고 삶
  - 아버지가 바람을 피워도 아무 말도 하지 못함
  - 힘들면 교회에 가서 기도를 하면서 많은 눈물을 흘림
  - 내담자가 집에 있으면 어머니는 안심했음
  - 내담자는 어머니에 대해 불쌍한 마음이 있음

– 내담자는 어머니를 아버지로부터 보호하려고 많은 노력을 해 왔음

– 내담자는 요즘 어머니에 대해서 답답하고 억울한 마음이 자주 듦

• 여동생

  – 30세, 회사원, 대졸, 기독교, 미혼

  – 집안에 큰 일이 일어나도 별로 큰 반응을 하지 않음

  – 어머니를 불쌍하게 여기면서 비난하기도 함

  – 내담자가 아버지에 대한 방패막이를 하는 동안 자신의 실속을 챙김

  – 집안에서는 존재감이 거의 없음

② 원가족

〈아버지의 원가족〉

• 할아버지

  – 사업, 무교, 사망

  – 불같은 성격으로, 사업을 하면서 가정에서 절대군주처럼 살았음

  – 큰아버지가 할아버지에게 제일 많이 맞았음

  – 큰아버지가 할아버지에게 맞을 때 아버지도 덤으로 많이 맞았음

  – 말을 안 들으면 닥치는 대로 때리고 물건을 집어던짐

  – 작은할머니가 여럿 있었음

  – 집에 들어오는 날보다 안 들어오는 날이 더 많았음

• 할머니

  – 가정주부, 무학, 무교, 사망

  – 할아버지에게 많이 맞고 살았음

  – 할아버지의 바람기로 인해서 마음고생을 많이 경험함

  – 많은 눈물과 회환으로 살았음

  – 자식들에게 의지하면서 살아옴

- 큰아버지

  - 67세, 사업, 무교

  - 사업을 하면서 술을 많이 마시고 살았음

  - 내담자의 아버지와 그다지 사이가 좋지 않음

  - 어렸을 때 내담자의 아버지를 많이 때려서 서로 관계가 좋지 않음

  - 경제적으로는 넉넉하지만 집안이 조용할 날이 없는 집이었음

  - 바람을 많이 피고, 집안을 시끄럽게 만드는 장본인이었음

  - 큰아버지는 큰어머니와 심하게 부부싸움을 많이 함

  - 부부싸움으로 인해서 아버지가 큰아버지 집에 가기도 함

  - 아들 둘과 딸 셋이 있음

- 고모

  - 60세, 가정주부

  - 별로 왕래가 없어서 잘 알지 못함

  - 딸 하나와 아들 둘이 있음

- 작은아버지

  - 55세, 고졸, 회사원, 기독교

  - 성실하고 열심히 사는 평범한 회사원

  - 특별히 문제가 없고, 가정에서도 원만한 편임

  - 내담자가 그나마 제일 좋아하는 편임

  - 딸 하나와 아들 하나가 있음

  - 왕래가 제일 잦은 편임

〈어머니의 원가족〉

- 외할아버지

  - 농사, 기독교, 사망

- 원칙적이고 고집이 셈
- 자녀들이 잘못하면 고함과 호통을 쳐서 꼼짝 못하게 함
- 특히 큰외삼촌을 많이 야단쳤음
- 농사가 잘되지 않아서 집안이 어려웠음
- 아들 선호 사상을 많이 가지고 있음

• 외할머니
- 가정주부, 기독교, 사망
- 잔소리가 많은 편임
- 외할아버지를 무서워하여 아무 말도 못함
- 내담자의 어머니에게 많은 불평을 하고 살았음
- 화가 나면 참지 못하고 계속 말을 해서 가족들을 괴롭힘
- 내담자의 큰이모와 어머니가 할머니의 잔소리를 제일 많이 들음

• 큰외삼촌
- 67세, 사업, 고졸, 무교
- 수완이 좋아서 사업을 잘함
- 분노가 많아서 직원들을 종 부리듯함
- 내담자의 어머니와 별로 친한 관계가 아님
- 아들 하나와 딸 둘이 있음

• 큰이모
- 64세, 가정주부, 중졸, 기독교
- 화가 나면 참지 못하는 성격임
- 내담자의 어머니는 큰이모로 인해서 마음고생을 많이 함
- 잔소리를 많이 하고, 안하무인과 같이 행동을 할 때도 있음
- 내담자가 특히 싫어하는 이모임
- 딸 둘이 있음

- 작은외삼촌
  - 57세, 대졸, 회사원, 기독교
  - 내담자가 가장 좋아하는 외삼촌임
  - 무난하고 성격도 온화해서 사람들과 무리 없이 지내는 편임
  - 자녀가 없음
  - 내담자를 그나마 제일 예뻐하는 편임
- 작은이모
  - 53세, 고졸, 빵집 운영, 무교, 이혼
  - 남편이 바람을 피워서 이혼을 하고 혼자 살고 있음
  - 사람들을 좋아하지 않아서 주로 혼자 지내는 편임
  - 딸 둘이 있음

③ 구조 가계도

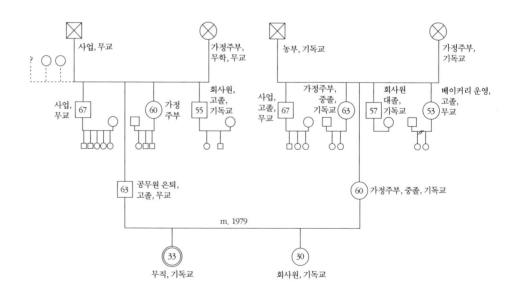

[그림 2-1] 구조 가계도

(3) 사회활동 사항

내담자는 직장에 다니다가 그만둔 적이 몇 번 있다. 중소기업에 취직한 후에 남자 부장과의 갈등으로 직장을 그만 두었다. 다른 회사에 취직을 했지만 거기서도 남자 상사와의 갈등으로 그만두게 되었다. 현재는 취직을 하기 위해서 학원에 다니고 있다. 교회에 다니지만 아주 열심히 신앙생활을 하는 편은 아니다. 예배만 드리고 집에 오거나 청년부 집회가 있는 경우에도 활동 수준은 낮은 편이다. 내담자는 주로 많은 시간을 집에서 지내는 편이다. 개인적 취미활동을 하는데, 주로 혼자 하는 활동을 한다. 꽃을 좋아해서 화초와 나무들을 키우면서 지낸다. 때로는 꽃과 나무들과 이야기를 하기도 하며, 마치 이들이 사람인 것처럼 취급하기도 한다. 내담자는 "화초나 나무를 생각하면 불쌍해요. 어떤 때는 마치 내 자신처럼 느껴지기도 해요. 누군가 화초나 나무를 해하려고 해도 아무런 저항도 하지 못해요. 나는 화초나 나무를 꼭 지켜 주고 싶어요."라고 혼잣말을 하기도 한다.

(4) 상담 경위

내담자는 요즘 위기의식을 자주 느낀다. 데이트를 하고 싶지만 남자가 무서워서 감히 엄두를 내지 못한다. 이러다가 남자를 사귀지 못하는 것이 아닌가 하는 마음이 든다. 그리고 직장생활을 제대로 하지 못했기 때문에 직장에 들어가더라도 얼마나 버틸 수 있을까 하는 마음이 든다. 이전에 상담을 받은 적은 없으나 상담 관련 세미나에 참석한 적이 있다. 이로 인해서 자신의 마음에 문제가 있음을 더 심각하게 생각하게 되었다. 그리고 자신의 마음의 문제를 해결하기 위해서 상담 관련 서적들을 몇 권 읽은 적이 있다. 이러한 상황에서 내담자는 상담을 통해 자신의 문제를 해결해 보고자 자발적으로 상담을 신청하게 되었다.

2. 임상자료

1) 내담자의 문제

(1) 심리내적 상태

① 감정
- 불안, 짜증, 두려움, 무서움, 수치심, 분노 등의 감정을 느낀다.
- 사람들이 많지 않은 곳에서 편안함을 느낀다.
- 특히 아버지와 비슷한 사람들을 보면 양가감정을 느낀다.
- 무서우면서도 그립고 또한 분노를 느낀다.
- 권위적 인물에 대해서는 미워지고 반항하고 싶어진다.
- 다른 사람들의 시선에 대해서 신경을 많이 쓴다.
- 누군가 자신을 빤히 쳐다보면 미칠 것 같은 마음이 든다.

② 생각
- 다른 사람들이 자신을 쳐다보면 속마음이 들킬 것 같은 생각이 든다.
- 사람이 많지 않은 곳에서는 편안함을 느낀다.
- 권위적 인물에 대해서는 적대적인 생각을 갖는다.
- 남자가 자신에게 무엇인가를 지시하는 듯하면 복수하고 싶은 생각이 든다.
- 남자들은 모두 자신을 이용하려고 한다고 생각한다.
- 다른 사람들에게 버림받을 것 같은 생각이 든다.

③ 행동

- 사람들이 없는 곳으로 다닌다.
- 사람들이 많은 곳을 피한다.
- 사람들과 눈이 마주치면 피한다.
- 혼자 있을 때 자유롭게 행동한다.
- 갈등이 생기면 폭식을 하는 경향이 있다.
- 음식을 많이 먹고 나면 토한다.
- 울지 않으려고 애를 쓰고, 이로 인해서 넋을 잃는 경험을 한다.
- 대중교통을 이용할 때 누군가 자신을 보면 몸이 굳는 것 같다.
- 나를 처다보는 사람을 보지 않으려고 애를 쓰다 보면 가슴이 두근거린다.
- 심하면 가슴이 쿵쾅거리고, 견딜 수 없어서 중간에 내리고 만다.

(2) 관계 형태

① 현재가족과의 관계 형태

지금 내담자와 내담자 아버지와의 관계 형태는 이전과 다르다. 이전에는 어머니와 동생을 보호하기 위해서 아버지에게 대드는 행동을 자주 하였다. 내담자는 "나는 예전에는 아버지가 엄마를 때리려고 하면 노려보면서 아버지에게 대들었다. 너무 무서웠지만 엄마를 보호하기 위해 어쩔 수 없이 그렇게 행동을 하였다."라고 보고하고 있다. 어머니는 아버지에게 말대답을 하다가 아버지를 화나게 만들었다. 아버지는 자기 마음에 들지 않으면 어머니를 자주 때렸고, 내담자는 어머니를 보호하기 위해서 아버지에게 "따귀도 맞고, 때로는 주먹으로 얼굴을 맞은 적도 있다."라고 보고하고 있다. 아버지는 내담자를 자주 노려보기도 하였고, 내담자는 이로 인해서 '가슴이 쿵쾅거리는' 경험을 자주 하였다. 속으로는 무서웠지만 애써서 괜찮은 것처럼 행동하였고, 때로는 내담자도 아버지를 노려보곤 하였다. 아버지가 어머니에게서 물러나면 내담자는 어머니와 방으로 들어가 같이 울곤 하였다. 그런 후에 자신의 방으로 돌아오면 미칠 것 같은 마음이 심하게 들었고, 어쩔 줄 몰라 하는 행동을 하곤 하였다. 아버지의 무서운 눈이 떠오르기도 하고, 아버지의 화내는 목소리와 물건 집어던지는 소리들이 오랫동안 느껴지고 들리는 듯하였다. 한 번은 아버지에게 미친 듯이 대들어서 아버지가 놀라셨고, 그 이후로는 아버지의 폭력행동이 많이 줄었다. 어머니는 내담자만 쳐다보면서 살고 있는 듯하다. 어머니는 종종 내담자에게 "너 없으면 나는 어떻게 살지?"라는 말을 하곤 하였다. 그런 어머니를 보면 내담자에게는 이중적인 마음이 생긴다. 한편으로는 어머니가 한없이 불쌍하다는 마음이 들지만 다른 한편으로는 어머니가 밉기도 하다. 때로는 어머니를 확 떼어 내버렸으면 하는 마음도 든다. 동생도 무서우면 내담자에게 온다. 내담자도 무섭지만 동생 때문에 괜찮은 척한다. 동생도 보호해야 할 것 같은 마음이 들지만 동생은 어머니만큼 짐으로 느껴지지는 않는다. 동생은 무서울 때만 오고, 그렇지 않으면 놀러 가거나 집에 잘 들어오지 않는다. 내담자의 마음이 힘들어 동생에게 의지하려고 하면 동생은 확실하게 경계선을 긋는다. 동생은 종종 "언니, 왜 그래? 나 너무 힘들어!"라고 말을 하면서 내담자를 밀어낸다. 이럴 때 내담자는 혼자인 것 같고, 누군가에게 가야 할 것 같은 마음이 생긴다. 내담자는 자기 가족에 대해서 "무서운 아버지와 철부지 엄마 그리고 나 몰라라 하는 동생"이라고 요약해서 말하고 있다.

② 원가족과의 관계 형태

아버지는 엄하고 자기 마음대로 하는 할아버지에게 어렸을 때부터 많이 맞고 자랐다. 할아버지는 큰아버지를 때리면서 아버지도 같이 때리는 등 아무런 잘못도 없는 사람을 때렸다. 내담자는 어머니의 말을 통해서 할아버지의 폭력은 "아무도 말릴 수 없을 만큼 독단적이고 심했다."라고 상담자에게 말을 하였다. 어렸을 때 많이 맞고 자랐던 아버지는 어른이 되어서는 폭군처럼 변했다. 이후로 할아버지와 무섭게 싸우기도 하였다. 그러나 할아버지가 살아계셨을 때는 간혹 연락을 하기도 하였다. 어렸을 때부터 할아버지에게 폭력을 당할 때 할머니가 아무런 도움이 되지 못했기 때문에 커서는 할머니를 미워하였다. 아버지는 할머니를 무시하면서도 불쌍히 여기는 마음이 있다.

외할아버지는 여자들을 무시하고 키웠기 때문에 어머니는 자기 목소리를 제대로 내지 못하면서 살았다. 고집 센 외할아버지가 호통을 치면 외할머니는 아무 말도 못하다가 어머니의 언니(내담자의 큰이모)에게 참견을 하고 트집을 잡아서 야단을 많이 쳤다. 어머니는 외할아버지와 외할머니를 무서워해서 얌전하게 살았다. 큰이모는 외할머니에게 잔소리를 많이 듣고 자랐다. 어머니와 작은이모는 되도록 조용히 살면서 외할아버지와 외할머니의 눈에 안 띄게 살려고 했다. 그래서 그런지 내담자의 어머니는 외갓집 식구들과 그리 많이 친한 편이 아니다. 무슨 문제가 생겨도 외가에 도움을 요청하지 않고 그냥 혼자 참는 편이다.

③ 사회적 관계 형태

내담자는 관계를 할 때 다른 사람들이 가까이 오면 거리를 유지한다. 사람들과 대화를 하거나 관계를 할 때는 감정을 보이지 않으려고 한다. 아무것도 느껴지지 않는 것처럼 행동한다. 감정적으로 다가오는 사람들에게는 차갑게 군다. 내담자는 남자 친구를 사귀는 데 특히 어려움을 겪고 있다. 얼굴이 예쁘고 날씬하기 때문에 많은 남자들의 주목을 받는 편이다. 자주 데이트를 하지만 남자를 사귀면서 갈등이 자주 발생한다. 특히 감정적으로 가까워지면 많은 갈등이 발생하는데, 내담자는 남자를 지배하려는 경향을 가지고 있다. 자신이 원하는 대로 되지 않으면 욕을 하거나 심지어는 때리기까지 한다. 남자를 사귈 때 처음에는 냉랭하고 차갑게 대하면서 남자를 힘들게 한다. 그런데 남자가 약간 마음에 들면 자꾸 지시하고 시키는 경향이 있어서 남자들이 힘들어 한다. 남자가 감정을 표현하면 더욱 차갑게 대하는 경향이 있어서 남자들을 헷갈리게 만든다. 남자를 사귀고 싶은 마음은 있으나 정작 남자가 접근하면 피하는 편이다. 몇 번 만나는 경우는 있지만, 조금이라도 갈등이 생기면 더 이상 사귀지 않는다.

내담자는 교회나 지하철 같은 곳에서 남자들이 빤히 쳐다보면 견딜 수가 없다. 특히 자신이 피할 곳이 없다고 생각되는 상황이나 장소에서는 이러한 현상이 더욱 심해진다. 내담자는 남자들이 자신을 빤히 쳐다보면 "마치 아버지가 노려보는 것 같아서 가슴이 뛰고 쿵쾅거리면서 어디론가 가야할 것 같은 마음이 든다."라고 말하고 있다. 거칠게 느껴지는 남자들은 최대한 가까이 하지 않으려고 노력한다. 가끔씩 내담자에게 접근하는 남자들이 있는데 이런 남자들은 주로 부드럽고 착한 남자들이다. 그러나 사귄지 얼마 되지 않아서 헤어지는데, 내담자가 관계를 끊고 연락을 하지 않는다.

여자들과는 비교적 그런대로 지내는 편이지만, 깊은 감정의 교류를 하는 친구는 거의 없는 편이다. 특히 문제가 있는 여자들을 주로 사귀기 때문에 일상생활이 많이 고달프고 힘이 든다. 외로움을 많이 느끼지만 표현하지 않으면서 다른 사람들이 접근해 오기를 기다리는 편이기 때문에 다양한 관계를 갖지 못하고 있다. 여자 친구들 중에서도 갈등이 있는 사람이 있으며, 소수의 여자 친구들을 사귀지만 이들과 깊은 관계는 맺지 않는다. 내담자는 여자들하고 잘 지내려고 노력하는 편이다. 그러나 여자들 중에서도 강해 보이는 여자들하고는 잘 지내지 못하고 부딪히는 편이다. 불쌍해 보이는 여자들이나 여리고 약한 여자들하고 주로 지내는 편이다. 이런 여자들과 있으면 한편으로는 마음이 편하지만 다른 한편으로는 답답하기도 하다. 때로는 같이 있으면서도 멀어지고 싶은 마음이 들기도 한다.

(3) 영적 상태

내담자는 증상이 발생할 때 자신의 마음을 털어놓을 수 있는 사람이 없기 때문에 하나님에게 매달리는 기도를 한다. 그러나 기도는 잘 나오지 않고, 예배에 가지 않으면 벌을 받을 것 같은 마음이 든다. 교회에는 빠지지 않고 가지만 관계가 어려워서 신앙생활을 열심히 하지는 않는다. 특히 하나님에게 원망하는 마음을 많이 가지고 있다. 사람들과 힘들어지면 하나님을 원망하고 자신을 왜 이런 가정에서 태어나게 했는지에 대해서 불평을 많이 한다. 교회에서 목회자들의 불의한 일을 보거나 잘못하는 것 같이 느껴지면 참지 못하고 자주 폭발한다. 이로 인해서 교회에서도 갈등이 잦아 자주 교회를 옮겨 다니게 된다. 찬양을 할 때는 자주 운다. 울면서 표시를 내지 않으려고 하는 경향이 있다.

(4) 심리검사 결과

검사를 실시한 경우는 검사 결과를 제시하고, 검사를 하지 않은 경우는 기록하지 않는다.

2) 내담자의 임상관찰

(1) 전반적인 행동특성

내담자는 날씬하고 얼굴이 예쁜 편이지만 얼굴 표정이 밝은 편은 아니다. 약간은 어두워 보이기도 하고, 지쳐 보이기도 한다. 옷은 단정하게 입는 편이며, 화려하지는 않다. 주로 검정색 계통의 옷이나 회색 또는 진한 청색 옷을 입고 다닌다. 전체적으로 어두워 보이는 색깔의 옷이지만 잘 맞추어서 입는 편이다. 화장은 진하지 않으며 무난하게 보인다. 머리모양은 생머리의 형태로서 특별히 꾸민 느낌은 들지 않는다. 단지 가지런하게 정리를 했을 뿐이다. 전반적으로 무난하며, 다른 사람들의 주목을 받는 옷차림은 하지 않았다. 단화 형태의 신발을 신어서 편안한 느낌을 준다. 얌전한 형태의 신발을 주로 신어 옷과는 전반적으로 어울리는 편이다.

(2) 상담자와의 관계행동 형태

내담자는 얌전하게 앉아 이야기를 하면서 긴장된 모습을 보인다. 다리를 모으고 앉아 마치 선생님을 대하는 듯한 자세를 하고 있다. 대답하기 어려운 질문에 대해서는 자주 한숨을 쉰다. 상담자의 질문에 주로 단답형으로 대답한다. 그러나 자신의 관심사를 이야기할 때는 말을 많이 하여 잘 알아듣지 못하게 하는 경향이 있다. 상담자가 여러 번 질문을 반복한 후에 그 내용을 이해하는 경우가 있다. 상대방이 질문을 하거나 말한 내용을 확인하려고 하면 다소 피하는 듯한 인상을 준다. 상담자와 눈을 잘 마주치지 못하고 가끔씩 힐끗거리는 경향도 있다. 자주 놀라면서 숨을 몰아쉬기도 하고, 답답해하면서 가슴을 문지르는 행동을 하기도 한다. 그러다가 가끔씩 상담자를 뚫어지게 바라보기도 하는데, 자신이 이를 인식하지 못하는 경우도 있다.

3) 문제발달사

(1) 전반적 생육사

내담자의 가정은 어려서부터 편안한 날이 별로 없는 집안이었다. 아버지의 잦은 사업 실패와 바람으로 인해서 어머니는 회한과 눈물의 삶을 살았고, 가출도 하였다. 그래서 내담자 가족에게는 많은 갈등이 있었다. 가정의 분위기는 전반적으로 무섭기도 하고, 가라앉기도 해서 가족들 간에 정이 없고 친하지 않는 상황이었다. 아버지가 집에 있는 경우에는 특히 아무도 말을 하지 않고, 밥을 먹을 때도 가능하면 빨리 먹고 자기 방으로 들어가는 분위기였다. 아버지는 자기 마음에 들지 않으면 주로 고함을 치거나 화를 냈기 때문에 어머니는 마치 하녀와 같이 아버지의 시중을 들면서 살았다. 아버지가 출근을 하면 어머니는 내담자와 내담자의 동생을 붙잡고 울기도 하면서 하소연을 하였다. 내담자는 어머니의 하소연을 들어주면서 아버지를 미워하였고, 어머니는 내담자에게 의지를 많이 하면서 살았다. 아버지가 없을 때 내담자는 집안의 분위기가 무거우면 어머니와 동생의 마음을 맞춰 주기 위해서 때로는 없는 말도 하면서 연극하듯이 살았던 경험이 있다. 동생은 집안일에 관심이 없고 주로 밖에 나가서 친구들하고 어울려서 살았다. 내담자의 집에 친척들이 온 적도 별로 없고, 내담자의 가족들이 친척들 집에 간 적도 별로 없다. 친가에 행사가 있을 때만 의무적으로 참석을 하였고, 큰아버지와 아버지의 관계가 좋지 않았기 때문에 큰아버지 집에 오래 머문 적이 별로 없었다. 그나마 작은아버지는 성품이 부드러워서 아버지에게 맞춰 주려고 하였기 때문에 내담자는 작은아버지를 편하게 생각하는 편이었다. 외갓집과는 좀 더 왕래가 많은 편이었다. 큰외삼촌은 무섭기 때문에 큰외삼촌 집에는 자주 가지 않았다. 작은외삼촌은 자식이 없어서 내담자를 예뻐하는 편이었고, 내담자가 가장 마음 편하게 대할 수 있는 남자 어른이었다. 성품이 부드럽고 마음이 착한 작은외삼촌에게 내담자는 자신의 마음을 가끔씩 털어놓는 경우도 있었다. 그러나 작은외삼촌에게도 마음속의 깊은 이야기는 하지 못한다. 그냥 외삼촌일 뿐이다.

(2) 문제 형성사

내담자는 남자 친구를 사귀다가 갈등이 있거나 관계가 어려워지면 폭식증에 시달리곤 한다. 남자 친구가 떠난 뒤에는 많은 외로움과 허전함을 느끼지만 이를 말로 표현하지 못한다. 음식을 한꺼번에 먹으면서 허전함과 외로움을 달래려고 하지만 번번이 실패한다. 많이 먹고 토한 적이 있으며, 이로 인해서 우울한 마음도 점점 심해지고 있다.

내담자가 고등학생이 되었을 때 아버지의 폭력사건으로 인해서 자살을 시도한 적이 있다. 이후로 아버지는 더 이상 폭력을 행하지 않게 되었다. 그러나 내담자는 아버지를 미워하고 분노를 느끼면서 살고 있다. 내담자가 중학생 때는 아버지가 어머니를 때려서 내담자가 아버지에게 대들다가 같이 맞기도 하였다. 여동생은 어쩔 줄을 몰라 하고, 어머니와 여동생이 함께 운 적이 많이 있다.

내담자가 초등학교 5학년 때 아버지에게 심하게 맞은 적이 있다. 내담자가 아버지에게 말대꾸를 하자 아버지의 분노가 폭발하였고, 이때 아버지는 내담자의 뺨을 때리고 발길질도 하였다. 이로 인해 내담자는 아버지를 미워하게 되었고 복수심을 갖게 되었다.

내담자가 다섯 살 정도 때 아버지가 바람을 피워 집안에 큰 소동이 난 적이 있었다. 어머니가 집을 나가서 며칠 동안 들어오지 않았다. 이때 내담자는 몹시 불안해했고, 여동생과 같이 어머니를 찾아 나서기도 했다. 머칠 후에 들어온 어머니는 아무 일 없다는 듯이 생활을 계속하였고, 이로 인해서 그 소동이 일단락되었다.

SUPERVISION

2

상담사례보고서 양식에 대한 해설

제2부

제2부는 상담자가 내담자를 이해하기 위해서 그리고 상담전문가들끼리 의사소통을 하기 위해서 필요한 영역은 기본정보, 임상자료, 사례개념화와 상담목표, 상담과정 그리고 상담평가다. 각각의 영역들은 내담자를 이해하는 고유한 관점을 제공해 준다. 기본정보는 상담 대상인 내담자에 대해서 상담자가 알아야 할 필수적인 사회적 정보들이다. 임상자료는 상담자가 내담자를 상담할 때 임상적으로 이해하기 위한 내용이다. 사례개념화와 상담목표는 상담자가 내담자를 이론적으로 이해한 내용이다. 상담과정은 상담자가 앞에서 수립한 상담목표와 전략을 가지고 실제 상담을 진행하는 활동이다. 상담평가는 상담자가 자신이 진행한 상담을 객관적으로 돌아보는 활동이다.

기본정보

상담자는 내담자의 기본정보를 통해서 내담자의 사회적 필요를 이해한다. 내담자는 상담에 올 때 자신의 내면적 욕구나 관계적 욕구를 사회적 형태로 표현한다. 이러한 사회적 형태의 내담자의 욕구를 이해하기 위해서 상담자는 내담자와 관련된 여러 가지 사회적 내용인 기본정보를 필요로 한다. 기본정보로는 호소문제(complaints), 간단한 인적 사항, 가족관계와 사회적 관계에 관한 사항들, 상담에 오게 된 경위 등이 있다. 상담자는 자신이 제시하게 되는 내담자에 대해서 슈퍼비전을 받게 되기 때문에 슈퍼바이저와 동료 상담자에게 도움을 받고 싶은 내용을 기본정보에 포함시킨다. 상담자가 슈퍼비전을 받고 싶은 내용은 마치 내담자가 상담자에게 도움을 받고 싶은 내용과 같은 역할을 한다. 상담자가 내담자의 호소문제를 해결하기 위해서 상담을 진행하듯이, 슈퍼바이저는 상담자가 제시하는 도움받고 싶은 주제들에 초점을 맞추어서 슈퍼비전을 진행한다.

1. 호소문제

1) 호소문제를 제일 먼저 기록하는 이유

기본정보를 기록하는 순서를 보면 내담자의 호소문제가 제일 먼저 나온다. 호소문제를 제일 먼저 기록하게 하는 데는 다음의 두 가지 상담철학이 들어 있다. 첫째, 상담활동의 근거다. 상담을 전문적 활동이라고 할 때, 전문가로서 상담자는 내담자의 호소문제를 먼저 들어야 한다. 왜냐하면 상담활동은 전적으로 내담자가 호소하는 문제와 관련이 있기 때문이다. 만일 내담자(의뢰자)의 호소문제가 없다면 상담활동 자체가 존재하기 어렵게 된다. 상담은 상담자가 원하는 내용을 내담자를 통해서 해결하는 활동이 아니라, 내담자의 호소문제를 상담자가 해결하는 활동이다. 호소문제를 들은 후에 내담자의 기본정보를 들으면 된다.

둘째, 전문 활동의 특성이다. 모든 전문 활동들은 목표 지향적이다. 목표 없이는 전문 활동이 성립되기 어렵다. 그렇기 때문에 전문 활동으로서의 상담은 호소문제를 해결한다는 목표를 갖는다. 앞으로 상담전문가는 호소문제를 통해서 자신의 활동을 규정하고 미래의 방향을 수립하게 된다. 이런 점에서 호소문제는 상담전문가가 가장 먼저 들어야 하고, 가장 먼저 신경 써야 하는 내담자의 정보다.

2) 호소문제를 기록하는 방법

상담자는 내담자가 원하는 호소문제를 기록한다. 상담자는 내담자의 호소문제를 두 가지 종류의 과학적 방법, 즉 면접방식에 의한 방법과 상담신청서에 의한 방법으로 기록한다. 어떤 방식을 취하든지 호소문제는 내담자의 언어나 기록에 근거한 진술이다. 따라서 호소문제를 기록할 때는 내담자의 말이나 기록을 직접 인용하여 기록한다. 다음은 우울증을 호소하는 내담자의 진술이다.

> "나는 하루를 살기가 어려워요. 죽고 싶은 마음 때문에 하루에도 몇 번씩 자살 생각을 해요. 인생이 암울하게 느껴지고 태어나지 말았어야 한다는 생각도 많이 들어요. 나만 없으면 주변 사람들이 다 괜찮을 것 같아요."

만일 내담자의 호소문제가 하나가 아니라 여러 가지라면 진술된 내용을 각 영역 또는 주제에 따라서 기록한다. 다음은 내담자가 여러 가지 호소문제를 진술하였을 때 상담자가 이들을 기록한 예들이다. 내담자는 부모-자녀 관계, 자신의 진로문제 그리고 사회 현상에 대한 불평 등 여러 가지 내용을 말하고 있다.

예 부모에 대한 호소문제

"우리 부모님은 저에게 용돈을 제대로 준 적이 없어요. 어렸을 때부터 늘 불안한 마음으로 성장을 했어요. 지금도 부모님만 생각하면 불안하고, 두렵고, 때로는 분노를 느낍니다. 부모님이 차라리 이혼하면 좋을 것 같고, 없어도 괜찮을 것 같아요."

예 자신의 미래와 진로에 관한 호소문제

"취직을 생각하면 마음이 무겁고 부담이 돼요. 앞으로 어떻게 살아가야 할지 막막해요. 수많은 면접을 보았는데 한 군데도 오라는 곳이 없어요. 때로는 내가 어떤 쪽으로 직장을 잡아야 하는지도 헷갈려요. 나는 혼잔데 어떻게 살지 막막하고 자꾸 우울한 마음이 들어요."

예 사회 현상에 대한 호소문제

"지하철을 탔는데 남자들의 눈길이 자꾸 무서워요. 어떤 때는 나를 성적인 대상으로만 보는 것 같아 화가 나요. 어떤 남자는 내 곁에 너무 가까이 붙어서 몸을 부딪히고, 때로는 나를 만질 것 같은 마음이 들어요."

3) 호소문제를 기록할 때 주의사항

첫째, 상담자는 내담자의 호소문제를 자신의 언어로 바꾸어서 기록하지 않는다. 내담자가 직접 진술한 호소문제는 내담자의 마음이 언어를 통해서 반영된 문장들이다. 내담자의 언어로 된 호소문제를 슈퍼바이저나 다른 상담자가 읽으면 내담자의 마음을 있는 그대로 이해할 수 있다. 그러나 상담자가 내담자의 호소문제를 자신의 언어로 바꾸어서 제시하면 다른 사람이 상담자의 언어를 통해서 내담자를 이해하게 되기 때문에 내담자를 직접적으로 이해하기가 어렵게 된다. 다음은 내담자의 호소문제를 상담자의 언어로 바꾸어서 제시를 할 때 어떤 일이 벌어지는지를 보여 준다.

예 내담자의 호소문제

"우리 부모님은 저에게 용돈을 제대로 준 적이 없어요. 어렸을 때부터 늘 불안한 마음으로 성장했어요. 지금도 부모님만 생각하면 불안하고, 두렵고, 때로는 분노를 느낍니다. 부모님이 차라리 이혼하면 좋을 것 같고, 없어도 괜찮을 것 같아요."

예 상담자가 자신의 용어로 바꾼 내담자의 호소문제

부모에게 돌봄을 받지 못한 내담자는 부모로 인해서 불안하고 두려워하는 마음 그리고 분노를 표현하여 부모가 이혼하기를 원하고 있다.

두 예를 비교해 보면, 상담자는 내담자의 보고 내용을 누락하거나 자신의 세계관으로 바꾸어서 보고하고 있다. 먼저, 상담자는 내담자의 언어 중에서 '용돈'과 '부모가 없어도 됨'이라는 내용을 빠뜨리고 있다. 용돈으로 대변되는 내담자의 경제생활과 부모가 없어도 됨이라는 부모의 존재 측면이 내담자의 호소문제에서 빠져 있다. 이렇게 되면 슈퍼바이저나 동료 상담자는 내담자가 부모에게 돌봄을 받지 못한 영역이 무엇인지 그리고 부모와 자신의 관계가 어떻게 되고 싶은지에 대해서 상담자에게 질문하여 추가 정보를 얻어야 한다. 때로는 슈퍼바이저나 동료 상담자는 '용돈'과 '부모가 없어도 됨'에 대해서 인식을 못할 수도 있다. 상담자는 중요한 정보를 누락했다. 다음으로, 상담자는 내담자의 호소문제를 자신의 언어로 바꾸면서 내담자의 호소문제에 자신의 세계관을 반영시키고 있다. 즉, 상담자는 내담자의 구체적 내용을 좀 더 추상적이고 일반적인 내용으로 바꾸어서 내담자의 호소문제를 제시하고 있다. 상담은 상담자와 내담자의 상호작용에 의해서 이루어지기 때문에 슈퍼바이저는 내담자 측면과 상담자 측면을 동시에 보면서 슈퍼비전을 전개하게 된다. 내담자 측면에 대해서는 내담자의 증상, 심리적 구조, 관계적 형태 등이 슈퍼비전의 대상이 된다. 상담자 측면에 대해서는 상담자의 내담자에 대한 이해, 이론적 입장, 성향 및 개입 방식 등이 슈퍼비전의 대상이 된다. 물론 상담자에 대한 부분을 슈퍼비전할 때 슈퍼바이저는 집단 슈퍼비전에서 다룰 내용과 개인 슈퍼비전에서 다룰 내용을 구분할 수 있어야 한다. 앞서 제시한 호소문제를 변경한 경우를 보면 상담자의 성향 중 하나가 드러난다. 상담자는 내담자가 구체적으로 제시한 호소문제를 추상화 및 일반화하고 있기 때문에 "왜 그랬을까?" 하는 질문이 발생한다. 우선, 상담자가 구체화의 기술을 아직 제대로 사용하고 있지 않아 보인다. 상담에서는 내담자를 이해하기 위한 구체화의 기술을 중요하게 여긴다. 상담자는 이런 기술의 중요성을 제대로 인식하지 못하고 있거나 아니면 인식을 했더라도 아직 제대로 활용하지 못하는 것이다. 다른 하나는, 상담자의 성향일 수 있다. 상담자가 내담자를 이해할 때 일반적이고 추상적으로 인식하는 성향을 가지고 있을 수 있다. 상담자가 이러한 성향을 가지고 있다면 이는 상담자의 전문적 발달에 관한 주제다. 상담자는 자신의 성향을 바꾸어서 사물을 좀 더 구체적으로 인식하는 훈련을 할 필요가 있다.

둘째, 상담자는 내담자가 호소문제를 중간에 바꾼 경우에 각각의 호소문제들이 독립적인지 생각해 보아야 한다. 예를 들면, 내담자가 상담초기에 "나는 불안을 다루고 싶어요."라고 호소했다. 그런데 상담을 진행하면서 내담자가 호소문제를 중간에 "나는 친구들과 친밀한 관계를 갖고 싶어요."라고 바꾸었다고 하자. 이 경우, 상담자는 두 호소문제를 동시에 기록을 해야 하는지 아니면 하나만 적어야 하는지 의문을 갖게 된다. 상담자는 먼저 두 호소문제가 독립적인가를 생각해야 한다. 만일 두 호소문제가 독립적인 경우라면 바뀐 호소문제를 기록해야 한다. 즉, 상담자는 내담자의 호소문제를 "나는 친구들과 친밀한 관계를 갖고 싶어요."라고 기록해야 한다. 왜냐하면 호소문제가 달라지면 같은 사람이라 하더라도 다른 사례로 보아야 하기 때문이다. 한 사람에게서 한 사례(case)가 발생할 수도 있지만 여러 사례가 발생할 수도 있다. 이런 경우는 같은 내담자가 여러 다른 호소문제를 독립적으로 제시할 때 발생한다. 그러나 만일 두 호소문제가 독립적이 아니라면 상담자는 군이 호소문제를 둘 다 기록할 필요가 없다. "나는 친구들과 친밀한 관계를 갖고 싶어요."라는 호소문제가 불안과 관련이 있는 경우라면 친밀한 관계에 대한 호소문제는 불안의 영역이라고 보아야 한다. 내담자의 호소문제인 불안을 다룰 경우, 그 호소문제를 관계적 영역, 내적 영역, 영적 영역, 신체적 영역 등으로 나누어서 다룰 수 있다. 이 예에서 내담자가 제시한 두 번째 호소문제는 처음 호소문제의 영역별 주제로 보아야 한다.

2. 내담자의 사회적 정보

내담자는 상담장면에 사회적 현상을 가지고 온다. 내담자가 가져오는 사회적 현상이란 내담자의 개인적 정보, 가족적 정보, 사회적 망, 상담을 받게 된 경위 등을 가리킨다. 즉, 상담자는 이러한 내담자의 사회적 상황을 이해함으로써 내담자의 마음을 임상적으로 이해하기 위한 준비를 하게 된다.

1) 개인사항

내담자의 개인사항은 성별, 나이, 직업, 학력, 혼인, 종교, 민족 등과 같은 사항들을 말한다. 물론 여기서 소개하는 내용들이 절대적 항목들은 아니다. 상담자는 자신이 가지고 있는 임상적 상황에 맞추어서 내담자의 개인사항을 적을 수 있다. 만일 학력에 대한 열등감이 많은 내담자라면 자신의 학력을 말하기 꺼려할 수 있다. 이런 경우에 상담자는 내담자의 학력을 기록하지 않은 채로 상담사례보고서를 작성할 수 있다. 이 내용은 차후에 내담자의 임상관찰 부분에 기록할 수 있다. '내담자는 자신의 학력을 말하기 꺼려 해서 학력을 기록하지 못했다.'는 식으로 내담자의 임상관찰 부분에 포함시킨다.

내담자의 개인사항을 수집하는 방식으로는 상담 면접기록지에 항목을 만들어 내담자가 직접 체크하게 하는 방법이 있고, 상담자가 면접을 통해서 직접 물어보는 방법이 있다. 또한 제삼자를 통해서 내담자의 개인정보를 들을 수도 있다. 제삼자는 주로 내담자가 상담을 받도록 한 의뢰인인 경우가 많다. 상담 면접기록지의 정보와 의뢰인이 준 정보는 내담자와의 면접과정 중에서 이를 확인하면 더 확실하다. 때로는 정보가 불일치하거나 부정확한 경우가 있기 때문에 이러한 과정을 거치면 정보가 분명해진다.

2) 가족사항

내담자의 가족과 관련된 사항은 두 가지, 즉 현재가족 사항과 원가족 사항이다. 현재가족 사항은 현재 내담자가 속한 가족을 의미한다. 현재가족의 사회적 정보는 내담자의 개인정보와 같은 방식으로 기록한다. 만일 내담자가 이혼해서 혼자 사는 경우나 재혼해서 혼합가족을 이루는 경우라면 가족사항은 좀 더 복잡해진다. 이 경우에는 내담자와 내담자가 같이 살고 있는 가족 구성원이 현재가족이 된다. 즉, 내담자가 재혼을 했거나 동거하는 사람이 있는 경우에는 혼합가족 또는 동거가족이 현재가족 사항에 해당한다.

원가족 사항은 내담자의 혼인 여부에 따라서 달라진다. 내담자가 결혼을 안 한 경우에는 내담자의 부모를 포함한 가족이 현재가족이 된다. 이 경우에 원가족 사항은 내담자의 친가와 외가가 된다. 내담자가 결혼을 한 경우나 이혼 또는 사별을 한 경우에는 내담자의 부모와 배우자의 부모를 포함한 가족이 원가족이 된다. 원가족에 대한 기록은 이론에 따라 달라질 수 있다. 역사를 중요시하는 이론의 경우에는 원가족 사항이 중요해진다. 그러나 역사를 중요시하지 않는 이론에서는 원가족 사항이 필요 없을 수도 있다. 상담자는 자신의 이론적 입장에 따라서 원가족에 관한 정보가 필요한지 생각해 보아야 한다.

3) 사회활동 사항

사회활동 사항은 내담자의 사회적 망에 대한 기본정보다. 내담자의 친구 관계, 종교 활동, 친척 등 아는 사람들과의 관계, 활동하는 기관·단체·지역 등이 곧 사회적 망이다. 각각의 항목에 대해서 간단한 정보를 제공한다. 예를 들면, 몇 명의 친구들이 있는지 기록한다. 친구들과 얼마만큼 친한지 기록한다. 마음을 털어놓고 말을 할 수 있는 친구가 있는지 그리고 위기에 빠졌을 때 도움을 줄 수 있는 사람은 누구인지 등도 기록한다. 종교 활동, 친척 및 아는 사람, 내담자가 소속된 직장·단체·기관 등에 대해서도 같은 방식으로 기록한다. 그 밖에 내담자에게 의미 있는 장소나 지역 등도 기록한다.

4) 상담 경위

내담자의 상담 경위는 다음의 세 가지 측면에서 기록한다. 첫 번째는 내방 경위다. 내담자가 상담에 스스로 왔는지 아니면 의뢰인에 의해서 왔는지를 기록한다. 스스로 온 경우라도 자신에게 도움이 필요하다고 느껴서 자발적으로 왔는지 아니면 다른 사람들의 권유를 받고 왔는지 기록한다. 의뢰인에 의해서 상담에 온 경우에는 의뢰과정을 자세히 기록한다. 의뢰인, 즉 부모, 교사, 감찰관 등이 직접 내담자를 데리고 왔는지 기록한다. 두 번째는 상담에 오게 된 시점이다. 내담자가 왜 이 시점에 상담에 왔는지 기록한다. 자발적이건 의뢰된 상담이건 간에, 내담자가 상담에 온 시점은 내담자 자신이나 내담자를 둘러싼 환경을 이해하는 데 도움이 되기 때문에 매우 중요하다. 세 번째는 내담자의 이전 상담 경험이다. 내담자가 상담에 오기 전에 다른 상담자나 기관에서 상담을 받은 경험이 있는지를 기록한다. 상담 경험의 횟수와 상담 종결의 이유 등을 간략하게 기록한다.

3. 슈퍼비전 받고 싶은 내용

상담사례를 발표하는 경우에 상담자는 슈퍼바이저로서 동료 상담자나 슈퍼바이저로부터 도움을 받게 된다. 상담자의 토론 내용은 마치 내담자의 호소문제와 같은 역할을 한다. 슈퍼바이저나 동료 상담자는 상담자의 도움받고 싶은 내용을 중심으로 상담사례를 이해하게 된다. 따라서 상담자는 가능하면 도움받고 싶은 내용을 구체적으로 기록하여 자신이 원하는 내용을 도움받도록 한다. 이때 동료 상담자와 슈퍼바이저는 일차 목적을 상담자의 상담을 평가하는 것에 두지 않고, 상담자를 돕는 데 두어야 한다. 슈퍼비전은 상담자를 돕기 위해서 평가하는 활동이 포함될 수 있으나, 격려와 도전 그리고 필요한 부분에 대해서 도움을 주는 활동이다.

상담자의 토론 내용은 두 가지로 분류된다. 하나는 동료 상담자에게 도움받고 싶은 내용이고, 다른 하나는 슈퍼바이저에게 도움받고 싶은 내용이다. 동료 상담자에게 도움받고 싶은 내용은 수평적 확인 절차다. 상담자는 비슷한 수준의 동료 상담자가 사례를 보는 관점이나 각도를 통해서 자신의 상담 정도나 수준을 확인할 수 있다. 동료 상담자가 주로 어떤 내용에 관심을 가지고 질문을 하는지 그리고 어떤 방식으로 사례에 접근하는지를 통해서 자신의 상담 수준이나 정도를 확인할 수 있다. 슈퍼바이저에게 도움받고 싶은 내용은 수직적 확인 절차다. 상담자는 자신이 미처 생각하지 못하고 있었거나 빠뜨린 부분에 대해서 도움을 받을 수 있다. 상담의 방향이나 사례개념화 그리고 상담자의 역전이 등과 같이 어렵거나 예민한 부분 등을 슈퍼바이저를 통해서 도움받을 수 있다.

1) 동료 상담자에게 도움받고 싶은 내용

상담자는 자신의 상담사례를 통해서 동료 상담자와 토론하고 싶은 내용을 기록한다. 이를 통해 집단 슈퍼비전에 참여하는 동료 상담자의 전문적 피드백을 받을 수 있다. 이때 슈퍼바이저는 이러한 토론을 활성화하는 분위기를 조성한다. 이렇게 함으로써 상담자는 단지 슈퍼바이저 뿐만 아니라 참여한 동료 상담자로부터도 도움을 받게 된다.

2) 슈퍼바이저에게 도움받고 싶은 내용

상담자는 자신이 진행하는 상담에 대해서 어떤 부분에 도움이 필요한지 분명하고 명료하게 기록한다. 상담과정은 너무나 폭넓기 때문에 제한된 슈퍼비전 시간에 많은 점을 한꺼번에 도움받을 수 없다. 따라서 상담자는 자신에게 필요한 도움이 무엇인지 분명하게 그리고 초점화해서 기록한다.

제4장

임상자료

　임상자료(clinical data)란 내담자를 임상적으로 이해하기 위해서 필요한 자료를 말한다. 임상적 이해란 사회적 이해와 달리 내담자를 상담전문가의 시각으로 이해하는 노력이다. 상담전문가는 인간을 이해하는 데 일정한 이론적 개념과 전문적 용어를 공유한 사람이다. 내담자가 사회적 측면에서 호소문제를 가지고 올 때, 상담전문가는 이러한 호소문제를 전문적으로 이해할 수 있는 자료를 필요로 한다. 이러한 전문적 이해는 곧 상담전문가가 서로 통용할 수 있는 내용이며, 이러한 내용을 가리켜서 임상적 이해라고 부른다. 내담자에 대한 임상적 이해는 사실에 근거한 자료다. 내담자에 대한 직접적 면접, 심리검사, 의뢰에 의한 정보 등을 종합하여서 내담자의 문제, 즉 임상자료를 기록하게 된다. 여기서 상담자는 내담자의 임상자료를 자신의 언어로 바꾸지 말아야 한다. 임상자료는 내담자나 기타 다른 방식에 의한 자료, 즉 사실에 기초한 자료다. 때문에 상담자는 사실을 확인하고, 이러한 자료를 얻어 내는 임상기술을 가지고 있어야 한다.

1. 내담자의 문제

상담자는 내담자의 호소문제를 이해하기 위해서 다양한 영역에 대한 이해를 기본적으로 갖추어야 한다. 상담자는 내담자가 문제를 호소할 때 내면적으로 어떤 증상이나 문제를 가지고 있는지, 관계적으로 어떤 형태의 역기능을 경험하고 있는지 그리고 영적으로 어떤 상태에 있는지에 대해서 기록한다. 내담자의 내적 증상, 관계 형태, 영적 상태 등은 모두 현상적 이해다. 상담자는 내담자가 현재 겪고 있는 것들을 자료 형태로 기록한다.

또한 상담자는 내담자의 호소문제를 역사적으로도 볼 수 있어야 한다. 이러한 부분은 문제 형성사 또는 문제 발달사 등으로 표현된다. 이 영역은 내담자의 호소문제에 대한 역사적 이해다. 현재 내담자가 겪는 여러 가지 증상이나 관계 형태 그리고 영적 상태가 언제 어디에서 시작을 했으며 어떻게 발달해 왔는지에 대한 부분이 곧 내담자의 호소문제에 대한 역사다.

1) 심리내적 상태

상담자는 내담자의 심리내적 문제를 몇 가지 영역, 즉 정서적 영역, 인지적 영역, 행동적 영역으로 나누어서 기록할 수 있다. 각각의 영역에서 내담자가 겪고 있는 증상들을 기록한다. 정서적 영역의 문제는 감정 형태로 나타난다. 불안, 우울, 분노, 수치심, 억울 등과 같은 감정들은 모두 정서적 영역의 문제다. "죽고 싶다." "누군가를 때리고 싶은 생각이 든다." "마치 어디론가 끌려가는 것 같다." 등과 같은 내용들은 모두 인지적 영역의 문제다. "분노가 폭발을 해서 물건을 집어던졌다." "안절부절 못하고 서성거린다." "보도블록의 선을 밟지 않고 걸어 다녔다." 등은 모두 행동적 영역의 문제다.

상담자는 가능하면 내담자의 심리내적 상태를 자세하게 기록해야 한다. 내담자와 상담을 진행할 때 자세하게 질문하여 정보를 확인한다. 또는 접수면접 기록지나 의뢰인에 의한 정보 등을 통해서 이러한 정보들을 확인한다. 각각의 정보들은 서로 대조하여 점검할 필요가 있고, 이를 내담자와의 면접을 통해서 최종적으로 확인한다. 이렇게 해서 얻어진 정보들, 즉 사실들을 심리내적 상태로 기록한다.

2) 관계 형태

상담자는 내담자의 관계 형태에 대해 기록한다. 내담자의 관계 형태는 현재가족, 원가족 그리고 사회적 관계를 맺고 있는 사람들과 관련된 자료를 통해서 이해할 수 있다. 내담자와 관계를 맺는 사람들은 내담자가 호소하는 문제를 일으키는 데 직간접적으로 관련이 있는 사람들이기 때문에 이들에 대해 기록함으로써 내담자를 둘러싼 환경에 대해 이해할 수 있게 된다. 현재가족과 사회적 관계를 맺고 있는 사람들은 내담자의 관계 형태의 현재적 관점에서 기술한다. 내담자의 호소문제 속에 보이는 관계의 역기능을 현재가족에서 찾을 수 있다. 그리고 원가족에 해당하는 사람들은 내담자의 관계 형태의 역사적 관점에서 기술한다.

(1) 현재가족과의 관계 형태
내담자를 둘러싸고 있는 직접적 인간관계를 가지고 있는 직계 가족 구성원들을 기록한다. 현재 진행 중인 호소문제와 현재가족이 어떤 관련이 있는지 기술하도록 한다. 제2장에서 제시한 상담사례의 호소문제인 "나는 사람들이 없는 곳에서 살고 싶어요."를 생각해보자. 내담자의 부모가 이 호소문제와 어떻게 관련이 있는지 기록한다. 내담자의 아버지가 내담자를 신체적으로 학대해서 호소문제가 발생한 경우라면 아버지의 학대 내용을 자세하게 기록한다. 아버지의 폭력의 정도, 빈도, 방식 등을 가능하면 자세하게 기록한다. 어머니는 내담자가 맞고 있을 때 무엇을 했는지, 예컨대 방관했는지 아니면 적극적으로 말리는 행동을 했는지 아니면 딸을 보호하기 위해서 남편에게 대들었는지 등을 기록한다. 내담자에게 형제나 자매가 있다고 하면 그들은 내담자가 폭력을 당할 때 무엇을 하고 있었는지를 기록한다. 적극적으로 말리는 행동을 했는지 아니면 비난하는 행동을 했는지 등 여러 가지 측면에서 기록한다.

(2) 원가족과의 관계 형태

앞서 언급한 내담자의 경우, 아버지의 폭력적 경향이 전수되어 내담자도 폭력적 경향을 보인다면 이는 가족의 주제일 가능성이 높다. 따라서 내담자의 아버지의 원가족에서 발생한 폭력적 경향이나 사건들을 기록함으로써 내담자 가족이 가지고 있는 가족 주제를 이해할 수 있다. 마찬가지로 내담자 어머니의 원가족을 기록함으로써 폭력적 양상에 대한 대처 방식이나 경향들을 이해할 수 있다. 만일 특별한 폭력적 경향이나 행동이 발견되지 않은 경우에는 '폭력적 경향을 찾을 수 없었음.'이라고 기록할 수 있다.

만일 내담자가 결혼을 한 사람이라면 원가족은 보다 복잡해진다. 원가족은 내담자의 원가족과 배우자의 원가족으로 나뉜다. 현재 내담자가 겪고 있는 호소문제와 각각의 원가족과의 관계를 기록하도록 한다. 만일 아내가 호소문제를 제기하는 경우라면, 아내의 호소문제에 대해서 아내의 원가족, 즉 자신의 부모나 형제가 어떻게 기여하고 있는지 기록한다. 그리고 남편과 남편의 원가족 구성원들이 아내의 호소문제에 대해서 어떻게 기여하는지도 기록한다.

(3) 사회적 관계 형태

상담자는 내담자가 가지고 있는 사회적 관계와 호소문제에 대해서 기록한다. 내담자의 호소문제는 가족관계뿐만 아니라 사회적 관계에서도 계속 진행 중이다. 이런 의미에서 내담자의 사회적 관계 형태는 호소문제를 이해하는 또 다른 중요한 영역이다. 호소문제로 피해를 입거나 도움을 주는 사회적 관계가 무엇인지 기록한다. 이러한 사회적 관계는 친구관계일 수도 있고, 내담자가 활동하는 단체나 직장에서의 관계일 수도 있다. 관계의 역기능은 가족 관계, 친구 관계, 직장에서 상사·동료·부하 직원들 간의 관계 또는 활동하고 있는 단체에서 갖는 관계 등 여러 영역에 걸쳐 있다. 한 영역에서의 역기능은 다른 영역에서 같은 방식으로 경험되기도 하고, 다른 방식으로 경험되기도 한다. 다음의 예들은 같은 방식으로 경험되는 관계 형태들이다. "나는 친구가 친밀하게 다가오면 관계를 마음에서 단절한다." "동성 친구들하고는 허물없이 말을 하지만 이성 친구만 나타나면 얼어붙어서 말을 못한다." "우리 엄마와 비슷한 사람만 보면 화가 나서 견딜 수 없다." 내담자는 집에서 하는 관계 형태와는 다른 방식으로 사회적 관계를 할 수도 있다. "아버지와 같은 사람들을 만나면 더 잘하려고 한다." "친구들 중에서도 강해 보이는 아이들하고만 관계를 한다." "교회에서 목사님만 보면 너무 좋은 마음이 들고, 때로는 우리 아버지였으면 하는 생각을 자주 하게 된다." "불쌍해 보이는 사람들에게는 답답한 마음이 더 들고 무시하고 싶은 마음이 든다." 등과 같은 표현들은 모두 내담자의 행동이 가족에게와는 다르게 나타나는 경우들이다.

3) 영적 상태

상담자는 내담자의 영적 상태를 호소문제와 관련해서 기록한다. 영적 상태란 인간의 영성이 나타나는 방식을 의미한다. 모든 인간은 영적 존재로서 영적 연관성을 맺으면서 살아간다. 영적 상태는 자신보다 더 큰 존재와 관계를 맺는 현상을 말한다. 자신보다 더 큰 존재는 종교적으로 나타날 수도 있고, 관계적으로 나타날 수도 있으며, 심리적으로 나타날 수도 있다. 다시 말해서, 영적 상태는 자신과의 관계에서 나타나기도 하고, 타인과의 관계에서 나타나기도 하며, 초월적 존재와의 관계에서 나타나기도 한다. "오늘은 평상시보다 내 자신이 더 크게 느껴진다." "타인 앞에 서면 왠지 내가 작은 느낌이 든다." "오늘은 마치 내가 저주받은 것 같은 느낌이 든다." "나는 더 이상 살아갈 삶의 의미를 느끼지 못한다." 등과 같은 표현들은 모두 영적 상태를 나타내는 문장들이다. 상담자는 영적 상태의 문제를 진술함에 있어서 영적 상태가 종교생활의 사회적 정보를 의미하지 않는다는 점을 유의하여야 한다. 종교생활의 사회적 정보는 영적 상태를 유추하게 하는 유용한 내용일 수는 있지만, 그 자체가 영적 상태를 나타내지는 않는다. 종교생활의 사회적 정보는 내담자의 기본 정보에 기록한다.

4) 심리검사 결과

상담자는 내담자에 대한 심리검사의 결과를 제시한다. 심리검사의 결과를 제시할 때는 심리검사의 종류별로 제시할 수도 있고, 심리검사를 종합적으로 보고하는 형태로 제시할 수도 있다. 종류별인가 종합적인가에 관계없이 심리검사의 결과를 제시할 때는 내담자에게 해당하는 사항만을 제시한다. 예를 들면, MMPI 검사에서 하나의 코드 유형을 가진 내담자인 경우에 MMPI 심리검사 책에는 이 유형에서 나타날 수 있는 심리적 문제들을 모두 제시하고 있다. 상담자는 여러 가지 심리적 문제 중에서 내담자에게 해당되는 사항들만을 제시하여야 한다. 상담자는 해당하는 심리적 문제들을 내담자의 임상자료를 통해서 확인하고, 이렇게 확인된 사항들만을 심리검사의 결과로 제시한다. 이렇게 하여야 슈퍼바이저와 동료 상담자가 내담자의 문제를 실질적으로 이해할 수 있다. 심리검사의 결과를 종합적으로 제시하는 경우에는 각각의 심리검사들에 공통으로 나타난 항목들을 먼저 알아보고, 공통 항목들과 임상자료를 연계하여 심리검사의 결과를 보고한다. 만일 각각의 심리검사 결과에 나타난 사항들이 다른 심리검사 결과에 나타나지 않았다면 이를 따로 보고한다. 상담자는 내담자를 면접하고 나서 확인된 내용만을 심리검사 결과로 보고한다.

심리검사의 결과 제시는 원자료를 그대로 제시할 수도 있고, 원자료를 의미 있게 체계적으로 종합한 해석을 제시할 수 있다. 상담자가 원자료를 제시하면서 이에 대한 해석적 자료를 같이 제시한다면, 슈퍼바이저나 동료 상담자는 내담자를 제대로 이해할 수 있다. 상담자가 여기서 주의할 점은 내담자에 대한 해석적 자료라 할지라도 여전히 임상적 자료임을 명심해야 한다. '해석적' 이란 단어는 "여러 방식의 자료들을 의미 있게 체계적으로 정리한다."라는 의미다. 따라서 상담자는 여러 경로 또는 방식을 통해서 얻은 내담자의 원자료를 종합하여 의미 있게 제시한다.

2. 내담자의 임상관찰

상담자는 면접하는 동안 내담자의 행동을 관찰함으로써 임상적 자료를 모을 수 있다. 내담자의 행동은 내담자의 내면세계에 대한 행동적 측면이다. 따라서 내담자의 행동을 관찰함으로써 내담자의 호소문제와의 연관성을 찾을 수 있다. 내담자의 행동에 대해서 기술할 때는 가능하면 자세하게 기록한다. 상담자의 주관적 느낌이나 생각을 배제하고 내담자의 행동을 객관적으로 관찰하여 기록한다. 내담자의 임상관찰은 두 가지 영역이 있는데, 하나는 내담자의 개인행동이고 다른 하나는 상담자와 관계할 때 발생하는 행동이다.

1) 전반적인 행동특성

내담자의 행동특성에는 여러 가지 영역들이 있는데, 그중에 가장 쉽게 기록할 수 있는 부분이 옷차림이다. 밝은색 계통의 옷을 입었는지 아니면 어두운색 계통의 옷을 입었는지, 옷차림이 단정한지, 옷차림이 어색한지 등을 기록한다. 그리고 외모에 대한 인상, 즉 위생관리를 제대로 하는지 안 하는지 등을 기록한다. 또한 면접하는 동안 관찰된 특이 행동들을 기록한다. 손을 떠는가, 손을 자주 움직이는가, 앉아 있는 자세가 어정쩡한가, 긴장된 자세인가, 편안한 자세인가 등등을 기록한다. 말을 빠르게 하는지 또는 느리게 하는지, 어눌하게 하는지 또는 또박또박하는지 등 내담자의 수많은 개인행동을 기록할 수 있다.

2) 상담자와의 관계행동 형태

내담자가 상담자와 관계하는 행동에 대해서도 기록한다. 내담자가 상담자와 눈을 자주 마주치는지 또는 상담자의 눈을 피하는지 등을 기록한다. 상담자에 대한 태도가 도전적인지 아니면 협조적인지를 기록하며, 상담자의 질문에 대해서 긍정하고 수용적 자세를 보이는지 아니면 적대적이며 반항적인 태도를 보이는지도 기록한다. 상담자에게 호소문제를 이야기할 때 감정 중심의 대화를 하는지 또는 사건 중심의 대화를 하는지도 기록할 수 있다. 상담자의 특정한 행동에 내담자가 관심을 기울인다면 이러한 행동에 대해서도 기록한다. 내담자가 상담자에 대해 보이는 행동들은 내담자의 관계 형태를 이해하는 데 도움을 준다. 내담자의 관계 형태를 관찰함으로써 내담자를 임상적으로 더 잘 이해할 수 있다.

3. 문제발달사

상담자는 내담자의 호소문제가 어떻게 발달해 왔는지 역사적으로 이해하여야 한다. 내담자의 호소문제는 하루아침에 발생하지 않고 대체로 오랫동안의 시간 속에서 발생한다. 따라서 상담자는 내담자의 호소문제가 어떤 방식으로, 어떤 경로를 통해서 만들어졌는지 이해하여야 한다. 이러한 이해를 위해서 상담자는 두 가지 방식으로 호소문제의 발달사를 기록한다. 하나는 전반적 생육사이고, 다른 하나는 문제 형성사다.

전반적 생육사는 내담자가 일반적으로 기술하는 내용을 바탕으로 한다. 내담자는 때로 자신의 호소문제가 자신의 생육사와 어떤 관련이 있는지 알지 못하는 경우가 있다. 상담자는 자신의 전문성을 발휘해서 내담자의 전반적 생육사를 알아본다. 상담자는 내담자가 말하는 이야기 속에서 내담자의 호소문제와 관련된 가족의 행동이나 가족이 가지고 있는 주제들을 알아본다. 전반적 생육사는 내담자의 호소문제를 이해하기 위한 가족적 배경에 관한 항목이다.

반면에 문제 형성사는 호소문제와 직접적 관련이 있는 역사다. 상담자는 내담자의 호소문제가 내담자의 삶에서 어떤 사건들과 관련이 있는지 알아본다. 현재 내담자가 호소하는 문제들은 내담자가 겪은 사건들에 의해서 직접적으로 발생하였을 수 있다. 문제 형성사는 호소문제와 관련된 직접적 사건에 대한 이해를 위한 항목이다.

1) 전반적 생육사

상담자는 내담자가 어떤 가족 배경을 가졌는가를 기록한다. 가족 배경이 전체적으로 암울한 가족인지 아니면 긴장된 가족이었는지를 기록한다. 전반적 생육사는 가족의 분위기를 대체로 기록하는 방식이다. 예를 들면, 일 중심적 가족은 가족 간에 대화하는 시간이 별로 없다. 대화를 한다 하더라도 주로 과제나 문제를 해결하는 방식의 대화를 한다. 그리고 문제나 과제가 발생했을 때 이러한 것들에 대한 해결이 제대로 되지 않거나 해결할 방향이 보이지 않으면 짜증과 신경질 또는 화를 낸다. 이들은 가족 간에 친밀한 관계를 유지하기보다는 일이나 과업을 중심으로 관계를 맺는다. 이러한 가족에서 자란 내담자는 외로움을 심하게 호소하거나 일을 하려고 해도 에너지가 부족해서 일을 하기가 어렵고, 이 때문에 자주 실패를 한다. 이러한 가족 배경을 가진 내담자는 우울감을 보이거나 낮은 자존감 또는 타인을 지나치게 의식하는 형태의 호소문제를 보인다. 상담자는 내담자가 이러한 호소문제가 있을 때 어떻게 대처를 해

왔는지 기록한다. 외로울 때 더 열심히 일하려고 했는지 아니면 일을 놓아 버림으로써 부모에게 더욱 야단을 맞았는지 등을 기록한다.

2) 문제 형성사

문제 형성사는 내담자의 호소문제와 관련된 사건들을 중심으로 기록한다. 이러한 사건들을 주요 사건이라고 부른다. 우울을 호소하는 내담자의 경우에 자살 경향을 가지고 있는지 알아보고, 자살 경향과 관련된 사건이 있는지 기록한다. 자살 충동이 있다면 어떤 행동을 해 왔는지 그리고 그러한 행동에 대해서 가족은 어떤 반응을 보였는지 기록한다. 이러한 행동들에 대해서 역연대기 순으로 기록한다. 최근에 보였던 행동을 먼저 기록을 하고, 과거에 했던 행동을 나중에 기록한다. 이러한 기록 방법은 상담자로 하여금 현재 호소문제와 관련된 행동을 먼저 이해하고 점차적으로 역사적 시각을 갖도록 한다. 우울한 행동과 관련된 여러 행동들의 다양한 영역을 기록한다. 예를 들면, 잠자는 영역, 먹는 영역, 관계 형태의 영역, 영적 영역 등 다양한 행동들을 기록하고, 이러한 행동들의 역사적 측면을 기록한다. 언제부터 잠을 잘 못 잤는지, 잠을 잘 못 자면 무슨 행동을 하는지, 잠을 잘 못 잠으로써 일상생활에 어떤 영향이 있는지 등 많은 내용들을 기록할 수 있다.

문제 형성사를 기록할 때 내담자의 호소문제가 영적인 내용이라면 내담자의 영성사에 대해서 기록한다. 호소문제와 관련된 내담자의 영적 상태를 중심으로 어떤 믿음의 형태를 가지고 있는지 기록한다. 이러한 믿음의 형태에 대해서 역사적으로 어떤 경로를 가지고 있었는지, 내담자 자신이 어떤 영적 노력을 해 왔는지에 대해서도 기록한다. 특히 기도 영역에 대해서 어떤 노력이 있었는지, 신에 대한 이미지가 어떻게 변화해 왔는지 등에 대해서 기록한다. 이는 곧 호소문제와 관련된 내담자의 영적 형성사다. 내담자의 기도에 대한 역사는 내담자의 마음, 즉 영적 상태를 이해하게 하는 중요한 자료의 역할을 한다. 만일 내담자가 무조건 신에게 비는 형태의 기도를 해 왔다면 내담자는 관계적 의존이 영적으로 나타난 경우다. 내담자의 의존적 경향이 기도에 매달리게 함으로써 문제를 일시에 해결하려는 노력을 한 것으로 볼 수 있다. 이러한 역사를 이해하면 내담자의 호소문제와 관련된 내담자의 마음을 쉽게 이해할 수 있다.

사례개념화와 상담목표

 상담자는 사례개념화(case conceptualization)를 통해서 내담자를 이론적으로 이해하고 상담의 방향을 결정하게 된다. 이 부분은 두 가지 큰 축으로 나누어지는데, 하나는 내담자에 대한 임상적 이해이고, 다른 하나는 상담의 방향이다. 상담자는 상담 면접기록지에서 얻은 내담자의 기본정보와 임상자료들을 이론적으로 이해하기 위한 절차에 들어간다. 기본정보와 임상자료는 모두 내담자에 관한 원자료(raw data)다. 이 원자료를 상담전문가들이 서로 소통하고 이해할 수 있는 내용으로 바꾸는 작업이 곧 사례개념화다. 내담자의 원자료를 전환하기 위해서 상담자는 자신이 어떤 이론적 입장에 있는지를 분명하게 밝혀야 한다. 이론적 입장이 없으면 상담자는 자신이 다른 전문가들과 어떻게 의사소통을 해야 하는지에 대해서 모르게 된다. 이 부분이 상담자들이 가장 어려워하고 힘들어하는 부분이다. 자신이 서 있는 위치를 분명하게 하고 원자료를 분석하고 자신이 가지고 있는 이론적 틀로 해석하려는 노력을 함으로써 상담자는 자신의 전문성을 확보하게 된다. 즉, 상담자는 사례개념화를 통해서 내담자를 이론적으로 이해할 수 있게 된다.

상담자가 원자료를 이론적으로 해석할 수 있게 되면 상담의 방향이 정해진다. 분석을 통해서 내담자의 호소문제가 무엇을 의미하는지 임상적으로 이해하게 되면 이미 이론들은 이에 대한 방향 제시를 가지게 된다. 상담자는 이론적 방향 제시를 상담목표로 설정하게 된다. 상담목표가 설정되면 상담자는 이를 상담과정에서 어떻게 달성할지에 대해서 고민하게 된다. 이러한 과정이 상담전략의 수립이다. 상담의 이론들은 대체로 어떻게 상담할지에 대해서도 말하고 있다. 상담자는 자신이 서 있는 이론적 입장에 따라서 상담전략을 수립하면 된다.

1. 사례개념화

상담자는 사례개념화를 하기 위해서 자신이 어떤 입장에 서 있는지 밝힌다. 자신이 하나의 이론을 가지고 사례를 볼 것인지 아니면 여러 이론들을 사용하여 사례를 이해하려는지를 결정한다.

1) 이론적 입장

이 영역은 여러 가지 복잡한 내용을 포함하고 있다. 상담자의 관점, 관점에 따른 이론적 입장, 사례개념화의 방법 및 절차 등과 같은 여러 내용이 여기에 해당한다. 이 부분은 특히 이론과 실제가 만나는 부분으로서 통합이다. 통합은 여러 분야의 학문들 간의 만남이기도 하지만 이론과 실제의 만남이기도 하다. 여러 학문들의 만남은 학문 간의 통합(김용태, 2006, pp. 107-111; Bouma-Prediger, 1990, pp. 21-31; Farnsworth, 1982, pp. 308-319)이고, 이론과 실제의 만남은 학문 내 통합(김용태, 2006, pp. 107-111;

Worthington, 1994)이다. 학문 간 통합은 이론과 이론을 하나의 체계로 만드는 노력이며, 학문 내 통합은 이론에 따라서 실제를 정확하게 하려는 노력이다. 사례개념화는 학문 내 통합으로서 상담자가 서 있는 이론적 입장에 따라 실제 사례를 이해하고 분석하여 상담 실제에 연결시키려는 노력이다.

(1) 접근방법

상담자의 이론적 입장에는 단일이론 접근, 절충적 접근 및 통합적 접근이 있다.

① 단일이론 접근

상담자가 상담사례에 하나의 이론을 적용하여 개념화를 시도하는 방식을 단일이론 접근이라고 한다. 이때 상담자는 상담사례의 다양성을 고려하지 않는다. 이 방식은 상담자의 이론적 입장이 먼저다. 상담자는 이론에서 말하는 개념을 가지고 상담사례를 이해하려고 하기 때문에 이론적 입장을 우선시한다. 예를 들면, 정신분석 이론의 접근은 성적 에너지, 의식과 무의식의 위상적 구조, 여러 가지 심리적·내적 요소들의 균형, 즉 원욕, 자아, 초자아들의 균형이라는 개념을 가지고 내담자의 문제를 이해하려고 한다. 내담자가 호소하는 문제에 대해서 상담자는 내담자가 어떤 무의식적인 성적 매력을 느꼈는지 그리고 이러한 에너지가 내담자의 심리 구조에서 어떻게 반영되고 있는지를 이해하려고 한다. 상담자가 정신분석적 입장을 취하게 되면 내담자가 어떤 문제를 호소한다고 하더라도 이러한 관점에서 이해하려고 한다. 즉, 내담자의 호소문제의 다양성과 관계없이 상담자는 정신분석의 입장에서 내담자를 이해하려고 한다.

단일이론 접근에는 몇 가지 특징이 있다. 첫째, 단일이론 접근은 근대주의 방법을 사용하고 있다. 근대주의 방법이란 객관적으로 세상이 존재한다고 가정하고, 그러한 세상을 발견하기 위해서 노력하는 철학적 사고를 말한다. 객관적으로 존재하는 세상을 이해하기 위해서는 일정한 개념이 있어야 하고, 이러한 개념을 통해서 세상을 인식하게 된다. 상담자가 단일이론 접근을 취하게 되면 상담자는 내담자의 문제를 객관적으로 존재하는 세상이라고 인식하게 된다. 이러한 세상을 이해하기 위해서 일정한 개념, 즉 이론에서 도출된 개념을 사용하게 된다. 둘째, 단일이론 접근은 이론적 일관성을 가지고 있다. 상담자는 하나의 이론에 의지하기 때문에 이론에 따라서 충실하게 현상을 파악하고 이해할 수 있다. 그렇기 때문에 상담자는 논리적 일관성을 유지하면서 상담을 진행할 수 있다. 셋째, 단일이론 접근은 내담자의 문제를 이해하는 데 한계를 갖는다. 하나의 이론에 내담자의 모든 문제를 맞추려고 하기 때문에 어떤 문제는 잘 맞으나 다른 문제들은 잘 들어맞지 않는다. 예를 들면, 정신분석은 성이론이면서 동시에 갈등이론이다. 즉, 정신분석은 성적 갈등이론이다. 내담자가 성적 갈등을 호소하는 경우에는 정신분석이 잘 들어맞는다. 내담자가 호소하는 성적 갈등은 많은 경우에 억압이라는 방어기제를 사용한다. 정신분석에서 말하는 의식과 무의식 그리고 성적 충동이라는 여러 가지 개념들이 성적 문제를 호소하는 내담자를 이해하는 데 적합하다. 그러나 내담자가 다른 문제를 호소하는 경우, 즉 정신분열증과 같은 경우에는 정신분석이 잘 들어맞지 않는다. 정신분열증은 내담자의 유전적 요인과 가족 구조의 상호작용에 의해서 일어나기 때문에 성적 갈등으로 이해하기에는 한계가 있다. 그리고 실제로 임상을 하는 경우에도 내담자는 사고 장애를 보이기 때문에 통찰을 유도하기 어렵다. 따라서 정신분석이라는 단일이론 접근을 하는 상담자는 정신분열증을 호소하는 내담자를 돕는 데 한계를 보인다.

② 절충적 접근

절충적 접근을 선택한 상담자는 자신의 이론적 입장이 우선이 아니라 내담자에 대한 상담효과를 우선적으로 생각한다. 상담자는 내담자의 문제가 해결될 수 있는 여러 이론들을 사용한다. 각각의 이론들은 내담자의 문제를 해결하기 위한 도구다. Hill(2004)은 『상담의 기술: 탐색-통찰-실행의 과정(Helping skills: Facilitating exploration, insight, and action)』이라는 책에서 내담자를 돕기 위한 3단계 모형을 제시하였다(pp. 25-38). 첫 번째는 내담자와 치료적 관계를 형성하기 위한 탐색 단계이고, 두 번째 단계는 내담자가 자신을 이해할 수 있도록 돕는 통찰 단계 그리고 세 번째는 내담자가 탐색과 통찰에 근거해서 자신의 행동을 변화시킬 수 있도록 돕는 행동 단계다. 내담자를 돕기 위한 3단계 모형의 필수 요소들은 감정이입적 협력, 도식의 변화 그리고 숨겨진 과정이다(Hill & O'Brien, 2001, pp. 55-59). Hill(2004, pp. 28-33)과 Hill과 O'Brien(2001, pp. 50-55)은 3단계 상담과정에 대해서 각각 다른 여러 가지 이론들을 사용하고 있다. 첫 번째 단계의 이론적 기초는 Rogers의 내담자 중심이론이다. 두 번째 단계는 Freud, Erikson, Mahler, Bowlby, Kohut, Greenson, Cashdan, Teyber, Kiesler 등의 생각에 이론적 기초를 두고 있다. 세 번째 단계는 B. F. Skinner, Wolpe, Lazarus, Bandura, Ellis, Beck 등의 인지 행동 이론이나 행동주의 이론에 그 이론적 기초를 두고 있다. 즉, Hill과 O'Brien(2001)은 자신들의 상담과정에 여러 가지 이론들을 절충하여 사용하고 있다. 이들은 상담의 효과에 대해서 상담과정적으로 설명을 하고 있는데, 내담자를 변화시키기 위한 상담자의 노력은 세 단계를 거쳐야 한다고 주장하고 있다. 첫 번째는 치료적 관계를 형성시키고, 두 번째는 내담자에게 통찰을 일으키게 하고, 세 번째는 내담자가 자신의 행동을 변화시킬 수 있도록 돕는 과정이 곧 상담과정이다. 각각의 단계에 맞는 이론들을 사용하여 상담의 효과를 극대화하려고 한다.

절충적 접근은 후기 근대주의 방법을 사용하고 있다. 절충적 입장을 취하는 학자들은 상담 실제가 이론보다 우선이다. 후기 근대주의적 방법은 실제 또는 현상을 우선적으로 고려하는 입장의 철학적 사고다. 실제에 맞지 않는 개념적 사고, 철학 그리고 이론들은 배제된다. 실제에 맞는 이론, 철학 및 개념을 사용하여 실제를 이해하고자 하는 방식이 곧 후기 근대주의적 방법이다. 절충적 접근은 내담자의 문제, 상담의 과정, 상담효과 등으로 대변되는 실제를 우선시한다. 이러한 실제에 맞는 이론, 개념, 철학을 사용함으로써 상담의 효과를 높이고자 한다.

절충적 접근에는 다음의 장단점이 있다. 장점은 실제에 맞는 이론을 사용할 수 있다는 점이다. 상담자는 내담자의 문제를 가장 잘 설명할 수 있다고 보는 이론을 선택함으로써 내담자의 문제를 해결한다. 즉, 상담자는 상담효과를 극대화할 수 있다. 단점은 상담자는 자신이 사용하는 이론적 근거의 일관성을 유지하기가 어렵다는 점이다. 이론들은 저마다 철학적 사고와 개념적·이론적 일관성을 가지고 있다. 여러 이론들을 동시에 사용하면 각 이론들이 가지고 있는 철학적 사고가 충돌하기도 한다. 이에 따라서 상담효과를 검증할 때 어떤 기준으로 이해할지 어렵게 되고, 다른 사례에 어떻게 적용해야 하는지 잘 모르게 된다.

③ 통합적 접근

통합적 접근은 앞의 두 방법의 단점을 보완하는 접근이다. 통합이란 여러 다른 방식이나 접근을 하나의 이론적 틀로 묶는 것을 말한다. 따라서 통합적 접근을 하려면 먼저 하나의 이론적 틀을 제시해야 한다. 제시한 이론적 틀에 따라서 여러 가지 이론들을 하나로 만든다. 이렇게 한 후에 상담사례를 이해하는 개념화를 시도한다. 학자들은 여러 이론들을 하나의 모형 속에서 일관성 있게 이해하려는 노력들을 하고 있다(김용태, 1995; Brown, 2004; Cheung, 1997; Fernando, 2007; Wilson, 2000). Fernand(2007)는 Ellerman(1999)의 해결중심적 실존주의 심리치료 모형을 가지고 임상사례에 대해서 치료적 접근을 하고 있다. Brown(2004)은 자기심리학과 정서이론을 가지고 가정폭력 가해자의 수치심과 폭력 행동을 이해하는 논문을 발표했다. Wilson(2000)은 성중독자의 수치심을 줄이기 위해서 정신분석, 개인심리이론, 분석심리학의 이론들을 창조성이라는 모형 속에 통합하는 논문을 발표하였다. 김용태는 부부관계의 질을 연구하기 위해서 일반체계이론, 역할이론 및 사회적 교환이론을 생태학 모형 속에 통합하는 박사학위 논문을 제출하였다. 여기서는 통합적 예 중에서 세 가지를 자세히 살펴본다.

김용태(1995)는「한국 남성 목회자의 결혼의 질에 관한 생태학적 분석(An ecosystemic analysis of marital quality among male Korean ministers)」이라는 박사학위 논문에 통합적 접근을 사용하였다. 이 논문은 결혼의 질에 관한 생태학적 모형을 제시하였는데, 생태학적 모형을 지지하기 위해서 여러 가지 이론들을 사용하였다. 인간발달의 생태학(the ecology of human development)은 일반체계이론(general systems theory), 역할이론(role theory) 및 사회교환이론(social exchange theory)에 의해서 통합적으로 이해된다. 우선 인간 발달의 생태학은 일반체계이론이 가지고 있는 여러 개념들에 근거하고 있다. 인간의 발달은 인간을 둘러싸고 있는 여러 환경, 즉 체계들 속에서 이루어지며, 체계 간의 상호작용이나 상호작용의 수준에 따라서 달라진다. 여기서는 체계, 체계 간의 상호작용, 체계의 변화 수준과 같은 개념들이 있는데, 이러한 개념들은 모두 일반체계이론에 의해서 제공된다. 다음으로 인간발달의 생태학은 가족 구성원이 가지고 있는 각각의 역할에 대한 이해를 필요로 한다. 가족 구성원은 사회적으로 주어진 역할을 수행하기도 하고, 역할을 거부하기도 하고, 역할들 간에 갈등을 느끼면서 성장하고 발달한다. 역할(role), 역할 수행(role enactment), 역할 갈등(role conflict), 역할 긴장(role strain) 등과 같은 개념은 모두 역할이론에 의해서 제공된다. 마지막으로 인간발달은 역할을 가진 인간이 어떻게 상호작용을 하는가에 따라서 달라진다. 즉, 인간은 역할을 수행할 때 보상이나 비용, 이익 그리고 사회적 규범 등에 따라서 달리 행동한다. 보상(rewards), 비용(costs), 이익(profits), 규범(norm) 등과 같은 개념은 모두 사회적 교환이론에 의해서 제공된다. 인간발달의 생태학은 일반체계이론, 역할이론 그리고 사회적 교환이론이라는 각각 다른 이론들을 하나로 묶는 모형이다. 부부간의 관계, 즉 질적 측면은 인간발달 생태학이라는 하나의 모형에 의해서 연구된다. 일반체계이론은 이 모형의 부부관계에 대한 체계적 틀을 제공한다. 역할이론은 이 모형의 부부관계에 대한 요소들의 위치를 설명하는 개념을 제공한다. 남편과 부인은 각각의 역할로 일정한 사회적 위치를 점유하고 있다. 사회적 교환이론은 가족관계의 요소들이 상호작용하는 방식에 관한 개념을 제공한다. 남편과 부인은 대칭적 입장에서 상호작용을 하고, 부모와 자녀는 비대칭적 입장에서 상호작용을 한다. 이러한 상호작용은 모두 사회적 교환이론에 의해서 이해되고 설명된다.

한편 Wilson(2000)은 「성중독 처치를 위한 창조성과 수치심 줄이기(Creativity and shame reduction in sex addiction treatment)」라는 논문에서 하나의 이론적 틀을 제공하고 있다. 성중독자를 치료하기 위해서는 깊이 잠재되어 있는 수치심을 줄여야 한다. 수치심을 줄이기 위해서는 예술, 음악, 춤, 드라마와 같은 여러 가지 치료 도구와 같은 창조적 활동이 필요하다. 이러한 창조성의 모형은 Freud의 정신분석, Adler의 개인심리이론, Jung의 분석심리학과 같은 여러 다른 이론들에 의해서 지지받을 수 있다.

정신분석은 창조성의 동기적 측면에 대한 이해를 제공한다. Freud는 신경증이 창조를 위한 동기와 관련이 있음을 밝혀 주고 있다. 개인심리 이론은 창조성의 과정에 대한 이론적 배경을 제공한다. 즉, Adler는 인간의 창조성이 성격적 결함에 대한 반응과 보상이라는 과정과 관련이 있음을 이론적으로 제공하고 있다. 마지막으로 분석심리학은 인간의 창조성에 대한 영적 요소를 제공한다. Jung은 인간의 성격 깊은 곳에 있는 영적 요소를 통해서 인간이 창조적 활동이 가능함을 말하고 있다. 성중독자를 위한 치료 모형으로서 예술적 창의성, 즉 창조적 모형이 필요하다. 이 모형은 동기 면에서 정신분석, 과정 면에서 개인심리이론 그리고 영성 면에서 분석심리학을 필요로 한다.

Fernando(2007)는 개인상담 이론의 실존주의 심리치료 이론과 가족상담 이론의 해결중심 접근을 통합한 해결중심 실존주의 치료라는 통합된 모형을 소개하고 있다. 이 모형은 Ellerman(1999)이 개발을 했는데, 그는 자신의 모형을 '단기해결중심 실존주의 치료(Brief Solution-Focused Existential Therapy: BSFET)'라고 불렀다. 보통 실존주의 심리치료는 인간의 한계를 인식하면서 동시에 깊이 생각을 하도록 만드는 데 비해서, BSFET는 역동적이면서 행동적인 실용적 모형이다. 이 모형에서는 삶의 경험(life experience), 자기 창조(self creation) 및 실존적 불안(existential anxiety)에 초점을 맞춘다. 내담자는 자신의 삶의 경험에 대해서 창조적으로 실존적 불안을 줄이는 해결자의 역할을 한다. 내담자는 책임감을 가지고 자신의 삶을 배우면서 실존적 불안을 줄이도록 한다. 이 모형에서 상담자는 "만일 당신의 삶이 6개월 밖에 남지 않았다는 것을 알게 된다면 남은 시간에 무엇을 하고 싶습니까?"(Fernando, 2007, p. 235)라는 질문을 던지며 내담자의 삶에 대해 긍정적으로 도전한다. BSFET 모형은 ① 내담자가 가지고 있는 강점을 듣고(listening for strengths), ② 자신이 가지고 있는 문제로부터 해결을 위한 목표로 움직이도록 하며(moving from problems to goals), ③ 내담자가 어떻게 대처할지에 대해서 탐색하고 (exploring how clients cope) 그리고 ④ 내담자가 스스로 척도질문을 사용하도록(using scaling questions) 임상적 개입을 한다.

통합적 접근에서는 몇 가지 고려할 사항이 있다. 첫째, 통합적 접근은 개별 이론들의 한계에서 비롯된다. 각각의 이론들은 현상에 대한 일정한 부분을 설명하고 있다. 한 이론이 모든 현상이나 실제를 다 설명할 수는 없다. 창조성 모형에서는 창조성의 여러 측면들을 서로 다른 이론들을 가지고 설명하고 있다. 즉, 창조성 모형은 여러 측면들을, 즉 동기 · 과정 · 영성을 정신분석, 개인심리이론 및 분석심리학이라는 이론들로 각각 설명하고 있다. 부부관계의 질에 관한 생태학적 모형은 부부관계의 환경인 체계, 부부관계를 구성하는 요소인 역할, 부부관계의 상호작용인 교환 등을 일반체계이론, 역할이론 및 사회적 교환이론을 가지고 설명하고 있다. BSFET 모형은 문제는 실존주의 이론으로 그리고 해결은 해결중심이론으로 설명하고 있다.

둘째, 통합적 접근을 사용할 때는 내적 일관성과 논리성이 중요하다. 다시 창조성 모형, 생태학 모형 및 BSFET 모형으로 살펴보자. 창조성 모형에서는 여러 측면을 언급한다. 하나의 현상을 이해할 때 측면은 중요한 개념이다. 수학적으로 보면 정육면체는 여러 측면들이 있다. 옆면, 윗면, 아랫면 등은 모두 정육면체의 한 부분이다. 각각의 면들은 모두 직육면체라는 하나의 물체를 이해하는 방식이다. 마찬가지로 인간을 이해할 때도 인지적 측면, 정서적 측면, 행동적 측면, 관계적 측면 등과 같이 이해할 수 있다. 창조성의 모형은 이러한 측면들과 관계된 내적 일관성을 갖는 모형이다. 앞서 언급한 측면은 동기적 측면, 과정적 측면 그리고 영적 측면이다. 생태학 모형에서는 다른 내적 일관성을 가지고 있다. 사회를 이해할 때, 사회 환경이 있고, 환경 속에는 많은 여러 가지 구성요소들이 있다. 그리고 각각의 구성요소들은 일정한 상호작용을 한다. 사회는 환경과 요소 그리고 상호작용을 통해서 하나의 일정한 통합체를 구성한다. 생태학의 모형은 이러한 내적 일관성을 가지고 있는 현상이다. 환경은 체계로 나타나고, 요소는 역할로 나타나며 그리고 상호작용은 교환으로 나타난다. BSFET 모형은 문제와 해결이라는 내적 일관성을 가지고 있다. 문제가 있고, 이를 해결한다는 생각은 논리적이며 일관성이 있다.

셋째, 통합적 접근은 현상에 대한 통합적 이해를 바탕으로 한다. 이 내용은 두 번째 부분과 연관이 있다. 이론을 적용하기 전에 먼저 현상을 어떻게 이해할지에 대해 모형을 정해야 한다. 모형에 대한 정의는 철학적 이해를 바탕으로 한다. 현상을 이해하기 위해서 필요한 모형들을 먼저 철학적으로 이해하여야 한다. 종합적 이해, 차원적 이해, 일치성 이해, 통합체 이해 등은 모두 현상에 대한 철학적 접근이다.

종합적 이해란 현상을 나누어서 보는 접근을 말한다. 정신분석이 대표적인데, 정신분석은 여러 가지 다른 축을 하나로 묶어서 인간을 이해하고자 한 이론이다. Freud는 정신분석의 이론을 만들면서 다섯 가지 서로 다른 생각인 위상적 가정(topographical assumption), 발생적 가정(genetic assumption), 구조적 가정(structural assumption), 역동적 가정(dynamic assumption), 경제적 가정(economic assumption)을 가지고 정신분석을 만들었다(Jones & Butman, 1991, pp. 67-68). 이 다섯 가지 가정들은 서로 다른 축이다. 서로 다른 것들을 하나로 묶는 방법이 곧 종합적 이해다.

차원적 이해란 현상에 대해서 서로 다른 수준으로 이해하는 방법이다. 대표적 현상이 일차원, 이차원 및 삼차원이다. 각 차원들은 서로 독립적이면서도 불연속성을 가지고 있다. 일차원과 이차원은 방향이라는 면에서는 연속적이지만, 옆이라는 면에서는 불연속적이다. 일차원의 존재는 이차원의 존재를 이해할 수 없다. 왜냐하면 옆이라는 개념이 없기 때문이다. 각각의 차원들은 수준이 높아질수록 포괄차이(김용태, 2006, p. 56)를 보인다. 포괄차이란 높은 차원이 낮은 차원을 포함하면서 차이를 보이는 현상을 말한다. 이차원은 일차원의 방향을 포함하면서 동시에 옆이라는 새로운 개념으로 차이를 나타낸다.

일치성 이해는 현상을 하나로 보는 접근이다. 인본주의 심리학은 모두 일치성 이해라는 현상에 기초를 두고 있다. 때문에 인본주의 심리학은 인간을 나누어질 수 없는 하나의 현상으로 이해한다. 현상적 이해를 바탕으로 하면서 경험을 중요하게 생각한다. 일치성 이해에서는 측면이 중요하다.

통합체 이해는 가족상담에서 주로 사용되는 개념인데, 부분이면서 전체로 보려는 접근을 말한다. 한 인간은 그 자체로 완전한 독립체이면서 동시에 가족이나 사회의 부분집합 또는 하위 체계다. 이러한 관점은 주로 체계적 접근을 하는 사람들에 의해서 이해되는 현상이다. 상담자는 통합적 접근을 할 때 자신이 어떤 입장에서 현상을 보고 있는지를 이해하고, 이에 따라서 여러 가지 이론들을 사용할 수 있다.

앞서 언급한 세 가지 통합모형들은 각각 차원적 이해, 일치성 이해 그리고 종합적 이해라는 철학적 입장을 가지고 있다. 부부관계의 질에 관한 생태학적 모형은 인간발달의 생태학이라는 이론적 틀 속에 여러 다른 이론들을 담는 형식을 취하고 있기 때문에 차원적 이해다. 인간발달의 생태학은 일반체계이론, 역할이론 및 사회적 교환이론을 묶을 수 있는 한 차원 높은 이론적 틀이다. 세 가지 이론들은 모두 생태학적 이해를 하기 위한 구성요소로 작용한다. 각각의 이론들은 낮은 차원의 구성요소들이고, 인간발달의 생태학은 요소들을 묶는 틀로 높은 차원의 계급(class)이다. 성중독자 치료를 위한 창조성 모형은 창조성의 여러 측면들을 각각 다른 이론들로 설명하고 있다. 즉, 하나를 여러 다른 측면으로 나누어서 설명하고 있기 때문에 일치성 이해라는 철학적 입장을 가지고 있다. BSFET라는 모형은 문제라는 축과 해결이라는 축을 묶어서 하나로 이해하고 있다. 문제는 실존주의에서 가져오고, 해결은 해결중심이론에서 가져왔다. 서로 다른 두 축을 하나로 묶어서 BSFET를 만들었기 때문에 종합적 이해라는 철학적 입장을 갖는다.

(2) 상담이론들의 입장과 사례개념화의 경우

상담의 이론에는 세 가지의 서로 다른 입장들이 있다. 첫 번째는 심리내적 입장으로 개인상담에 근거한 이론이 있다. 대부분의 개인상담 이론은 인간의 내면세계에 대한 입장을 가지고 있다. 즉, 인간의 내면이 어떤 구조를 가지고 있는지를 이해하기 위한 개념들을 가지고 있는 입장이 개인상담 이론이다. 두 번째는 관계심리 입장으로 가족상담에 근거한 이론들이 있다. 가족상담의 이론들은 가족관계를 중심으로 한 인간관계에 대한 입장을 가지고 있다. 이런 면에서 가족상담의 이론들은 인간의 내면이 관계적으로 드러나는 양상 또는 형태를 이론화한 내용들이다. 세 번째는 영적 입장으로 종교 상담에 근거한 이론들이 있다. 이 분야는 가장 최근에 발전하고 있는 영역이다. 아직은 뚜렷하게 제시할 고유한 이론들이 없지만 이론의 전 단계인 모형들은 여러 가지가 있다(김용태, 2006). 종교심리학, 목회상담학, 기독교상담학 등으로 제시되는 입장들이 여기에 해당된다. 영적 입장에 근거한 종교 상담은 모두 초월자 또는 자신보다 큰 존재를 상정하는 철학적 입장에 근거하고 있다. 신과 인간과의 관계를 우선적으로 하여 이론을 발전시키고 있다.

상담의 이론들이 가지고 있는 입장과 상담자가 사례를 보는 관점을 합해서 보면 상담자는 여러 가지 경우의 수를 가지고 사례개념화를 할 수

있다. 단순하게 상담이론의 입장 세 가지와 사례개념화의 입장 세 가지
를 조합해 보면, 모두 아홉 가지의 경우의 수가 발생한다. 그런데 어떤
경우에는 관계심리 입장과 심리내적 입장, 심리내적 입장과 영적 입장,
관계심리 입장과 영적 입장 또는 이 모든 입장을 하나로 통합하면서 사
례개념화를 실시하기도 한다. 이렇게 본다면 상담자가 취할 수 있는 사
례개념화의 입장은 아홉 가지보다도 더 많아진다. 어떤 입장을 취하든지
상담자는 자신이 취한 이론적 입장을 분명하게 밝히면서 사례개념화를
하여야 한다. 이 책에서는 단일이론 접근에서 영적 입장과 관계심리 입
장에서의 사례개념화를 제시한다. 영적 입장에서는 초월상담이론을, 관
계심리 입장에서는 Bowen 이론을 사용한 사례개념화를 제시한다. 또한
절충적 접근에서는 심리내적 입장에서의 사례개념화를 제시하며, 통합
적 접근에서는 심리내적 입장과 관계심리 입장을 통합한 방식의 사례개
념화를 제시한다.

(3) 방법 및 절차

내담자의 문제를 분석하고 개념화하는 방법은 다음의 두 가지다. 하나
는 이론적 입장에 따른 자료 수집의 방법이고, 다른 하나는 수집한 자료
를 개념에 맞게 분류·분석하는 방법이다. 첫 번째 방법에서는 상담자가
내담자를 면접하기 전에 자신의 이론적 틀에 따라 자료 수집 계획을 먼
저 세운다. 그런 다음 계획에 따라서 내담자의 기본정보와 임상자료를
수집한다. 사례개념화는 다음의 세 가지 단계를 거치게 된다. 첫 번째 단
계는 제시된 자료에 대한 이해다. 먼저 내담자의 기본정보, 심리검사 또
는 의뢰인에 의한 내용 등을 체계적으로 분석한다. 분석에서는 개념에
따라서 자료를 분류하고 탐색하는 일을 하게 된다. 두 번째 단계는 첫 번
째 단계에서 발생된 질문이나 아직 확인되지 않은 정보들을 내담자와의

면접을 통해서 확보한다. 면접은 내담자의 호소문제와 기본정보에 대한 진술, 상담자의 내담자에 대한 약간의 분석적 질문을 통해서 이루어진다. 세 번째 단계는 확보된 자료와 정보를 가지고 내담자의 문제를 체계적으로 설명한다. 이때 상담자는 내담자의 정보와 자료에 맞추어서 이론적 개념을 설명한다. 예를 들면, 내담자가 자신도 모르는 사이에 얼굴이 붉어진다고 하면 내담자는 억압이라는 방어기제를 사용하는 것이다. 억압된 감정이 언어를 통해서 표현되기보다는 신체, 즉 몸을 통해서 표현되고 있다. 상담자는 얼굴이 붉어지는 신체적 표현과 억압이라는 정신분석의 개념을 연결해서 설명한다.

이 방법의 장단점은 다음과 같다. 장점으로는 첫째, 내담자의 자료수집이 체계적이다. 이미 확정된 영역과 개념에 따라서 내담자에게 질문을 하고 자료를 수집할 수 있다. 둘째, 내담자를 좀 더 깊이 있게 면접할 수 있다. 상담자가 자신이 원하는 자료를 수집하지 못한 경우에 추가 질문을 통해서 자료를 얻을 수 있다. 단점으로는 첫째, 상담자가 이론적 입장에 따라서 내담자를 보려고 하기 때문에 내담자를 객관적으로 있는 그대로 인식하지 못할 수도 있다. 둘째, 때로는 이론적으로 치우쳐서 내담자가 말하는 정보를 놓치거나 소홀하게 취급할 가능성도 있다. 셋째, 내담자가 말한 내용을 이론적 틀과 개념에 맞추려고 하다 보니 정보를 왜곡하거나 부분적으로만 수용하는 경우도 발생할 수 있다. 즉, 자료에 대한 왜곡이나 조작이 발생할 수 있다.

두 번째 방법, 즉 수집한 자료를 개념에 맞게 분류·분석하는 방법에서는 상담자가 우선 객관적으로 내담자의 자료를 수집한다. 이 방식도 세 단계로 사례개념화가 진행된다. 먼저 상담자는 자신의 이론적 경향이나 입장과 관계없이 내담자가 제시하는 자료, 심리검사를 통해서 드러난 정보, 의뢰인에 의한 내용, 접수 면접지를 통해서 나타난 정보 등 여러 가지 내용을 수집한다. 내담자를 면접하는 경우에도 이론적 입장이나 개념에 따라서 정보를 수집하지 않고 내담자가 제시하는 내용을 중심으로 자료를 수집한다. 그런 다음 상담자는 수집한 정보를 분석한다. 여러 가지 방식에 의해서 드러난 자료들을 분류한다. 중복된 자료는 하나로 모으고 영역에 따라서 정보들을 구분한다. 이렇게 드러난 자료들을 상담자의 이론적 경향과 개념에 따라서 연결한다. 이때 내담자의 정보가 더 필요한 경우에는 추가 면접을 할 수 있다. 마지막으로 연결한 자료를 체계적으로 설명하고 이를 개념으로 연결한다. 개념적 설명을 하는 경우에는 자료에 근거하여 자료 중심으로 설명한다. 예를 들면, '내담자의 얼굴이 붉어진다.'는 자료에 대해서 관련된 다른 자료들을 찾아본다. 내담자에게 '산만하다.'는 자료가 있다면 이 자료와 얼굴이 붉어진다는 자료와의 연관성을 찾아본다. 이 두 자료의 공통점은 모두 행동화의 경향이다. 상담자가 내담자에게 얼굴이 왜 붉어지는지 물어본 경우에 내담자가 "모른다."라고 대답했다고 하자. 이 경우, 내담자는 생각하는 경향보다는 신체화하는 경향이 더 강하다. 내담자는 신체화 경향과 행동화의 경향이 있으므로 억압이라는 방어기제를 사용한다고 개념화할 수 있다.

이 방법에도 장단점이 있다. 이 방법은 현장 중심이며 실제 중심이기 때문에 현장에서 일어나는 실제를 정확하게 이해할 수 있다는 장점이 있다. 내담자에게 어떤 일이 벌어지는지를 먼저 이해하기 때문에 내담자의 상태를 놓치지 않고 이해할 수 있다. 이런 면에서 내담자에 관한 자료가 풍부해지거나 정확해진다. 반면에 이 방법은 내담자에 대한 자료만을 먼저 모으기 때문에 효율성 문제가 발생할 수 있다는 단점이 있다. 많은 자료를 모으지만 이러한 자료들이 어떤 연관성을 가지고 있는지 지도가 없다. 지도가 없는 상태에서 자료를 모으다 보면 불필요한 자료들을 모으거나 필요한 자료들을 놓치는 경우가 발생한다. 많은 자료들을 분류하는

데 시간도 걸리며, 나중에 이론적 개념과 무관한 자료들도 많이 쌓이게
된다.

2) 상담사례의 개념화

(1) 내담자에 대한 자료

- 호소문제

 "나는 정말 힘들고 어려워요. 다른 사람들이 나를 쳐다볼 때마다 가슴이 쿵쾅거
 려서 너무 힘들어요. 나는 사람들이 없는 곳에서 살고 싶어요."

- 기본정보

 32세, 여, 취업 준비 중, 대졸, 기독교

- 심리내적 상태
 - 감정
   ○ 불안, 짜증, 두려움, 무서움, 수치심, 분노 등의 감정을 느낀다.
   ○ 사람들이 많지 않은 곳에서 편안함을 느낀다.
   ○ 특히 아버지와 비슷한 사람들을 보면 양가감정을 느낀다.
   ○ 무서우면서도 그립고 또한 분노를 느낀다.
   ○ 권위적 인물에 대해서는 미워지고 반항하고 싶어진다.
   ○ 다른 사람들의 시선에 대해 신경을 많이 쓴다.
   ○ 누군가 자신을 빤히 쳐다보면 미칠 것 같은 마음이 든다.
 - 생각
   ○ 다른 사람들이 자신을 쳐다보면 마음속이 들킬 것 같은 생각이
     든다.

○ 사람이 많지 않은 곳에서는 편안함을 느낀다.

○ 권위적 인물에 대해서는 적대적인 생각을 갖는다.

○ 남자가 자신에게 무엇인가를 지시하는 듯하면 복수하고 싶은 생각을 한다.

○ 남자들은 모두 자신을 이용하려고 한다고 생각한다.

○ 다른 사람들에게 버림받을 것 같은 생각이 든다.

- 행동

○ 사람들이 없는 곳으로 다닌다.

○ 사람들이 많은 곳을 피한다.

○ 눈을 마주치면 피한다.

○ 혼자 있을 때 자유롭게 행동한다.

○ 갈등이 생기면 폭식을 하는 경향이 있다.

○ 음식을 많이 먹고 나면 토한다.

○ 울지 않으려고 애를 쓰고, 이로 인해서 넋을 잃는 경험을 한다.

○ 대중교통을 이용할 때 누군가 자신을 보면 몸이 굳는 것 같다.

○ 나를 쳐다보는 사람을 보지 않으려고 애를 쓰다 보면 가슴이 두 근거린다.

○ 심하면 가슴이 쿵쾅거리고, 견딜 수 없어서 중간에 내리고 만다.

• 관계 형태(현재가족)

〈아버지와의 관계 형태〉

- 태연한 행동

○ 아버지에 대해 애써서 태연한 척하는 행동을 한다.

- 대드는 행동

○ "아버지가 엄마를 때리려고 하면 노려보면서 아버지에게 대들었다."

○ 아버지에게 "따귀도 맞고 때로는 주먹으로 얼굴을 맞은 적도 있다."
○ 미친듯이 대들자 아버지가 놀랐고, 이후 폭력행동이 많이 줄어들었다.
- 충격적 경험
  ○ 아버지의 무서운 눈이 떠오르기도 하고, 아버지의 화내는 목소리와 물건 집어 던지는 소리들이 오랫동안 느껴지고 들리는 듯하였다.
- 증상
  ○ 아버지를 노려보다가 '가슴이 쿵쾅거리는' 경험을 하였다.
  ○ 방에 혼자 있을 때 미칠 것 같은 마음과 어쩔 줄 몰라 하는 마음이 생겼다.
  ○ 아버지가 엄마에게서 물러나면 엄마와 둘이 같이 울곤 하였다.

〈어머니와의 관계 형태〉
- 보호하는 행동
  ○ 엄마를 보호하기 위해서 아버지에게 대들었다.
- 어머니의 의존 행동
  ○ 엄마는 나에게 "너 없으면 나는 어떻게 살지?"라고 하곤 하셨다.
- 어머니에 대한 양가감정
  ○ 한없이 불쌍한 마음도 들지만 밉기도 하다.
  ○ 때로는 엄마를 확 떼어 내버렸으면 한다.

〈동생과의 관계 형태〉
- 보호하고 싶은 마음
  ○ 동생도 무서우면 나한테 온다.

◦ 동생도 보호해야 할 것 같은 마음이 들지만 엄마만큼은 아니다.
－ 의존하고 싶은 마음
◦ 동생에게 의존하려고 하면 동생이 선을 확실히 긋는다.
〈현재가족에 대한 마음〉
－ 보호자
◦ 무서운 아버지, 철부지 엄마, 나 몰라라 하는 동생

• 사회적 관계
〈전반적 인간관계〉
－ 거리 유지
◦ 가까이 다가오면 거리를 유지한다.
◦ 다른 사람들이 접근해 오기를 기다린다.
－ 감정적 관계
◦ 친밀해지려고 하면 감정을 보이지 않는다.
◦ 가까이 다가오면 더 냉정해진다.

〈남성과의 관계〉
－ 강한 남자
◦ 경계 대상
◦ 빤히 쳐다보는 남자로 인해 가슴이 쿵쾅거린다.
◦ 거칠어 보이는 남자를 멀리한다.
－ 부드러운 남자
◦ 사귀지만 곧 갈등이 발생한다.
◦ 남자를 지배하려는 경향이 있다.
◦ 남자가 감정적으로 다가오면 더 냉정하게 대한다.
◦ 자꾸 시키면서 마음에 들지 않으면 소리를 지르고 때리기도 한다.

    o 갈등이 발생을 하면 연락을 하지 않는다.

〈여성과의 관계〉
- 피상적 관계
    o 여자들과는 비교적 그런대로 지내는 편이다.
    o 깊은 감정적 교류는 없는 편이다.
- 갈등 관계
    o 강해 보이는 여자들과 갈등이 생긴다.
- 이중 관계
    o 여리고 약해 보이는 여자들과 주로 관계를 한다.
      : 이런 여자들을 답답해하는 마음이 있다.
      : 가까이 있으면서도 멀어지고 싶은 마음이 있다.

• 영적 상태
〈의존적 상태의 영성〉
- 매달리는 기도
    o 하나님에게 해결해 달라고 기도한다.
    o 찬양할 때 자주 운다.
- 벌 받을 것 같은 마음
    o 예배에 빠지지 않고 가는 이유는 벌받을 것 같아서다.
    o 기도를 하지만 기도가 잘 나오지 않는다.

〈하나님과의 관계〉
- 원망의 마음
    o 하나님에 대한 원망의 마음이 있다.
    o 자신을 왜 이런 가정에서 태어나게 했는지 불평한다.

〈교회 목회자와의 관계〉
- 불의한 목회자
  o 못 참는 경향이 있다.
  o 자주 분노, 폭발을 한다.
- 관계 단절
  o 교회를 자주 옮겨 다닌다.

(2) 이론적 입장

상담자는 가족상담의 이론 중 하나인 Bowen 이론을 가지고 사례개념화를 하였다. 상담자가 사용한 개념은 자아덩어리(또는 핵가족 감정체계), 감정반사행동, 분화, 삼각관계, 지적반응행동, 감정체계, 느낌체계, 지적체계 등이다. 각각의 개념들에 대한 간단한 설명은 다음과 같다.

① 자아덩어리

자아덩어리(ego mass)란 한 개인이 가족으로부터 분화되지 않은 자아의 상태를 말한다(Bowen, 1981, p. 281; 1990, p. 476). 자아덩어리는 감정에 의해서 발생하는 감정체계를 말하는데, 이는 인간과 동물 모두에게 존재하며, 감정적으로 얽혀 있거나 매여 있는 관계를 의미한다. 감정체계는 인간과 동물이 모두 생존을 하기 위해서 만들어 낸 정서적 관계다(Kerr & Bowen, 1988, pp. 28-30). 감정은 살아있는 생명체를 움직이는 가장 기본적 힘이다(Papero, 1990, p. 27).

② 핵가족 감정체계

핵가족 감정체계(nuclear family emotional system)란 가족이 감정적으로

연결되어 있는 상태로서 감정관계의 질을 말한다(Hall, 1991, p. 71). Bowen이 이론을 만드는 초기에 사용하였던 감정덩어리라는 개념이 곧 핵가족 감정체계다(Hall, 1991, p. 71; Nichols & Schwartz, 1998, p. 146).

③ 감정반사행동

감정반사행동(emotional reactive behavior)이란 외부 자극에 의해서 발생하는 감정에 의한 행동, 신경질적 반응, 화를 내는 행동, 무서워서 숨는 행동 등 다양한 행동들이다. 감정반사행동은 외부 자극에 의해 거의 자동적으로 나오는 행동으로써 생각할 여지가 없이 발생되는 행동을 말한다.

④ 분화

분화(differentiation)란 주어진 상황에서 개인이 얼마나 목표 지향적 활동을 할 수 있는가를 척도로 나타낸 개념이다. 특히 불안이 유발되는 상황에서 감정반사행동을 하지 않고 지적반응을 할 수 있는 정도가 분화다. 분화의 수준은 진짜 자기(solid self)와 가짜 자기(pseudo self)의 비례를 통해서 수치로 나타난다. 진짜 자기는 관계에 따라서 변화되지 않는 자기를 말한다. 진짜 자기는 자기 확신이나 신념에 의해서 나타나는 현상으로서 다른 사람들이 바라는 것과 상관없이 자신의 신념에 따라서 행동할 수 있는 심리적 현상이다. 가짜 자기는 관계에 따라서 쉽게 변화되는 자기를 말한다(Hall, 1991, p. 17). 가짜 자기는 자신이 목표를 세웠더라도 다른 사람의 말, 행동, 원함 등에 의해서 쉽게 바꾸는 마음의 상태를 말한다. 자신의 주관, 신념 및 확신에 의한 행동이 아니라 타인과의 관계에 따라서 자신의 정체성, 신념, 확신 및 가치관을 쉽게 바꾸는 마음의 상태가 곧 가짜 자기다.

⑤ 삼각관계

삼각관계(triangulation)란 분화 수준이 낮은 사람이 불안을 견디지 못하여 타인을 갈등에 끌어들여서 만드는 관계 형태다. 갈등관계에 있는 한쪽 또는 양쪽의 사람들이 제삼자를 관계에 끌어들여서 만드는 안정된 형태가 삼각관계다.

⑥ 지적반응행동

지적반응행동(intellectual responsive behavior)이란 외부 자극에 대한 목표 지향적 행동이다. 이 행동은 인지적으로 이루어진다. 분화의 수준에 따라서 지적반응행동의 수준도 달라진다. 분화가 잘된 사람은 감정적으로 연결되어 있으면서도 동시에 자신이 스스로 결정을 내려서 독립된 행동을 할 수 있다. 연결되어 있으면서도 독립된 사람은 감정반사행동보다는 지적반응행동을 한다.

⑦ 감정체계

감정체계(emotional system)란 감정에 의해서 만들어진 관계 형태를 말한다. 인간이나 동물은 모두 생존하기 위해서 무리 또는 사회를 형성한다. 사회를 형성하는 기본 힘은 감정에 의해서 발생하는데, 감정적으로 매여 있거나 얽힌 상태를 감정체계라 한다.

⑧ 느낌체계

느낌체계(feeling system)란 감정을 느끼는 인지적 기능으로 만들어지는 관계 형태를 말한다. 화가 난 사람이 자신의 화난 감정에 대해서 슬픔, 화, 씁쓸함을 느낀다고 할 때, 화난 감정에 대해서 이차적으로 느끼는 정서 상태를 느낌이라고 부른다. 이러한 느낌에 의한 관계 형태가 곧 느낌체계다.

⑨ 지적체계

지적체계(intellectual system)란 생각을 통해서 만들어지는 관계 형태를 말한다. 화가 나고 이에 의해서 슬프더라도 목표 지향적 활동에 의해 관계를 맺는다면 이는 곧 지적체계다. 타인과의 관계에서 발생하는 여러 가지 부정적 감정에도 불구하고 목표 지향적 행동을 할 수 있는 개인의 상태를 지적체계라 한다. 목표에 의한 관계 형태가 곧 지적체계다.

(3) 사례개념화

분석은 임상실제에서 얻어진 원자료와 이론적 개념을 연결하는 작업을 말한다. 원자료는 하나의 개념과 연결되기도 하고, 여러 개념들과 연결되기도 한다. 개념은 실제를 포괄적으로 압축해 놓은 철학적 생각이기 때문에 개념을 실제에 연결하는 경우에 여러 종류의 해석이 가능하다. 상담자가 이론적 개념을 실제에 적용할 때 임상적으로 타당한 방식으로 해석해야 한다. 다음은 이론적 개념과 원자료를 병렬적으로 연결한 내용이다.

① 감정덩어리: 내담자의 자아 형태, 불안하고 두려워서 피하고 싶은 상태

"다른 사람들이 나를 쳐다볼 때마다 가슴이 쿵쾅거려서 너무 힘들어요."

② 감정반사행동: 피하고 싶은 내담자의 행동

"나는 사람들이 없는 곳에서 살고 싶어요."

"사람들이 많은 곳을 피해요."

"다른 사람과 눈이 마주치면 띠해요."

"사람들이 없는 곳으로 다녀요."

"아무것도 느껴지지 않는 것처럼 행동해요."

"사람들과 대화할 때 감정을 보이지 않으려고 해요."

③ 분화: 내담자의 낮은 분화 수준, 타인에 의해서 흔들리는 내담자

"다른 사람들이 가까이 오면 거리를 유지해요."

④ 삼각관계: 갈등이 발생할 때 안정시키는 관계
  • 주요 삼각관계: 아버지, 어머니, 내담자

  "엄마를 보호하기 위해서 아버지에게 대들어요"

  • 기타 삼각관계: 어머니, 동생, 내담자
    – 동생에게 의존하고 싶은 마음
    – 어머니를 답답하게 생각하는 마음
  • 영적 삼각관계: 하나님, 자기 가족, 내담자
    – 하나님께 매달리는 기도
    – 혼자 있기를 좋아하는 마음
    – 관계를 단절하면서 외로움을 느낌

⑤ 지적반응행동: 내담자가 불안이 낮은 경우에 하는 지적반응행동

  "혼자 있을 때 자유롭게 행동해요."

⑥ 감정체계: 내담자는 감정에 의한 관계를 유지함
    – 불안을 느끼지 않으려고 어머니와 밀착관계
    – 순종적인 어머니, 연민을 일으키는 사람

– 내담자, 여동생, 어머니가 모두 감정적으로 붙어 살았음

– 아버지에 대한 분노와 두려움

– 갈등으로 인해서 발생되는 공허감

⑦ 느낌체계: 내담자는 불안과 두려움 그리고 수치심을 느낌

– 불안과 두려움에 대한 이차적 감정으로 수치심을 느낌

– 분노에 대한 이차적 감정으로 두려움을 느낌

⑧ 지적체계: 낮은 목표지향적 행동

"혼자 있을 때 자유롭게 행동해요."

"사람이 많지 않은 곳에서 편안함을 느껴요."

개념화는 원자료를 개념적으로 해석하는 이론적 설명이다. 상담자는 개념화를 통해서 다른 상담자와 전문적 대화를 하게 된다. 전문적 대화는 이론적 개념을 이해하고 있는 전문가 집단 내에서의 의사소통을 의미한다. 따라서 상담자는 개념화를 하기 위해서는 이론에 대해 충분히 이해하고 있어야 한다. 개념을 이론적으로 이해할 뿐만 아니라 분석 작업에서처럼 이론적 개념과 내담자의 원자료에 의한 실제를 연결하여야 한다.

앞의 사례를 보면 내담자는 분화 수준이 낮은 사람이다. 낮은 분화 수준은 분화 지수가 50 이하인 경우를 말한다. 분화 지수가 50 이하인 경우는 두 가지가 있는데, 하나는 '증상 회복이 낮은' 경우이고 다른 하나는 '만성 증상'을 갖는 경우다(김용태, 2000, p. 335). "혼자 있을 때 자유롭게 행동한다."라는 원자료는 내담자가 사람들과의 관계에서 갈등이 있을 경우에 이를 스스로 해결하기 어렵다는 것을 의미한다. 내담자는 갈등

상황에서 목표 지향적 행동을 하기 어렵기 때문에 일정한 거리를 두는 관계 행동을 한다. 원자료에서 보면 내담자는 갈등이 발생할 때 연락을 하지 않거나 어머니를 확 떼어 내버리고 싶은 충동이 일어난다. 그러나 갈등이 없거나 불안하지 않은 상황에서는 자유롭고 목표 지향적 행동을 한다. 다시 말해서, 내담자는 불안이 낮아지면 목표 지향적 행동을 하는 정도의 분화 수준을 가지고 있다. 불안이 높아지면 감정체계에 의한 행동, 즉 밀착하려는 경향이 생기고, 불안이 낮아지면 지적체계에 의한 행동, 즉 목표 지향적 행동을 하게 된다. 내담자는 '증상이 있으면서 회복이 느린' 정도의 분화 수준을 갖고 있다.

'증상 회복이 낮은' 내담자는 아버지에 대한 반발 그리고 어머니와 여동생과 밀착되는 감정덩어리를 형성하고 있다. 내담자는 아버지, 어머니 그리고 동생과 반발과 밀착이라는 감정적 연결 상태, 즉 핵가족 감정체계를 형성하고 있다. 내담자는 분노, 불안, 두려움, 수치심, 연민 등과 같은 감정을 가지고 있으면서 이를 통해 관계를 형성하고 있다. 이러한 감정들에 의한 관계 형성은 감정체계와 느낌체계에 의해서 이루어진다. 감정체계에 의한 관계 형태는 인간이 즉각적으로 느끼는 감정인 일차적 감정에 의해서 이루어지고, 느낌체계에 의한 관계 형태는 일차적 감정 후에 나타나는 느낌인 이차적 감정에 의해서 이루어진다. 일차적 감정은 원초적 형태로 존재하지만, 이차적 감정인 느낌은 인지적 형태로 존재한다. 내담자에게 분노는 일차적 감정이다. 불안과 두려움은 일차적 감정이면서 동시에 이차적 느낌이기도 하다. 분노 없이 나타나는 불안과 두려움은 일차적 감정이면서 감정체계 안에 원초적 형태로 존재한다. 그러나 분노에 의해서 나타나는 불안이나 두려움은 이차적 느낌이면서 느낌체계 안에 인지적 형태로 존재한다. 수치심과 연민은 분노, 두려움, 불안 후에 나타나는 이차적 느낌들이다.

내담자의 감정체계와 느낌체계는 두 가지 형태로 나타난다. 하나는 분노에 의한 관계 형태이고, 다른 하나는 불안, 두려움, 수치심, 연민에 의한 관계 형태다. 전자는 대립 관계이고, 후자는 밀착관계다. 내담자는 아버지, 강자, 권위자 등과는 대립 관계를 형성하고, 어머니, 약자, 부드러운 사람들과는 밀착관계를 형성한다. 내담자는 대립과 밀착을 통해서 삼각관계를 형성하는데, 내담자의 주요 삼각관계는 아버지, 어머니와 동생, 내담자로 나타난다. 아버지와는 대립 구도를 만들면서, 어머니와 동생과는 밀착관계를 맺는다. 내담자는 권위자, 약자, 내담자로 이어지는 기타 삼각관계를 형성하기도 한다. 권위자는 강한 지도자로 나타나기도 하고, 강한 남성이나 강한 여성이다. 약자는 부드러운 남자나 불쌍해 보이는 여자다.

내담자는 밀착과 반발에 의한 대립적이고 밀착적 관계에 의해서 두 가지 종류의 감정반사행동을 하게 된다. 하나는 분노에 의한 반발행동이고, 다른 하나는 불안과 두려움에 의한 회피행동이다. 내담자는 권위적 인물이나 강해 보이는 사람들에게 반발행동을 하게 된다. "엄마를 보호하기 위해서 아버지에게 대들고 노려보기" "아버지가 엄마를 때리려고 하면 노려보면서 아버지에게 대들었다." "아버지에게 따귀도 맞고 때로는 주먹으로 얼굴을 맞은 적도 있다." 등과 같이 원자료에는 아버지에 대한 반발행동이 잘 드러나 있다. 내담자는 아버지에게 미친 듯이 대들어 아버지로 하여금 폭력을 하지 못하도록 하기도 하였다. 내담자의 반발행동은 권위자로 보이는 지도자에게 나타나기도 한다. 이들이 불의한 지도자라고 생각되면 참지 못하는 경향이 있어서 분노, 폭발을 자주 한다. 내담자의 반발행동은 친구들과의 관계에서도 드러난다. 강해 보이는 남성이나 여성과 관계가 좋지 못한데, 이들에 대해서는 경계심을 가지고 있어 쉽게 갈등 관계를 만들어 낸다. 내담자는 주로 부드러운 남자들과 관계를 하는데, 이들과 갈등이 생기면 지배하려고 하거나 화가 날 때는 참지 못하고 소리를 지르면서 때리는 경향을 보이기도 한다.

내담자는 불안과 두려움, 수치심, 외로움, 공허감, 연민에 의해서 회피행동을 보이고 있다. 내담자의 회피행동은 세 가지 현상을 만들어 내는데, 신체화 증상 및 폭식행동, 소원한 관계, 대인 기피다. "나는 정말 힘들고 어려워요. 다른 사람들이 나를 쳐다볼 때마다 가슴이 쿵쾅거려서 너무 힘들어요. 나는 사람들이 없는 곳에서 살고 싶어요."라는 호소문제에 내담자의 신체화 증상이 잘 드러나 있다. 내담자의 신체화 증상은 주로 대중교통을 이용할 때 자주 발생한다. "대중교통을 이용할 때 누군가 나를 보면 몸이 굳는 것 같다." "나를 쳐다보는 사람을 보지 않으려고 애를 쓰다 보면 가슴이 두근거린다. 심하면 가슴이 쿵쾅거리고 견딜 수 없어서 중간에 내리고 만다."와 같은 형태로 내담자의 신체화 증상이 나타난다. 이러한 내담자의 신체화 증상은 모두 불안과 두려움에 의해서 발생한다. 내담자는 수치심과 외로움, 공허감에 의해서 폭식행동, 대인 기피, 소원한 관계를 만들어 낸다. 사람들과 관계를 하면서 발생하는 분노나 두려움은 내담자에게 수치심을 만들어 낸다. 이러한 수치심에 의해 내담자는 관계를 하지 않고 피하려고 한다. 내담자는 사람들과 정서적으로 거리를 두거나 연락을 하지 않는 행동을 한다. 내담자는 누군가가 친밀해지려고 하면 감정을 보이지 않으려고 하고, 가까이 오면 더 냉정하게 대하는 방식으로 정서적 거리를 유지한다. 그러다가 갈등이 발생하면 연락을 하지 않는다. 내담자는 갈등을 회피하기 때문에 마음속에 외로움과 공허감이 있다. 이러한 감정을 회피하는 방법 중 하나로 먹는 행동을 한다. 먹고 나면 불안해지고, 이에 의해 토하는 행동을 한다.

내담자의 연민에 의한 회피행동은 어머니와 동생 그리고 불쌍해 보이는 여자들하고의 관계에서 나타난다. 어머니, 동생, 불쌍해 보이는 여자들의 공통점은 모두 약자라는 점이다. 내담자는 약자에 대해서는 연민, 불쌍함 및 슬픔이라는 감정을 느낀다. 내담자는 자신 안에 들어 있는 분노와 두려움이라는 일차적 감정을 해결하기 어렵기 때문에 약자를 불쌍히 여기면서 이러한 감정들을 회피하고 있다. 내담자는 약자와 연민에 의한 관계인 밀착관계를 형성한다. 그러나 이들에 대해서 불쌍하게 느끼면서도 분노하기도 한다. 내담자는 어머니에 대해서 "한없이 불쌍한 마음도 들지만 밉기도 하고, 때로는 엄마를 확 떼어 내버렸으면" 하는 양가감정을 느낀다. 이러한 관계 형태는 불쌍해 보이는 여자 친구들과의 관계에서도 나타난다. 한편으로는 이들을 불쌍하게 여기면서 보호하려고도 하지만, 다른 한편으로는 미워서 관계를 단절하고 싶은 마음도 든다.

내담자는 혼자 있을 때는 지적반응행동을 한다. 지적체계에 의한 관계 형태를 보이는데, 혼자 있을 때, 즉 불안이 낮으면 목표 지향적 행동을 한다. 내담자는 "혼자 있을 때 자유롭게 행동한다." "사람이 많지 않은 곳에서 편안함을 느낀다."라고 보고한다. 내담자는 꽃이나 나무를 좋아하고, 이것과 대화를 하며 지낸다. 혼자 있는 상황은 불안이 낮은 상태로, 이때가 되면 내담자는 자신이 계획한 대로 행동할 수 있다.

(4) 개념의 도식화

가계도는 내담자의 가족관계를 이론적으로 이해할 수 있는 도식이다. 어떤 상담이론들은 내담자의 가족관계 형태나 심리적 구조를 그림을 통해서 표현한다. 심리내적 이론인 정신분석이나 교류분석에서는 각각의 이론들이 가지고 있는 개념들을 그림으로 나타내기도 한다. 정신분석에서는 원욕, 자아, 초자아의 관계를 그림으로 나타낸다. [그림 5-1]은 정신분석에서 제시하는 도식이다.

정신분석과 비슷한 형태의 도식도 있다. 교류분석(transactional analysis)

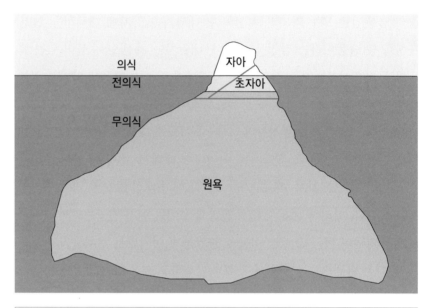

[그림 5-1] 정신분석의 자아도

출처: 미국 쉬펜버그 대학교 심리학과의 Dr. C. George Boeree가 만든 the personality theory 웹사이트에서 발췌 (http://webspace.ship.edu/cgboer/freud.html)

은 인간의 자아 상태를 세 가지로 표현하고 있다. 부모(parent: P), 어른(adult: A), 아이(child: C) 모두 인간의 자아 형태로서, 부모와 아이는 두 가지 하위 자아 상태를 가지고 있다. 부모는 양육적 부모(nurturing parent: NP)와 비판적 부모(critical parent: CP)로 나뉘고, 아이는 자유로운 아이(free child: FC)와 순응하는 아이(adaptive child: AC)로 나뉜다. 즉, 인간은 양육적 부모, 비판적 부모, 어른, 순응하는 아이, 자유로운 아이와 같은 다섯 가지 자아 상태를 갖는다. 이 다섯 가지의 자아 상태를 그림으로 표현할 수 있다(그림 5-2) 참조).

관계심리 관점의 이론인 가족상담에서는 가계도를 활용해서 개념들을 표현할 수 있다. 가계도란 가족관계를 상징적 기호를 통해서 표현한 그림이다. Bowen은 자신의 이론적 개념들을 설명하기 위해서 가족 도

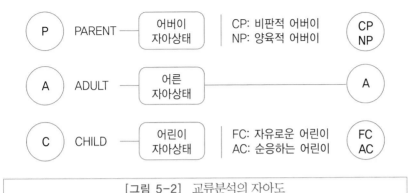

[그림 5-2] 교류분석의 자아도

출처: 한국교류분석상담연구원 TA상담아카데미 웹사이트에서 발췌 (http://www.koreata.or.kr/technote7/board.php?board=kkkta & command=body & no=4)

형(family diagram)이라는 개념을 사용하였고, 후에 Gueren은 논문을 통해서 가족 도형을 가계도라고 이름을 바꾸었다(Nichols & Schwartz, 1998, p. 173). 가계도는 나중에 McGoldrick에 의해서 완성되었다. McGoldrick은 Gerson과 함께 『가족치료를 위한 가족분석 가계도(*Genograms in family assessment*)』(1985)를 출판하였다. 이 책에 나와 있는 가족관계에 대한 여러 상징적 기호들을 통해서 가계도를 그릴 수 있다. 가계도는 상담자로 하여금 내담자의 가족관계를 한눈에 알아볼 수 있도록 돕는 중요한 치료 도구 중 하나다.

① 가계도를 그릴 때 고려해야 할 사항

가계도를 그릴 때에는 여러 가지 측면을 고려해야 한다. 먼저 가계도를 그리는 이유를 살펴보자. 가계도는 관점을 전환시키는 역할을 한다. 상담에 찾아오는 내담자는 대부분 개인주의적 관점을 가지고 온다. 개인주의적 관점이란 가족 중 한 명이 문제를 일으키는 사람이고, 이 사람만 치료되면 우리 가족이 행복하다고 느끼는 입장을 말한다. 이처럼 개인주의적 관점은 가족 문제를 개인으로 국한시켜서 생각한다. 가계도를 그림으로써 가족 구성원들은 문제를 가족관계 전체로 이해하게 되는 관점의 전환을 갖게 된다. 심리내적 관점인 개인상담에 익숙한 상담자는 가계도를 통해서 심리내적 구조의 관점에서 관계심리 형태의 관점으로 전환하게 된다. 가계도는 가족 구성원 전체나 상담자로 하여금 가족 간의 상호작용, 서로에 대한 영향력, 문제에 대한 새로운 관점, 가족 전체의 분위기와 형태를 이해할 수 있도록 한다.

상담자는 가계도를 그리면서 내담자 또는 내담자의 가족 전체와 치료적 동맹을 맺는 과정을 갖게 된다. 가족은 가계도를 통해서 객관적 시각을 상담자와 공유하게 된다. 상담에 잘 참여하지 않는 가족 구성원도 가계도를 통해서 자신의 가족 전체의 관계 형태를 이해하게 된다. 이러한 이해는 차후에 상담과정에 참여할 수 있는 연결고리가 되기도 한다. 상담자는 가계도를 그리면서 가족과 연결될 수 있는 하나의 도구를 발견하게 된다. 가족은 가계도를 통해 자신의 생각을 귀인시킬 수 있는 객관적 도구를 갖게 되고, 상담자는 이러한 가계도를 활용함으로써 상담자와 가족 간의 치료적 동맹을 촉진할 수 있다.

상담자는 가계도를 그릴 때 가족 모두가 즐겁게 그릴 수 있도록 돕는다. 상담자는 가계도를 그릴 때 유머와 위트를 사용해서 분위기를 가볍고 즐겁게 만든다. 먼저 친밀하고 익숙한 부분부터 그리도록 한다. 이 부분은 가족 구성원이 잘 인식하고 있는 부분일 가능성이 높다. 따라서 잘 알고 있는 내용을 중심으로 자신이 느끼는 관계는 무엇인지 말을 하도록 하고 이를 그림으로 표현하도록 한다. 만일 상대방이 느끼는 관계를 먼저 그리도록 하면 가족은 어려움을 느낄 수 있다. 가계도를 그릴 때 상담동기가 높은 사람이 먼저 참여하도록 한다. 상담동기가 높은 사람은 문제를 해결하고자 하는 의지가 많은 사람이다. 따라서 가계도를 그릴 때 이들을 먼저 참여하게 함으로써 가족 전체가 참여하도록 도울 수 있다. 가계도는 칠판에 그릴 수도 있고, 큰 흰 도화지에 그릴 수도 있다. 가능하면 즐거운 분위기를 유지하고, 한두 명이 시작하여 가족 전체가 참여하도록 한다. 가계도를 그릴 때는 현재에서 과거의 순서로 그린다. 과거의 정보는 서로 잘 인식하지 못하거나 한두 명만 정보를 소유한 경우도 있다. 따라서 모두 다 공유할 수 있는 현재의 정보에서 시작하여 과거의 정보를 그리도록 한다.

상담자는 가능하면 정보를 구체적으로 얻기 위한 활동을 한다. 가족정보와 관련된 질문을 구체적이고 상세하게 한다. 결혼 날짜, 출생일, 나이, 직업, 종교, 이혼 날짜, 죽은 날짜, 죽은 이유 등등 모든 내용들을 되도록 상세하게 기록한다. 이러한 정보를 기록할 때는 가족 구성원의 동의를 얻어야 한다. 만일 가족 구성원이 원하지 않으면 정보를 얻지 않도록 한다. 특히 가족 비밀과 관련된 정보는 매우 신중을 기해야 한다. 상담자는 가족과 관련된 기본정보를 얻고 나면 가족관계의 형태에 관한 내용을 얻어야 한다. 가족관계 형태의 중요한 영역들은 역할 관계, 권력 분배, 따뜻함과 애정의 대화 형태, 연합 관계, 적응 기술 그리고 가족 구성원의 신체적 질병에 관한 정보들이다. 이러한 정보들은 모두 가족의 관계 형태를 이해하는 데 중요한 정보들이다. 상담자는 가족의 정보를 얻을 때 자신의 전문적 역량을 발휘하여야 한다. 상담자의 역량은 전문성에 대한 가족의 신뢰를 얻기 위해서 필요한 사항이다. 전문적 예측을 통해서 가족의 신뢰를 얻기도 하고, 정보에 대한 해석으로 방향성을 알려 주기도 한다. 예를 들면, 대가족에서 성장한 사람은 자극에 의한 관계를 좋아하기도 하고 싫어하기도 한다. 다양한 자극이나 큰 반응에 익숙하기 때문에 이러한 방식의 관계를 편안해 한다. 다른 한편으로는 조용하면서도 자신만의 공간을 갖기 원한다. 마찬가지로 단순하고 적은 수의 가족

관계에서 성장한 사람은 단순한 관계나 평화로운 관계에 대한 양가감정이 있다. 조용하고 작은 자극 속에서 성장을 하였기 때문에 이렇게 관계하는 방식이 편안하다. 그러나 여러 명이 모여서 활발하게 살고 싶은 욕구를 갖기도 한다. 가계도를 작성할 때 이러한 점들을 언급하게 되면 내담자 가족에게 전문적 신뢰를 얻을 수 있다.

상담자는 수집한 정보를 통해서 가족관계 형태에 대한 결론을 내리게 된다. 가족의 관계 형태가 무엇인지, 가족의 문제가 어디에서 어떻게 형성되었는지 그리고 자신들은 이러한 문제에 어떤 역할을 하였는지에 대한 결론에 도달하게 된다. 이때 전문가 중심의 결론을 도출할지 아니면 가족과 공유된 결론을 도출하지는 상담자의 이론적 배경에 따라서 달라진다. 상담자가 전통적 가족상담(대화이론, 전략이론, 구조이론, 대상관계이론, 맥락이론, Bowen 이론 등)의 입장에 있다면 전문가 중심의 결론을 내리게 되고, 현대 가족상담의 입장(이야기 치료나 해결중심 치료)에 있다면 가족과 함께 결론을 내리게 된다.

가계도는 먼저 구조적으로 그린 다음 관계를 표시한다. 구조란 가족관계에 대한 기본정보에 관한 내용을 말한다. 가족의 수, 직업, 나이, 종교, 가족 내에서 일어난 사건들은 모두 구조 가계도에 기록하는 내용들이다. 가계도에 관계를 표시하기 위해서는 가족 간의 관계 형태에 대한 내용이 필요하다. 가족 간의 관계 형태가 소원한 관계인지, 갈등관계인지 아니면 융해관계인지 등과 같은 내용들이 모두 가계도에 대한 관계적 측면의 내용들이다. 가족들의 관계 형태를 상징적 기호로 표시한 가계도를 관계 가계도라 한다. 상담자는 가계도를 그리기 위해서 가족과 관련된 상징적 기호들에 익숙하여야 한다. 가계도를 그리기 위해서 상담자는 적어도 내담자 가족의 3세대에 대한 정보를 필요로 한다. 가족의 역사와 그에 의한 관계 형태 등이 어떻게 세대를 통해서 전수되는지를 가계도를 통해서 이해할 수 있다.

② 내담자의 관계 형태

이 사례에 나타나 있는 내담자의 관계 형태들은 다음과 같다. 관계 형태를 결정하기 위해서 사례에 나타난 원자료를 제시하고, 이를 개념과 연결한다.

• 직계가족의 관계 형태

〈내담자와 아버지의 관계〉

- 임상자료

(과거)

ㅇ 아버지에게 따귀도 맞고, 때로는 주먹으로 얼굴을 맞은 적도 있다.

ㅇ 아버지를 노려보면서 대들었다.

ㅇ 아버지에게 미친 듯이 대들어서 아버지를 놀라게 하였다.

ㅇ 아버지에게 따지듯이 말한다.

(현재)

ㅇ 아버지의 폭력행동이 많이 줄었다.

ㅇ 아버지는 요즘 내담자를 전혀 건드리지 않는다.

- 관계 형태

ㅇ 과거에는 갈등관계였으나 현재는 소원관계다.

〈내담자와 어머니의 관계〉

- 임상자료

ㅇ 엄마에 대해서 불쌍한 마음이 있다.

ㅇ 엄마는 내담자가 집에 있으면 안심을 한다.

○ 엄마를 아버지로부터 보호하기 위해서 많은 노력을 해 왔다.

○ 엄마는 종종 내담자에게 "너 없으면 나는 어떻게 살지?"라는 말을 하곤 한다.

○ 요즘은 엄마에 대해서 답답하고 억울한 마음이 자주 든다.

○ 엄마가 한없이 불쌍한 마음도 들지만 밉기도 하다.

○ 엄마를 확 떼어 내버렸으면 하는 마음도 든다.

- 관계 형태

○ 밀착관계에서 밀착 및 갈등 관계로 이행 중

〈아버지와 어머니의 관계〉

- 임상자료

○ 엄마는 아버지에게 말대답을 하다가 아버지를 화나게 만들었다.

○ 아버지는 자기 마음에 안 들면 엄마를 자주 때렸다.

○ 아버지가 엄마에게서 물러나면 나는 엄마와 방으로 들어가 둘이 같이 울곤 하였다.

- 관계 형태

○ 갈등 및 소원 관계

〈내담자와 동생의 관계〉

- 임상자료

○ 나도 무섭지만 동생 때문에 괜찮은 척한다.

○ 동생도 보호해야 할 것 같은 마음이 들지만 엄마만큼 짐으로 느껴지지는 않는다.

○ 내 마음이 힘들어서 동생에게 의지하려고 하면 동생은 확실하게 경계선을 긋는다.

○ 동생은 종종 "언니 왜 그래? 나 너무 힘들어!" 하고 내담자를 밀

어낸다.

　○ 동생도 무서우면 나한테 온다.

　○ 동생은 무서울 때만 나한테 오고, 그렇지 않으면 놀러 가거나 집
　　에 잘 들어오지 않는다.

－ 관계 형태

　○ 소원관계

〈동생과 어머니의 관계〉

－ 임상자료

　○ 엄마를 불쌍히 여기면서도 엄마를 비난하기도 한다.

－ 관계 형태

　○ 소원관계

〈동생과 아버지의 관계〉

－ 임상자료

　○ 내담자가 아버지에 대한 방패막이를 하는 동안 동생은 자신의
　　실속을 챙긴다.

　○ 집안에서는 존재감이 거의 없다.

　○ 집안에 큰 일이 일어나도 별로 반응을 하지 않는다.

－ 관계 형태

　○ 소원관계

• 아버지 원가족의 관계 형태

〈아버지와 할아버지의 관계〉

－ 임상자료

　○ 아버지는 어렸을 때부터 엄하고 자기 마음대로 하는 할아버지에

게 많이 맞고 자랐다.

○ 할아버지의 폭력은 아무도 말릴 수 없을 만큼 독단적이고 심했다.

○ 어렸을 때 많이 울었던 아버지는 어른이 되자 폭군처럼 변했다.

○ 할아버지와 아버지는 서로 무섭게 싸우기도 하였다.

○ 할아버지가 살아계셨을 때는 간혹 연락을 하기도 하였다.

– 관계 형태

○ 갈등관계

〈아버지와 할머니의 관계〉

– 임상자료

○ 아버지가 폭력을 당할 때 할머니가 아무런 도움이 되지 못했기 때문에 커서는 할머니를 미워하였다.

○ 할머니에 대해서는 불쌍히 여기면서도 무시하는 마음이 있다.

– 관계 형태

○ 소원관계

〈아버지와 다른 형제자매들의 관계〉

– 임상자료

○ 큰아버지와 그다지 사이가 좋지 않다.

○ 어렸을 때 아버지를 많이 때려서 서로 관계가 좋지 않다.

○ 큰아버지와 큰어머니의 부부싸움으로 인해서 아버지가 큰집에 가기도 하였다.

○ 고모는 별로 왕래가 없다.

○ 작은아버지는 특별히 문제가 없고, 가정에서도 원만한 편이다.

○ 작은아버지 집과 왕래가 제일 잦은 편이다.

– 관계 형태

○ 큰아버지: 갈등관계

○ 고모: 단절관계

○ 작은아버지: 친밀관계

〈내담자와 작은아버지의 관계〉

– 임상자료

○ 내담자가 그나마 제일 좋아한다.

○ 왕래가 잦은 편이다.

– 관계 형태

○ 친밀관계

• 어머니 원가족의 관계 형태

〈어머니와 외할아버지의 관계〉

– 임상자료

○ 외할아버지가 여자들을 무시하면서 키웠기 때문에 엄마는 자신
   의 목소리를 제대로 내지 못했다.

○ 외할아버지가 무서워서 조용히 살았다.

○ 가능하면 조용히 살면서 외할아버지 눈에 안 띄게 살려고 했다.

– 관계 형태

○ 소원관계

〈어머니와 외할머니의 관계〉

– 임상자료

○ 엄마는 외할머니를 무서워해서 조용히 살았다.

○ 가능하면 조용히 살면서 외할머니 눈에 안 띄게 살려고 했다.

○ 무슨 문제가 생겨도 외가에 도움을 요청하지 않고 그냥 혼자 참

는 편이다.
- 관계 형태
　ㅇ 소원관계

〈어머니와 다른 형제자매의 관계〉
- 임상자료
　ㅇ 엄마는 외가 식구들과 그리 많이 친한 편이 아니다.
　ㅇ 무슨 문제가 생겨도 외가에 도움을 요청하지 않고 그냥 혼자 참
　　는 편이다.
- 관계 형태
　ㅇ 소원관계

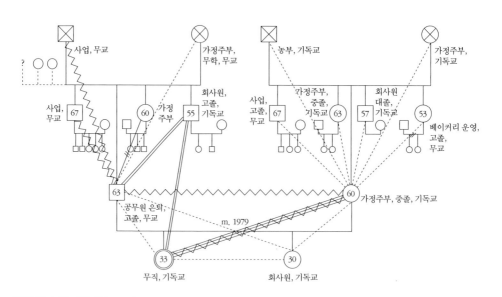

[그림 5-3]　내담자 가족의 가계도

2. 상담목표 설정

상담자가 내담자와 더불어 상담목표를 설정할 때는 두 가지 관점을 고려해야 한다. 하나는 내담자와 상담자가 살아가는 현실세계, 즉 사회적 관계에 의한 관점이고, 다른 하나는 상담자가 전문적으로 활동을 하는 관계인 임상적 관점이다. 상담자와 내담자의 만남은 사회적 관점과 임상적 관점의 만남을 의미한다. 상담자는 사회적 관계와 임상적 관계를 모두 소유하고 있는 사람이지만, 내담자는 사회적 관계만을 가진 사람이다. 상담자는 내담자가 알아들을 수 있는 상담목표를 설정해야 하며 또한 상담전문가들끼리 의사소통할 수 있는 상담목표를 설정하기도 해야 한다.

1) 상담목표 설정의 의미

상담의 목표는 여러 가지 기능을 한다. 즉, 상담자에 대한 기능, 내담자에 대한 기능 그리고 상담과정에 대한 기능으로 나누어진다. 첫째, 상담자는 상담목표를 통해서 자신이 무엇을 위해서 임상활동을 해야 하는지 알게 된다. 배가 바다를 항해할 때 선장은 위성 장치를 통해서 자신이 가야 할 방향을 정확히 읽으면서 항해해야 한다. 상담목표는 좌표와 같이 상담자가 나아갈 방향을 알려 주는 역할을 한다. 길을 잃거나 방향을 잘 모르는 경우에 상담자는 상담목표를 떠올리면서 길을 찾을 수 있다.

둘째, 내담자의 입장에서 보면 상담목표는 자신의 문제가 무엇인지를 분명하게 밝히는 역할을 한다. 내담자는 상담목표를 상담자와 결정함으로써 자신이 어떠한 문제를 가지고 있고 이를 어떻게 해야 하는지에 대해서 분명하게 인식할 수 있다. 내담자는 상담목표를 설정함으로써 자신이 가진 문제의 성격과 문제해결의 방향성을 갖게 된다. 많은 문제가 있는 것 같은 모호한 상태가 하나로 귀결되고, 이에 따라서 내담자는 좀 더 자신이 가진 문제들을 분명하게 볼 수 있게 된다. 내담자는 상담목표를 설정하면서 문제해결의 가능성을 갖게 되고, 이에 의해서 희망을 갖게 된다.

셋째, 상담목표는 상담과정을 전반적으로 진행할 수 있도록 한다. 상담목표를 설정하면 상담자는 이제 상담을 진행할 수 있게 된다. 내담자가 원하는 것이 분명해지고 이를 상담자가 해결하면 된다. 상담자는 상담목표를 달성하기 위한 전략을 수립할 수 있게 되고, 실제로 상담을 진행하면서 문제를 해결할 수 있게 된다. 내담자는 상담자가 자신의 문제를 해결할 수 있도록 여러 가지 정보들을 제공한다. 그리고 상담자는 내담자가 호소문제나 상담목표와 관련된 여러 가지 활동을 하도록 격려하고 지지하는 활동을 하게 된다.

넷째, 상담목표는 상담과정을 전체적으로 통제할 수 있게 한다. 상담자와 내담자는 상담목표를 통해서 상담이 잘 진행되고 있는지를 인식할 수 있다. 상담자는 상담 도중에 자신이 어디로 가고 있으며 무엇을 하고 있는지에 대해서 잘 인식하지 못할 수 있다. 이때 상담자는 상담목표를 중간에 떠올리면서 자신이 하는 일에 대해서 성격을 규정하거나 방향성을 다시 잡을 수 있다. 내담자 역시 자신의 감정이나 생각을 말하다 보면 상담목표에서 벗어난 이야기를 하고 있을 수 있다. 상담목표는 이럴 때 내담자 자신이 스스로 또는 상담자에 의해서 자신의 이야기를 통제하고 조절할 수 있다. 상담자나 내담자 모두 상담과정이 상담목표와 관계없이 진행될 때 상담목표를 상기함으로써 목표대로 상담을 진행할 수 있다.

다섯째, 상담목표는 상담효과를 평가하는 중요한 도구가 된다. 상담자와 내담자 모두 상담이 효과가 있는지는 상담목표를 얼마나 잘 달성하고 있는지로 알 수 있다. 목표가 달성되고 있다면 상담의 진행이 원활하게 이루어지고 있다는 증거다. 따라서 상담자와 내담자는 자신들이 언제 상담을 종결할 수 있는지에 대해서도 알 수 있게 된다. 상담의 종결 시점은 상담목표를 통해서 알 수 있게 된다.

상담자는 내담자와 합의를 함으로써 상담목표를 변경하거나 재설정할 수 있다. 상담을 진행하다 보면 내담자나 상담자 모두 처음에 설정한 상담목표가 호소문제를 정확하게 반영하고 있지 않음을 알게 되는 경우도 발생한다. 이러한 경우에 상담자나 내담자는 상담 중간에 상담목표를 재설정할 수 있다. 이때는 상담을 처음 시작할 때처럼 호소문제를 다시한 번 측정하고 이를 정확하게 상담목표로 반영할 수 있도록 한다. 상담중간에라도 상담자와 내담자는 모두 상담 초심으로 돌아가서 다시 상담목표를 합의하여 상담의 방향성을 바로잡을 수 있다.

2) 합의된 상담목표

합의된 상담목표는 내담자와 상담자가 사회적으로 공유한 상담활동이다. 합의된 상담목표는 상담자와 내담자 모두에게 중요하다. 내담자 입장에서 보면, 내담자는 상담에 대한 전문지식이 없이 상담에 온다. 내담자는 자신의 현실세계, 즉 사회적 현상을 가지고 상담을 받으러 온다. 내담자는 자신이 사회적으로 이해할 수 있는 상담목표를 필요로 하는데, 이것이 곧 합의된 상담목표다. 반면에 상담자 입장에서 보면, 상담자는 내담자와 공유할 수 있는 상담활동이 필요하다. 만일 상담자가 내담자와 상담목표를 합의하지 않고 자신의 전문적 지식에 따라서 내담자와 관계없이 상담활동을 전개한다고 하자. 그러면 내담자가 상담자의 활동을 원하는지 원하지 않는지 점검할 방법이 없어진다. 상담자는 비록 자신이 전문적 지식을 가진 사람이라 하더라도 내담자가 원하는 사회적으로 합의된 상담목표를 가짐으로써 자신이 독단적이게 됨을 방지할 수 있다.

(1) 호소문제를 내담자와 합의하기

제1장에서 소개한 내담자의 호소문제를 통해서 상담자가 내담자와 상담목표를 어떻게 합의할 수 있는지 살펴보자.

> "나는 정말 힘들고 어려워요. 다른 사람들이 나를 쳐다볼 때마다 가슴이 쿵쾅거려서 너무 힘들어요. 나는 사람들이 없는 곳에서 살고 싶어요."

이 내담자는 가슴이 쿵쾅거린다는 느낌을 호소하고 있다. 이 느낌이 무엇을 의미하는지에 대해서는 호소문제를 추적(tracking)하여 상담자가 이해할 수 있는 단어, 즉 임상적 용어로 진술할 필요가 있다. 상담자는 내담자에게 쿵쾅거리는 느낌이 무엇인지 물을 수 있다. 그러나 내담자가 이 느낌이 무엇인지 정확하게 알지 못하거나 진술하지 못하면 상담자는 합의된 목표로 '쿵쾅거리는 느낌을 줄이기 또는 없애기'라고 정할 수 있다. 만일 내담자가 쿵쾅거리는 느낌에 대해서 감정적 단어로 표현할 수 있다면 합의된 상담목표를 좀 더 구체적으로 정할 수 있다. 쿵쾅거리는 느낌이 불안이거나 죄책감이라면, 합의된 상담목표는 '불안 또는 죄책감 줄이기'로 정할 수 있다. 여기서 상담자는 내담자의 호소문제를 조금 더 추적하여 상담목표를 보다 구체적인 수치로 정할 수 있다. 예를 들면, 현재의 불안을 수치로 표현하면 얼마인데 얼마까지 줄이고 싶은지 등과 같은 내용을 서로 대화할 수 있다. 만일 내담자가 현재의 불안을 100이라고 진술하고 불안을 50 이하로 줄이기를 원한다면, 상담목표는 '100인 불안을 50 이하로 낮추기'로 진술할 수 있다. 이 경우에 불안의 숫자는 모두 내담자의 주관적 지각에 의한 수치다. 상담목표가 더욱 구체적일수록 나중에 상담목표를 얼마나 달성하였는지를 판단하는 데 도움이 된다. 내담자 자신도 상담목표를 달성하는 데 구체적 지표를 갖게 되기 때문에 상담에 도움이 된다.

합의된 상담목표

- '쿵쾅거리는 느낌을 줄이기 또는 없애기'
- 쿵쾅거리는 느낌이 불안이거나 죄책감이라면, '불안 또는 죄책감 줄이기'
- 조금 더 구체적으로 진술하면 '100인 불안이나 죄책감을 50 이하로 낮추기'

---

(2) 상담목표를 합의할 때 주의할 점

상담목표를 합의할 때 상담자는 다음의 사항을 주의해야 한다. 첫째, 상담자는 최소한의 상담목표라도 설정을 한 다음 상담을 진행해야 한다. 상담을 진행하다 보면 내담자가 자신이 무엇을 도움받고 싶은지에 대해서 분명하게 인식하지 못하거나 진술하지 못하는 경우가 발생한다. 내담자는 상담자에게 호소를 하면서도 자신이 왜 이런 호소를 하는지 그리고 호소를 통해서 무엇을 도움받기를 원하는지 알지 못하는 경우가 있다. 또한 내담자가 비자발적인 경우에는 상담을 거부하는 행동을 하기도 한다. 내담자가 상담목표를 인식하지 못하는 경우, 상담목표는 '상담목표를 합의하기'가 된다. 상담자는 내담자와 일정 기간 동안 상담을 하면서 상담목표를 합의하는 상담을 진행할 수 있다. 이 경우에 상담은 내담자가 상담을 통해서 자신이 무엇을 도움받고 싶은지를 탐색하는 방향으로 진행된다. 내담자가 상담을 거부하는 비자발적 내담자인 경우, 상담은 내담자로 하여금 상담의 필요성을 느끼도록 하는 방향으로 진행된다. 만일 내담자가 이러한 점도 부정하게 되면 상담자는 상담을 진행할 수 없게 된다. 상담자는 비자발적인 내담자이든 자신이 무엇을 원하는지 모르는 내담자이든 최소한으로 상담목표를 합의하고 상담을 진행할 수 있어야 한다.

둘째, 상담자는 달성 가능한 상담목표를 설정해야 한다. 상담을 진행하다 보면 내담자가 상담자에게 상담으로 해결하기 어렵거나 불가능한 목표를 원하는 경우가 있다. 대체로 이런 경우는 내담자가 상담 외적 내용을 상담목표로 제시하는 경우다. 내담자가 사회 현상 전반에 대해서 불만을 토로하면서 사회를 변화시키기를 원하거나 자신과 직접적으로 관련 없는 사람을 변화시키려고 하는 경우다. 불특정 다수에 대한 불만과 불평 그리고 그 불특정 다수를 어떻게 하려는 내담자는 상담자로 하여금 상담을 통해서 자신의 문제를 해결하기 어렵게 만든다. 예를 들면, 저자는 오래전에 상담 사례 하나를 실패한 적이 있다. 대기업의 임원이었던 내담자는 아침마다 출근할 때 겪는 스트레스를 호소하였다. 내담자는 출근할 때 중간에 끼어드는 운전자에 대한 화와 분노를 가지고 있었다. 내담자는 운전자가 어떻게 하면 중간에 끼어들지 못하게 할 수 있을까에 관심을 가지고 있었고, 이러한 방향으로 상담이 진행되었다. 결국 내담자는 상담에 만족을 하지 못하고 중간에 상담을 그만두게 되었다. 저자는 이 내담자와의 상담에 실패하였다는 자괴감에 시달리게 되었고, 이 상담을 깊이 생각해 보게 되었다. 이러한 고민의 결과로 저자가 무엇을 잘못하였는지 알게 되었다. 상담목표가 상담 외적이었다는 사실을 나중에서야 깨닫게 되었다. 내담자는 자신의 화와 분노를 줄이기보다는 운전자를 어떻게 해보려는 마음을 가지고 있었는데, 저자는 이를 알아채지 못하고 상담을 진행하였고, 결국 상담에 실패하게 되었다. 이 경우에 내담자는 운전자라고 하는 불특정 다수를 향한 화와 분노를 표현하였고, 자신을 변화시키기보다는 이러한 운전자를 어떻게 해보려는 마음을 가지고 상담에 왔다. 그렇다면 상담자는 이러한 경우에 달성 가능한 상담목표를 어떻게 설정할 수 있을까? 상담자는 상담을 구조화하여야 한다. 상담 구조화란 내담자의 원하는 내용을 상담자에게 익숙한 방식이나 형태로 담는 활동을 말한다. 불특정 다수인 운전자를 향한 내담자의 화와 분노를 내담자의 심리적 구조나 관계적 구조 속에서 보도록 인도하는 활동이 곧 상담 구조화다. 상담자는 내담자가 운전자를 변화시키고 싶은지 아니면 자신을 변화시키고 싶은지 물어야 한다. 내담자는 이러한 질문을 통해서 자신이 무엇을 원하는지 알 수 있게 된다. 상담자가 내담자와 상담목표를 '자신의 화와 분노를 줄이기'라고 합의할 수 있다면 이는 달성 가능한 상담목표가 된다.

셋째, 상담자는 상담목표를 가능하면 구체적으로 설정해야 한다. 내담자 중에는 자신이 원하는 것을 분명하고 구체적으로 표현하지 못하는 경우가 있다. 가족 간의 갈등을 경험하는 내담자가 자신은 단지 평화롭게 살고 싶다고만 말하는 경우를 보자. 상담자는 내담자가 말하는 평화롭게 살고 싶다는 소망이 가족 간의 갈등과 어떤 관련이 있는지 물어보아야 한다. 만일 상담자가 이러한 내용을 묻지 않고 상담목표를 '평화롭게 살기'로 정한다면 상담자는 상담이 얼마나 효과가 있는지 측정하기 어렵게 된다. 왜냐하면 '평화롭게 살기'는 사람에 따라서 그리고 같은 사람이라 하더라도 상황에 따라서 다르기 때문이다. 상담자는 내담자에게 '평화롭게 살기'와 가족 간의 갈등이 어떤 연관이 있는지에 대해서 묻고, 이를 통해서 내담자가 원하는 것을 구체화할 수 있다. 어머니와 갈등이 있는 경우라면 '평화롭게 살기'라는 상담목표는 우선 '엄마와의 갈등을 줄이기'가 된다. 물론 '엄마와의 갈등을 줄이기'도 더 구체화할 수 있다. '엄마에게 소리를 지르지 않기' '엄마가 소리를 지를 때 함께 고함치지 않기' 등등으로 상담목표를 더욱 구체적으로 정할 수 있다. 상담자는 내담자와 합의하여 상담목표를 구체적으로 정한다.

　넷째, 상담자는 자신이 훈련받은 전문 영역 안에서 상담목표를 설정해야 한다. 그렇기 위해서 상담자는 자신이 훈련받은 전문 영역이 무엇인지 분명히 할 필요가 있다. 전문성은 반복을 통한 훈련의 결과로 얻어진다. 반복된 훈련을 했기 때문에 전문상담자는 자신이 무엇을 하고 있으며, 내담자를 어떻게 도와주어야 할지 아는 사람이다. 따라서 상담자는 한 번도 해보지 못한 것을 상담목표로 세우지 말고 자신에게 익숙한 내용을 가지고 상담목표를 삼아야 한다. 만일 개인상담에 익숙한 상담자라면 내담자의 상담목표를 심리내적으로 잡으면 된다. 개인상담 훈련을 받은 상담자가 가족상담으로 목표를 잡으려면 어려움에 처하게 된다. 그 반대 상황도 마찬가지다. 앞서 언급한 내담자의 호소문제인 "나는 정말 힘들고 어려워요. 다른 사람들이 나를 쳐다볼 때마다 가슴이 쿵쾅거려서 너무 힘들어요. 나는 사람들이 없는 곳에서 살고 싶어요."를 살펴보자. 개인상담을 전공한 상담자라면 심리내적 불안을 상담목표로 잡아야 한다. 즉, 상담목표는 '불안 줄이기'가 된다. 반면에 가족상담을 전공한 상담자라면 상담목표는 '엄마 또는 아버지와 분화하기'가 된다. 각각 자신의 전공이나 훈련받은 방식으로 상담목표를 설정해야 원활한 상담을 진행할 수 있다.

　다섯째, 상담자는 자신이 어떤 훈련을 받은 사람인지 내담자에게 설명해야 한다. 상담자가 자신의 전문적 배경을 내담자에게 설명함으로써 내담자가 상담목표에 동의할 수 있도록 한다. 만일 상담자가 자신의 전문적 배경을 내담자에게 설명하지 않으면 내담자는 상담자가 왜 이렇게 합의를 하는지 이해하기 어렵게 된다. 상담자는 자신의 배경을 내담자에게 설명함으로써 내담자에게 불필요한 오해를 불러일으키지 않도록 한다. 자신이 할 수 있는 것과 할 수 없는 것을 내담자에게 설명하고 이러한 한계 속에서 상담을 진행하도록 한다. 간혹 어떤 내담자는 자신이 원하는 것이 뚜렷하기 때문에 상담자가 어떤 전문적 훈련을 받았는지를 묻기도 한다. 만일 이 경우에 상담자가 자신의 전문적 훈련의 배경을 설명하지 않으면 내담자는 상담자가 비전문적이라고 생각할 수도 있다. 상담자는 자신이 훈련받은 전문 영역을 내담자에게 설명함으로써 내담자가 불필요한 오해를 하지 않도록 해야 한다. 이러한 점은 상담자 자신도 편할 뿐 아니라 내담자에게 선택의 폭을 넓혀 주는 역할을 한다. 상담자는 편안하게 자신에게 익숙한 방식으로 상담을 진행할 수 있으며, 전문 윤리를 지킬 수 있다. 그리고 내담자는 상담을 진행할지 아니면 현재 상담자에게 어떤 주제를 도움받을지 결정할 수 있는 선택의 자유를 갖게 된다.

3) 임상적 상담목표

내담자와 목표를 합의하고 나면 상담자는 임상적 상담목표를 설정하게 된다. 임상적 상담목표란 상담자의 이론적 입장이 반영된 상담목표다. 상담자는 내담자의 호소문제를 해결하기 위해서 자신에게 익숙한 이론적 입장을 가진 전문가다. 상담자는 자신이 서 있는 이론적 입장에서 내담자의 호소문제를 이해하고 이를 해결하기 위한 이론적 목표를 설정하게 되는데, 이를 임상적 상담목표라고 한다. 임상적 상담목표를 설정하면 상담자는 슈퍼바이저나 동료 상담자에게 이론적으로 통용되는 도구를 확보한 셈이 된다.

(1) 임상적 상담목표를 세울 때 고려할 점

첫째, 상담자는 임상적 목표를 전문적 용어로 진술한다. 상담자는 내담자와 달리 상담을 전공한 전문가다. 전문가는 일정한 전문적 지식을 소유한 사람이다. 상담전문가는 대학원에서 상담을 전공하면서 상담이론을 공부한 사람이다. 상담이론에 대한 지식, 즉 전문적 지식은 이론적 개념과 전문적 용어로 이루어져 있다. 상담자는 내담자와 합의한 상담목표를 이론적 개념과 전문적 용어로 전환하여 진술할 수 있는 능력을 가진 사람이다.

둘째, 상담자는 내담자와 임상적 목표를 합의할 필요가 없다. 내담자는 대체로 상담을 전공하지 않은 일반인이다. 이들은 상담이론에 대해서 이해하지 못하고, 전문적 용어와 이론적 개념에 대해서도 알지 못하는 사람들이다. 상담자는 내담자에게 이러한 이론적 개념과 전문적 용어를 다 설명할 필요가 없다. 물론 상담을 진행하면서 필요하면 설명을 해야겠지만 목표를 설정하는 데 이론적 설명은 적절하지 않다. 따라서 상담자의 전문적 입장에 대한 간단한 설명은 하되, 구체적이고 자세한 이론적 설명은 할 필요가 없다. 상담자는 임상적 목표를 스스로 세우면 된다.

셋째, 상담자는 자신이 서 있는 입장의 이론과 일치한 임상적 목표를 진술한다. 임상적 상담목표는 상담자의 이론적 입장이 잘 반영된 목표다. 임상적 상담목표는 간단하게 진술해야 하지만 상담자의 전문적 입장인 이론적 개념을 잘 반영하고 있어야 한다. 상담자의 이론은 상담목표를 통해서 실제와 만나게 된다. 임상적 상담목표는 상담자의 이론을 실제에 접목할 수 있는 중요한 상담활동이다. 목표가 이론을 반영하지 못하면 상담자는 자신의 이론과 실제를 일치시키기 어렵게 된다.

(2) 임상적 상담목표 설정의 예

앞서 언급한 사례에 대해서 임상적 상담목표를 설정해 보자. "나는 정말 힘들고 어려워요. 다른 사람들이 나를 쳐다볼 때마다 가슴이 쿵쾅거려서 너무 힘들어요. 나는 사람들이 없는 곳에서 살고 싶어요."라는 호소문제에 대해서 이미 분석을 하고 사례개념화를 하였다. 앞서 언급한 전문적 용어는 분화, 삼각관계, 감정반사행동, 지적반응행동, 감정체계, 느낌체계, 지적체계 등이다. 임상적 상담목표는 Bowen의 개념을 반영하여 진술한다. 상담목표를 진술할 때 이론적 개념들을 활용할 수 있다.

- 분화의 개념을 활용한 임상적 상담목표
  - '증상회복이 늦은' 분화 수준에서 '약한 목표 지향 활동'으로 분화 수준 올리기

- 감정반사행동의 개념을 활용한 임상적 상담목표
  〈아버지에 대한 감정반사행동 줄이기〉
  - 아버지에 대한 반발행동을 줄이고 목표 지향적으로 행동하기

  〈어머니에 대한 감정반사행동 줄이기〉
  - 어머니에 대한 연민의 감정을 줄이면서 목표 지향적으로 행동하기

- 지적반응행동의 개념을 활용한 임상적 상담목표
  〈아버지와의 관계에서 지적반응행동 늘리기〉
  - 분노가 일어날 때 느낌체계를 활용해서 관계하기
  - 느낌체계를 활용하면서 목표를 설정하고 행동하기

  〈어머니와의 관계에서 지적반응행동 늘리기〉

– 연민이 일어날 때 느낌체계를 활용해서 관계하기
– 느낌체계를 활용하면서 목표를 설정하고 행동하기

3. 상담전략 수립

전략이란 목표를 달성하기 위한 계획적 행동 지침을 의미한다. 목표는 상담자가 어디로 가는지, 무엇을 위해서 임상활동을 하는지에 대한 정당성과 당위성을 부여한다. 전략은 목표가 실제로 달성되기 위한 구체적이고 체계적인 계획으로 상담자의 임상활동을 의미한다. 상담자는 전략적 사고를 통해서 상담목표를 현실화하게 된다. 상담과정에서 보면 전략은 초기전략, 중기전략, 후기전략으로 나누어진다. 각각의 단계들은 독특한 특징들을 가지고 있으며 이에 맞는 전략이 필요하다.

1) 초기전략

상담자는 상담초기에 내담자와의 관계 형성, 내담자에 대한 사회적 정보와 임상적 자료의 수집, 내담자에 대한 임상적 판단, 내담자와 상담목표 합의하기, 상담전략 수립하기 등과 같은 여러 가지 활동을 하게 된다. 첫 번째로 상담자는 내담자와 관계를 형성하기 위한 노력을 하게 된다. 초기에 이루어지게 될 상담자의 모든 활동은 내담자와 관계 형성을 하면서 이루어지는 전문적 노력들이다. 따라서 상담자는 내담자와의 관계 형성을 위해서 여러 가지 노력들을 하게 된다. 두 번째로 상담자는 내담자를 이해하기 위한 여러 가지 정보들을 수집하게 된다. 상담자는 내담자의 정보를 기계적으로 수집하지 않고 관계를 형성하면서 점차로 하게 된다. 상담자는 내담자를 공감하면서 내담자가 자연스럽게 말하는 내용들을 통해서 정보를 수집하게 된다. 필요한 경우에는 질문을 통해서 내담자의 정보를 얻으면 된다. 세 번째로 이러한 정보들을 바탕으로 내담자와 상담목표를 합의하게 된다. 상담목표의 합의는 첫 회기에 할 수도 있고, 몇 회기를 보내고 나서 할 수도 있다. 상담자는 내담자와 합의를 할 수 있을 만큼 상담목표를 합의하면 된다. 상담목표의 합의는 쉽게 이루어질 수도 있고, 여러 회기에 걸쳐서 많은 노력을 해야 이루어질 수도 있다. 네 번째로 상담전략을 수립하게 된다. 상담자는 상담목표를 합의하였기 때문에 이 목표를 달성하기 위한 구체적 행동전략들을 수립하게 된다. 상담초기의 전략 수립은 상담초기 과정 동안에 상담자가 할 일들과 상담목표를 달성하기 위해서 필요한 행동전략들 모두를 포함한 활동을 대상으로 한다. 상담초기에 이루어지는 상담자의 전반적 활동들은 상담자가 공유하는 상담활동이라는 측면에서 전략을 수립하면 된다. 상담목표를 달성하기 위해서 필요한 전략들은 상담자의 이론적 입장이 반영된 상담자의 활동들이다.

(1) 상담자와 내담자의 신뢰관계 형성

상담초기에 상담자의 가장 중요한 임상적 임무는 내담자와의 관계 형성이다. 관계 형성은 흔히 작업동맹(working alliance)이나 신뢰형성이라는 이름으로 알려진 상담자의 임상활동이다. 작업동맹은 상담목표를 달성하기 위해서 상담자가 내담자와 협력하는 관계를 말한다. 상담자는 내담자와 작업동맹을 형성하기 위해서 내담자의 신뢰를 필요로 한다. 상담은 내담자의 신뢰 없이는 이루어지기 어려운 활동이다. 신뢰는 두 가지 측면이 있는데, 하나는 전문적 신뢰이고 다른 하나는 인간적 신뢰다.

먼저 전문적 신뢰(professional trust)는 상담자의 전문적 활동에 의해서 얻어지는 내담자의 믿음을 의미한다. 상담자는 경청, 공감, 이해, 수용, 반영 등과 같은 많은 전문적 활동을 통해서 내담자의 신뢰를 얻게 된다. 특히 내담자는 자신의 문제가 해결될 것 같은 느낌이 들 때 상담자를 전문적으로 신뢰하게 된다. 이에 대해서 김계현(2007)은 『카운슬링의 실제』에서 접수면접을 할 때 중요한 몇 가지 사항에 대해 서술하면서 "내담자를 편안하게 해 준다."(p. 65) 그리고 "문제해결 및 변화에 대해서 희망을 갖도록 한다."(p. 67)라고 언급하고 있다. 접수면접이란 상담자가 상담초기에 내담자를 상담하기 위한 임상적 활동 중 하나다. 상담자는 접수면접을 통해서 내담자가 상담에서 무엇을 도움받기를 원하는지 그리고 내담자에 대한 기본정보를 얻는다. 내담자를 편안하게 하기 위해서 상담자는 공감과 이해라는 전문 활동을 하게 된다. 내담자의 친구, 가족, 직장 동료 등과 같은 일반 사회인은 이해하기 어려운 내용을 상담자는 이해한다. 이러한 전문적 이해는 내담자로 하여금 자신을 이해하고 알아주는 사람을 만나는 기회를 갖게 한다. 내담자는 이 세상에서는 아무도 자신의 심정이나 마음을 이해하지 못하리라고 생각했다가 상담을 통해서 자신을 알고 이해하고 있는 사람, 즉 상담자를 만나게 된다. 내담자는 상담자로부터 편안한 마음을 느끼고 자신의 문제를 해결받을 것 같은 희망을 갖게 된다. 이를 전문적 신뢰라 한다.

다음으로 인간적 신뢰(personal trust)는 상담자의 인격으로부터 얻어지는 내담자의 믿음을 말한다. 상담은 상담자와 내담자의 인격적 관계를 통해서 이루어지는 전문적 활동이다. 상담자의 태도, 말투, 상호작용하는 방식, 열정 등과 같은 여러 가지 요소들은 모두 상담자의 인격과 관련된 내용들이다. 내담자는 상담자의 전문적 활동에 의한 영향을 받지만 상담자의 인격적 측면의 영향도 받는다. 내담자는 상담자의 말투, 태도,

상호작용 방식에 의해서 초조함이나 불안을 느끼기도 하지만 때로는 편안하고 쉽게 느끼기도 한다. 내담자는 상담자를 인격적으로 편안하고 믿을 만하다고 느낄 때 신뢰를 갖게 된다. 이때 내담자는 상담자에게 인간적으로 편안함을 느끼게 된다. 상담자의 인격은 두 가지 측면으로 보아야 하는데, 즉 자연적 측면과 성장적 측면이다. 자연적 측면의 인격은 상담자가 한 인간으로서 갖는 인격을 말한다. 상담자도 한 인간이기 때문에 자신이 살아온 삶의 배경을 가진 사람이다. 인격은 환경과 유전의 상호작용에 의해서 이루어지는데, 상담자의 환경적 배경 속에서 형성된 자연스러운 성격이 자연적 측면의 상담자의 인격이다. 상담자는 자신의 인격에 대해서 개인적 선호를 가질 수 있는데, 자연인으로서 자신의 성격을 좋아할 수도 있고 좋아하지 않을 수도 있다. 이러한 자연적 측면의 인격은 상담에 적합한 인격일 수도 있지만 때로는 적합하지 않은 인격일 수도 있다. 반면에 성장적 측면의 인격은 상담자가 상담에 적합하도록 개발한 인격이다. 상담자는 상담을 할 때 자신의 성격이 상담에 적합하지 않은 점을 발견하게 된다. 이를 고치기 위한 노력이 곧 상담자의 인격적 성장이다. 예를 들면, 내담자를 공감하고 이해하기 위해서 상담자는 차분하고 조용한 성격을 필요로 한다. 그런데 상담자가 지시하고 내담자의 말을 중간에 자르는 등의 행위를 하는 적극적이고 활동적인 성향의 성격을 갖고 있을 수도 있다. 이러한 상담자는 자신의 성격을 조용하고 차분한 성격으로 바꾸는 성장이 필요하다. 또한 상담자도 한 인간이기 때문에 자신의 과거의 역사에서 가지고 있는 여러 가지 상처나 해결되지 않은 주제들을 가지고 있을 수 있다. 이러한 점 역시 상담을 진행할 때 방해가 되는 요소—상담자의 투사나 역전이—로 작용할 수 있다. 상담자는 이러한 자신의 상처나 해결되지 않은 주제를 해결해 나가는 성장을 통해서 자신의 성격을 임상활동에 적합하게 만들 수 있다. 상담자는 인격적이든, 자연적이든 모두 임상활동에 적합한 인격을 갖도록 노력할 필요가 있다. 이는 내담자로 하여금 개인적 신뢰를 갖도록 하기 위함이다.

상담자는 내담자에게 전문적 신뢰와 인간적 신뢰 모두를 제공할 수 있을 때 가장 이상적인 형태의 임상활동을 할 수 있다. 상담자가 수용적이고 포용적인 성향의 인격을 갖추고 있으면서 전문적으로 내담자를 이해하게 되면, 내담자는 가장 편안하면서도 자신의 문제가 해결될 수 있을 것이라는 기대를 하게 된다. 상담자 역시 자신의 상태가 최적이면서 전문적 활동을 할 수 있을 때 상담자로서 만족도가 올라가게 되고, 상담효과도 극대화된다. 이런 의미에서 상담자의 이상적 상태, 즉 인간적 신뢰와 전문적 신뢰의 완벽한 조합은 상담자와 내담자 모두를 만족시킬 수 있는 상담자의 중요한 변인이다.

현실에서는 상담자가 전문적 측면이 부족할 수도 있고, 인간적 측면이 부족할 수도 있으며 혹은 이 두 측면이 모두 부족할 수도 있다. 여기서 두 가지 측면 중 상담자가 무엇을 우선적으로 발달시켜야 하는가라는 질문이 발생한다. 이 질문에 대해서 학자들은 각기 다른 의견과 견해를 가질 수 있다. 하지만 상담자는 인격적 측면보다는 전문적 측면의 발달을 우선적으로 고려해야 한다. 다른 의미로 말하면 내담자는 상담자를 통해서 전문적 신뢰, 즉 전문성을 우선적으로 원할 수 있다. 비록 상담자의 태도나 말 그리고 상호작용 방식이 마음에 들지 않는다고 하더라도 상담자가 내담자의 말을 정확하게 이해하고 문제해결의 방향을 제시할 수 있다면 내담자는 상담자를 신뢰하게 된다. 그런데 상담자가 부드럽고 따뜻하고 친절하기는 한데 내담자의 말을 이해하지 못하고 문제해결에 대한 실마리나 방향성을 제시하지 못한다면 내담자는 실망할 수밖에 없다. 그러므로 상담자는 상담자로서 인격적 성장도 필요하지만 전문성을 갖추는 노력을 우선적으로 할 필요가 있다. 상담자의 전문적 발달에는 두 가지 측면이 존재한다. 하나는 지식과 기술 습득을 위한 과학적 노력이고, 다른 하나는 상담을 통한 임상적 노력에 의한 예술적 노력이다. 과학적 노력은 학습을 통해서 이루어진다. 대학(원)과정에서 많은 상담에 관한 지식을 습득하고 이를 통해서 내담자를 이해하고자 하는 노력이 곧 과학적 훈련이다. 예술적 노력은 이미 습득된 지식을 상담과정에 적용하는 임상적 훈련이다. 이러한 훈련을 바탕으로 해서 상담자는 과학적 지식의 임상적 의미와 이러한 지식들을 사용해야 할 때를 알게 된다.

상담자가 초기상담을 진행할 때 필요한 질문이 있다. 그 질문은 "상담자는 내담자와 작업동맹을 맺기 위해서 어떤 활동이 필요한가?"다. 이 질문에 대답하기 위해서 상담자는 다음의 몇 가지 사항들을 고려해야 한다. 첫째, 상담자는 내담자의 말을 주의 깊게 경청한다. 내담자의 말을 주의 깊게 듣기 위한 방법으로 Hill(2004)은 참여하기(attending)와 경청(listening)(pp. 99-116)을 말하고 있고 김계현(2007)은 관심집중과 경청(pp. 117-135)을 말하고 있다.

먼저 내담자의 말을 주의 깊게 듣기 위해서는 상담자는 내담자에게 관심을 집중하여야 한다. 내담자의 말에 관심을 집중하게 되면 상담자는 이미 내담자의 세계에 참여한 사람이 된다. 이를 통해서 상담자는 내담자의 말을 경청하게 된다.

둘째, 상담자는 내담자를 수용하는 태도를 보인다. 상담자는 진정성을 가지고 내담자를 수용할 필요가 있다(박성희, 이동렬, 2001, pp. 41-96). 상담자가 진정성을 보일 때 내담자는 상담자를 신뢰하게 된다. 그리고 상담자가 내담자를 있는 그대로 수용할 때 내담자는 자신의 마음을 열 준비를 하게 된다.

셋째, 상담자는 자신이 이해한 내용을 내담자에게 전달한다. 이러한 활동을 위해서 상담자는 내담자의 느낌을 반영하기도 하고, 개방 질문을 하여 내담자가 자신에 대해 자유롭게 말할 수 있도록 돕는다. 또한 상담자는 내담자의 말을 재진술함으로써 자신이 잘 듣고 있으며 이해하고 있음을 전달한다. 이때 상담자는 내담자를 공감적으로 이해하게 되는데, 자신의 위치나 입장을 잃지 않으면서 내담자의 세계를 이해하게 된다.

마지막으로, 상담자는 내담자와 작업동맹을 확인하고 상담목표를 합의하게 된다. 상담자는 앞에서 열거한 전문적 활동을 통해서 내담자로부터 전문적이고 인간적인 신뢰를 얻게 된다. 이러한 신뢰를 바탕으로 상담자는 내담자와 상담목표를 합의하고, 상담자와 내담자가 무엇을 위해서 일해야 하는지를 분명히 한다.

(2) 사례를 통한 초기상담의 전략

앞서 언급한 사례는 이미 합의한 상담목표가 있다. 이러한 상담목표를 달성하기 위해서는 다음과 같은 초기상담 전략이 필요하다. 여기에 진술된 전략은 넓은 의미의 상담전략과 Bowen 이론에서 제시하고 있는 전략을 통합하여 진술한 내용이다. 넓은 의미의 상담전략이란 상담자의 이론적 경향과 관계없이 상담초기에 상담자가 내담자와 관계 형성을 위해 필요한 행동지침을 의미한다.

첫째, 상담자는 내담자의 말을 경청하여 공감적으로 이해한다. 상담자는 내담자에게 자신이 상담자로부터 존중과 이해를 받고 있음을 알게 한다. 이러한 이해는 내담자를 편안하게 한다. 이를 통해 내담자는 자신의 마음을 상담자에게 개방할 준비가 된다.

둘째, 상담자는 내담자가 편안한 느낌을 갖도록 허용적 분위기를 조성한다. 상담자는 내담자가 자신을 자유롭게 개방하거나 탐색할 수 있는 분위기를 만든다. 상담자는 내담자가 수용되는 느낌을 제공함으로써 내담자가 상담자를 두려워하거나 불안해하지 않고 자신을 개방할 수 있게 도울 수 있다. 상담자는 내담자가 자신의 문제를 개방하면서 판단받거나 거절당하는 느낌이 들지 않도록 한다.

셋째, 상담자는 내담자의 가족에 대한 가계도를 그릴 때 유머와 위트를 사용한다. Bowen 이론에서 가계도를 그리는 활동은 치료적으로 중요한 도구다. 상담자는 내담자가 자신의 가족에 대해서 가계도를 잘 그릴 수 있도록 도울 필요가 있는데, 이는 가계도를 그리는 활동이 내담자에게 위협감을 주거나 어려움을 유발시키기도 하기 때문이다. 가족 내에서 말하고 싶지 않은 비밀이나 잘 모르는 것들이 있다. 내담자는 이러한 내용들을 상담자와 더불어 말하면서 가계도를 그리기 때문에 상담자는 유머와 위트를 사용해서 내담자가 불편하지 않도록 배려해야 한다.

넷째, 만일 이 상담에 가족 전체가 참여하고 있다면 상담자는 가능하면 가족 구성원이 가계도를 그리는 데 모두 참여하도록 돕는다. 가계도를 그리는 작업은 가족 구성원들이 자신의 가족에 대해서 전체적 시각을 갖도록 하는 역할을 한다. 가족에 대한 전체적 조망과 시각은 앞으로 가족 구성원이 자신들의 문제를 풀어 가는 데 중요한 관점이 된다. 또한 가족 구성원 중 일부는 자신만의 비밀을 간직하고 있을 수도 있기 때문에 가계도를 그리는 데 저항이 생길 수도 있다. 상담자는 가계도를 그리는 작업이 너무 무겁거나 수치심을 유발하지 않도록 분위기를 가볍게 만들어서 즐겁게 가계도를 그리도록 한다.

다섯째, 상담자는 내담자의 가슴이 쿵쾅거리는 느낌이 어떻게 자아덩어리, 감정반사행동, 지적반응행동, 분화, 삼각관계, 감정체계, 느낌체계 등과 관련이 있는지 알아본다. 상담자는 내담자의 이야기를 듣고 공감적 이해를 전달하면서, 다른 한편으로는 Bowen의 이론적 개념들을 적용한다. 상담자는 내담자의 쿵쾅거리는 느낌이 분화의 어느 수준에 해당되는지 그리고 내담자가 어머니와 여동생과 붙어 있으면서 아버지와 어떻게

삼각관계를 형성하는지 이해한다. 또한 상담자는 내담자가 어떤 감정반
사행동을 하는지 알아본다. 이를 통해 상담자는 어머니에 대한 연민의
감정에 의한 돌보는 행동, 아버지를 밀쳐 내려는 분노의 행동, 다른 사람
이 자신을 쳐다보면 가슴이 쿵쾅거리는 행동 등은 모두 감정반사행동임
을 이해하게 된다. 상담자는 내담자가 언제 지적반응행동을 하는지도 알
아본다.

여섯째, 상담자는 내담자의 호소문제와 이야기를 Bowen의 이론적 개념
과 연결시키면서 내담자가 Bowen 이론을 통해 자신을 이해하도록 돕는
다. 내담자는 자신의 호소문제나 증상 그리고 자신의 이야기를 Bowen의
개념을 통해서 새롭게 이해할 수 있게 된다. 상담자는 이론적 개념과 내

초기전략의 요약

① 상담자는 내담자의 말을 경청하여 공감적으로 이해한다.

② 상담자는 내담자가 편안한 느낌을 갖도록 허용적 분위기를 조성한다.

③ 상담자는 내담자의 가족에 대한 가계도를 그릴 때 유머와 위트를 사
용한다.

④ 상담에 가족 전체가 참여하고 있다면 상담자는 가능하면 가족 구성
원이 가계도를 그리는 데 모두 참여하도록 돕는다.

⑤ 상담자는 내담자의 가슴이 쿵쾅거리는 느낌이 어떻게 자아덩어리,
감정반사행동, 지적반응행동, 분화, 삼각관계, 감정체계, 느낌체계
등과 관련이 있는지 알아본다.

⑥ 상담자는 내담자의 호소문제와 이야기를 Bowen의 이론적 개념과
연결시키면서 내담자가 Bowen 이론을 통해 자신을 이해하도록 돕
는다.

⑦ 상담자는 내담자와 상담목표를 합의한다.

담자의 실제를 연결함으로써 내담자가 자신에 대해 전문적 이해를 할 수 있게 한다.

마지막으로, 상담자는 내담자와 상담목표를 합의한다. 상담자의 이해와 내담자의 이해가 서로 맞으면서 이제 상담자와 내담자는 작업동맹을 형성하였다. 작업동맹을 맺은 상담자와 내담자는 무엇을 위해서 노력을 해야 하는지를 합의하게 된다. 이러한 합의를 통해서 상담자는 내담자의 무엇을 도와야 하는지를 분명히 하게 되고, 내담자는 미래의 방향을 보게 된다. 이렇게 함으로써 상담자와 내담자는 함께 주어진 목표를 달성하기 위한 노력을 하게 된다.

2) 중기전략

상담과정의 입장에서 볼 때 상담중기에서의 상담자의 역할은 초기와 크게 달라진다. 상담초기에 상담자의 역할이 수동적·반응적·공감적이었다면, 중기에는 적극적·공세적·지도적 입장에 놓이게 된다. 상담초기에 상담자가 내담자와 관계 형성을 하고 내담자를 변화시키기 위한 조건을 형성하는 데 초점을 맞추었다면, 상담중기에 상담자는 내담자를 적극적으로 변화시키는 활동을 하게 된다. 상담목표를 달성하기 위해서 상담자가 가장 적극적으로 개입하고 활동하는 기간이 상담중기다.

상담중기에 일어나는 상담자의 전략은 곧 변화에 관한 계획 수립이다. 내담자는 상담중기에 자신의 과거와 역사에 대해서 돌아보게 된다. 그리고 현재 자신이 무엇을 하고 있는지에 대해서도 새롭게 인식하게 된다. 또한 미래에 무엇을 어떻게 선택할지에 대해서 고민하게 된다. 상담자는 내담자의 이러한 활동이 가능하도록 돕는 역할을 하게 된다. 상담자가 내담자를 변화시키기 위한 활동은 여러 가지가 있다. 정보 제공은 내담자에게 필요한 정보를 줌으로써 내담자가 변화하도록 돕는 활동이다. 직면과 논박은 저항을 줄이거나 비합리적 신념을 변화시키려는 활동이다. 질문은 불일치, 모순, 모르는 영역에 대해서 인식하도록 하는 활동이다. 해석은 통찰을 일으키기 위한 활동이다. 역할 연습을 통해 내담자는 자신의 경험에 대해서 새로운 인식을 하게 된다. 상담은 내담자에게 방향을 제시함으로써 내담자가 자신의 삶의 방향을 점검하게 하는 활동이다. 상담자의 자기 개방도 내담자에게 새로운 학습을 하게 하는 중요한 활동 중 하나다. 교육은 내담자에게 모르는 내용을 알게 하는 인식의 변화를 가져오게 하는 활동이다. 상담중기에 일어나는 여러 가지 활동 중에서 상담자는 내담자를 변화시키기 위해서 직면이나 해석보다는 좀 더 포괄적 개념인 '도전(challenging)'(Egan, 2008, pp. 213-290; Hill, 2004, pp. 227-244)을 하게 된다. 상담자는 내담자에게 도전을 함으로써 내담자가 자신을 돌아보게 하고, 모순점을 깨닫게 하는 역할을 하게 된다.

(1) 도전

학자들은 직면을 대체할 개념이 필요한 이유를 두 가지로 들고 있다. 첫째, "많은 사람들은 직면하거나 직면당하는 것을 불쾌하게 생각할 수 있다."(Egan, 2008, pp. 214-215) Egan이 밝히는 이유는 도전을 사용하는 소극적 의미다. 직면은 이미 많은 사람들에게 부정적 의미로 인식되고 있기 때문에 상담자가 내담자를 직면할 때 내담자가 그 의도를 왜곡하거나 제한할 가능성이 있다. 다른 하나는 직면이 내담자의 저항과 관련된 개념이기 때문이다. Greenson(1967)은 직면(도전을 표현하는 그의 용어)을 내담자의 저항, 즉 "정신분석적 활동의 모든 과정과 절차에 대해 반대하는 환자 내면의 모든 힘"(Hill & O'Brien, 2001, p. 312에서 재인용)으로 정의한다. 직면은 내담자의 변화에 대한 저항과 관련된 개념이다. 내담자가 변화하기 위해서는 좀 더 적극적이면서 긍정적 측면을 포함하는 개념이 필요한데, 이 개념이 바로 도전이다.

직면이 내담자의 변화를 다루는 좁은 의미의 개념이라면, 도전은 직면을 포함한 좀 더 폭넓은 개념이다. Egan(2008)은 "도전은 직면(confrontation)이라는 말보다 더 적극적인 의미"(p. 214)라고 말하면서 "도전의 목표로 새로운 시각의 발전, 새로운 시각을 통한 건설적 행동의 변화, 자기제한적 내적 · 외적 행동의 변화, 약점 가운데서 강점 발견하기"(pp. 219-229) 등을 들고 있다. 상담자는 내담자에게 저항에 대한 직면을 넘어서서 새로운 행동 변화에 대한 활동을 하게 된다. 상담자는 도전을 통해서 내담자를 긍정적으로 변화시키려는 노력을 하고 있다. Hill과 O'Brien(2001)도 "독자는 도전이 직면보다 더 넓은 의미임을 기억할 필요가 있다."(p. 315)라고 언급하고 있다. 내담자의 사고하는 방법에 대한 변화, 모순을 발견하도록 돕기, 방어와 비합리적 견해에 대한 자각의 증진, 부적절한 행동 다루기, 저항 다루기 등과 같은 활동들은 모두 도전을 통해서 이루어진다(Hill & O'Brien, 2001, p. 311). 저항 다루기는 도전 활동의 일부분으로서 도전은 내담자의 변화와 관련된 폭넓은 활동을 담고 있는 개념이다.

도전은 긍정적 · 적극적 · 미래 지향적 특성을 포함하고 있는 개념이다. 첫째, 도전이 긍정적이라는 말은 내담자의 변화에 대한 새로운 시각을 포함한다. 이미 앞에서도 설명하였듯이, 직면은 부정적 의미를 갖는다. 내담자의 저항, 즉 현재의 심리구조를 유지하기 위한 노력을 막기 위한 지적이 직면이다. 직면은 내담자를 저항하는 사람, 다시 말하면 새로운 것을 추구하지 않는 사람으로 보면서 이루어지는 활동이다. 상담자는 내담자를 부정적으로 보면서 변화에 대한 활동을 하게 된다. 반면, 도전은 새로운 것을 추구하기 위해서 걸림돌 혹은 장애가 있지만 이를 극복하기 위한 활동이라는 긍정적 의미를 갖는다. 도전이 새로운 것에 초점을 맞추는 활동이라면, 직면은 걸림돌이나 장애로 표현되는 저항에 초점을 맞추는 활동이다. 내담자의 입장에서 볼 때도 도전이라는 개념이 직면이라는 개념보다 더 받아들이기 쉽다. 자신을 저항하는 사람으로 인식하기보다는 앞으로 나아가려는 사람으로 인식함으로써 자신에 대해서 더 긍정적인 생각을 할 수 있다. 상담자가 내담자를 직면하면 내담자는 '직면당한다.'라고 인식할 수 있다. 내담자의 입장에서는 상담자가 가해자처럼 인식될 수 있다. 그러면 상담자는 내담자를 돕기 위한 활동을 하면서도 내담자로부터 부정적 피드백을 받을 수가 있다.

둘째, 도전이 적극적이라는 말은 도전이 내담자의 변화를 반영하는 활동임을 의미한다. 내담자를 변화시키기 위한 상담자의 소극적 활동은 내담자의 저항 다루기다. 그러나 상담자가 내담자를 변화시키려면 상담자는 좀 더 큰 안목을 가지고 내담자를 보아야 한다. 상담자는 내담자가 가지고 있는 장점, 변화의 의지, 증상의 적극적 역할, 현재 심리 구조의 미래 지향적 역할 등과 같은 여러 가지 사항을 고려해야 한다. 이러한 적극적 안목을 가진 상담자는 내담자의 저항을 다룰 때도 새로운 시각으로 접근할 수 있다. 우울증을 가진 내담자를 생각해 보자. 우울증 내담자의 저항은 부차적 이익(secondary gain)에 의해 발생한다. 우울증 내담자는 일차로 우울감, 분노의 표현, 관계적 갈등, 좌절과 절망, 죽음에 대한 생각 등 다양한 고통을 호소한다. 그러나 우울증 내담자는 스스로를 선하다고 느끼는 감정에 의한 피해자 의식을 갖고 있고, 그에 따른 연민과 증상으로 다른 사람이 그를 조심스럽게 대하는 부차적 이익을 얻는다. 이러한 부차적 이익 때문에 우울증 내담자는 자신을 변화시키려는 상담자의 직면에 저항하게 된다. 상담자가 내담자에 대한 적극적 의미로서 도전을 하게 되면 이러한 부차적 이익에 대해서 다르게 생각할 수 있다. 부차적 이익은 버려야만 하는 대상이 아니라 변화에 대한 동기로 활용할 수 있다. 내담자가 자신이 선하다고 느끼는 이유는 많은 노력을 하고 있기 때문이다. 우울증 내담자는 불가능한 기준을 설정하고 이러한 기준을 달성하려고 부단히 노력한다. 내담자는 어린 시절에 부모의 요구를 수용함으로써 이러한 불가능한 기준을 내면화하였다. 즉, 어린아이로서 내담자는 부모를 기쁘게 하기 위해 수많은 노력을 하고 산 사람이다. 하지만 이러한 노력은 매번 실패하고, 이 때문에 좌절과 절망 그리고 죽음을 생각하게 된다. 이때 상담자는 내담자의 이러한 노력들을 직면하여 없애려고만 하지 말고 이를 활용하는 방향으로 내담자에게 도전할 수 있다. 어차피 노력하는 내담자라면 방향만 달라지면 얼마든지 새로운 노력을 할 수 있는 사람이다. 상담자가 내담자의 이러한 점을 부각시키고, 이를 내담자가 긍정적으로 받아들여 자신의 노력을 적극적으로 사용하도록 도우면 내담자는 효율적으로 변화될 수 있다.

셋째, 도전이 미래 지향적이라는 말은 내담자가 변화될 방향을 포함한다는 의미다. 직면은 내담자가 현재 경험하는 모순, 불일치, 분열 등을 지적하는 활동이다. 직면 활동에는 내담자의 모순이나 불일치 그리고 분열 등이 지적되고 난 뒤의 내담자의 변화된 모습을 포함하지 않는다. 도전은 내담자가 갖게 될 새로운 모습을 그리면서 이루어지는 상담자의 활동이다. 상담자는 내담자가 어떤 모습으로 살아갈지에 대해서 대략적 그림을 가지고 있어야 한다. 도전을 하기 위해서는 미래 지향적 목표가 중요하듯이, 상담자가 내담자에게 도전할 때도 내담자가 자신의 삶의 새로운 방향이나 모습을 알도록 한다. 여기서 언급하는 사례에서 보면, 내담자는 자기 어머니를 구원하려는 경향을 가지고 있다. 구원자 역할을 그만두게 하는 직면 활동보다는 구원자 역할의 활동을 자신의 미래에서 어떻게 사용할지에 대한 도전이 더 필요하다. 구원자의 경향은 앞으로도 내담자에게 중요한 자원 역할을 하게 된다. 내담자의 구원자 경향이 문제가 되는 이유는 자신을 돌보지 않으면서 남만 돌보기 때문이다. 이때 상담자는 내담자가 자신의 구원자 경향 속에 자신과 남을 동시에 집어넣도록 도전한다. 누군가를 희생시키고 한 명만을 구원하려는 경향보다는 자신과 남을 동시에 구원하려는 범주 확장이 필요하다. 즉, 내담자는 구원자 경향과 역할을 그만두도록 하는 과거 지향적 의미의 직면보다는 자신의 경향과 역할을 미래 지향적으로 사용할 수 있도록 하는 도전이 필요하다. 내담자는 이제 자신을 더 변화시키고 성장시켜서 새로운 범주를 갖는 사람이 될 필요가 있다.

(2) 사례를 통한 중기상담의 전략

앞서 언급한 사례에 대한 중기전략들은 다음과 같이 진술될 수 있다. 첫째, 상담자는 다른 사람들이 자신을 쳐다볼 때마다 가슴이 쿵쾅거린다는 내담자의 느낌이 가족과 어떤 연관이 있는지 탐색한다. 이 부분은 증상에 대한 재구조화 작업이다. 내담자는 보통 자신이 겪는 증상에 대해서 개인주의적 시각으로 접근하는 경향이 있다. 자신이 이러한 증상을 겪기 때문에 자신이 잘못되어 있다고 인식한다. 이러한 인식은 내담자에게 증상을 가중시키는 역할을 한다. 따라서 내담자의 증상을 가족관계와 연결함으로써 내담자가 자신의 증상을 새로운 시각으로 인식하게 해야 한다. 가슴이 쿵쾅거리는 느낌이 아버지의 폭력적 행동과 관련이 있다면 내담자는 아버지와의 관계에서 겪는 증상을 일반화해서 경험하고 있다는 의미다. 폭력을 행하는 사람은 폭력을 행할 때 피해자를 꼼짝 못하게 하는 말이나 행동을 하는 경우가 종종 있다. "나는 네가 무슨 생각을 하고 있는지 다 알아." "저번에 나한테 거짓말을 하더니 지금도 그렇게 하고 있지?" "코가 벌름거리고 눈을 아래로 깔고 있는 것을 보니 나를 무시하고 있지?" 등과 같은 여러 가지 표현으로 내담자를 꿰뚫어 보는 듯한 생각을 표현하며 그러한 행동과 말을 하게 된다. 만일 내담자가 이러한 행동에 의해서 자신을 추스르지 못한다면 다른 사람에게 이러한 느낌을 받을 때마다 가슴이 쿵쾅거릴 수 있다. 상담자는 내담자에게 증상과 아버지 그리고 다른 사람들과의 연관성을 알게 함으로써 내담자가 자신의 증상에 대해서 새롭게 인식하도록 한다.

둘째, 상담자는 불안을 해소하는 방식이 내담자의 아버지와 어머니와 어떤 관련이 있는지 인식하게 한다. 아버지의 폭력적 행동과 어머니에 대한 연민에 의한 행동이 자신의 불안과 어떻게 연관되는지 인식하도록 질문을 한다. "아버지가 무서울 때 어떤 행동을 하나요?"라는 질문은 내담자의 회피행동을 인식하도록 돕는다. 이러한 질문은 내담자로 하여금 자신의 행동을 돌아보게 하는 효과가 있다. 지금까지는 피하고 싶은 마음만 앞서 있었다면 이제는 피하기 전에 "내가 왜 이러지?"라는 질문을 자신에게 할 수 있다. "엄마가 불쌍할 때 어떤 감정을 느끼나요?"라고 질문을 함으로써 연민에 의한 행동이 불안과 어떤 관련이 있는지 알도록 한다. 만일 내담자가 어머니에 대해서 어머니가 죽을 것 같거나 집을 나갈 것 같은 느낌이 든다면 이는 내담자의 불안과 공포를 표현하고 있는 말이다. 따라서 상담자는 내담자로 하여금 이러한 느낌을 어떻게 처리하는지에 대해서 질문함으로써 내담자의 구원자 행동의 근거를 인식하게 한다. 상담자는 어머니가 죽을 것 같은 마음이 들 때 내담자 자신이 어떤 행동을 하는지에 대해서 인식할 수 있도록 돕는다.

셋째, 상담자는 내담자가 불안해할 때 어떤 목표 지향적 활동을 할 수 있는지 토론한다. 아버지가 무서울 때 피하거나 극단적 행동을 하지 않고 가만히 있어 보고, 이렇게 함으로써 아버지의 행동의 변화나 자신에게서 어떤 일이 벌어지는지 알아보게 한다. 무서울 때 사람들을 피하고 혼자 있으려는 경향이 아버지와 관련이 있음을 인식하여 감정반사행동이 아닌 지적반응행동을 하도록 돕는다. 가슴이 쿵쾅거리는 느낌이 피할 수 없을 때 발생하는 증상임을 인식한다. 내담자의 지적반응행동은 다른 사람이 쳐다보아도 내담자의 속마음을 알 수 없다고 생각을 하거나 다른 사람에게 물어보는 용기를 갖거다. 마찬가지로 어머니가 집을 나갈 것 같거나 죽을 것 같은 느낌이 들 때 '아무것도 하지 않고 있어 보기'와 같은 행동을 한다. 이런 행동을 할 때 어머니가 어떤 행동을 하는지 그리고 여동생은 어떤 행동을 하는지 관찰하고 지켜보는 행동을 한다. 내담자 자신이 삼각관계에 어떤 기여를 하고 있는지 인식하고 상담자와 토론한다.

넷째, 상담자는 내담자가 불안에 의해서 감정반사행동을 할 때 이를 수용함으로써 지적반응행동을 하게 한다. 치료실에서 내담자는 자신이 변화되는 과정에서 감정반사행동을 상담자에게 할 수도 있다. 이때 상담자는 내담자를 수용하면서 지적반응행동을 하도록 도전할 수 있다. 내담자의 감정반사행동이 내담자의 어떤 감정에서 나오는지 서로 토론한다. 상담자는 질문을 통해서 내담자의 감정을 인식하게 하고, 현재 치료실에서 내담자가 어떻게 지적반응행동을 할 수 있는지 인식하도록 한다. 상담자가 조용하고 차분하게 지적반응행동을 함으로써 내담자에게 새로운 경험이 되도록 한다. 이러한 상담자와의 치료적 관계를 통해서 내담자는 새로운 행동인 지적반응행동을 배워 나간다.

다섯째, 상담자는 내담자가 자신의 구원자 행동에 의한 책임을 스스로에게서 면제시키도록 한다. 상담자는 내담자의 회피행동에 대해서 도전 활동을 하였다. Bowen의 이론에서 상담자의 도전 활동은 내담자의 감정반사행동에 대한 지적반응행동이다. 이제 상담자는 내담자에게 도전함으로써 내담자가 자신과 가족에 대해서 미래 지향적 생각을 하도록 돕는다. 이러한 활동 중 하나가 내담자의 구원자 경향에 대한 도전이다. 내담자는 어머니를 구원함으로써 자신의 가족을 유지하는 역할을 하고 있다. 내담자는 어렸을 때부터 가족을 책임지는 무거운 역할을 해 왔다. 상담자는 내담자가 왜 이러한 책임을 지고 있는지 알게 한다. 내담자의 불안과 공포는 내담자로 하여금 자신이 지지 않아도 되는 무거운 책임을 지게 하는 역할을 한다. 상담자는 이러한 내담자의 구원자 행동이 불안에 의한 감정반사행동임을 알게 한다. 누가 가족을 책임져야 하는가에 대한 질문을 함으로써 내담자로 하여금 삼각관계 속에서 빠져나오도록 돕는다. 이 질문을 받으면 대부분의 내담자들은 부모가 가족을 책임져야 한다는 사실을 인식하고 안다. 상담장면에서 이러한 활동이 일어나면 내담자는 많은 부담을 내려놓게 되고, 마음에 시원함과 편안함을 경험하게 된다.

여섯째, 상담자는 내담자의 구원자 역할을 어떻게 내담자 자신에게 적용할 수 있는지 도전한다. 상담자는 내담자로 하여금 가족을 구원하는 대신에 자신을 구원할 수 있도록 하는 방향 제시 또는 미래 지향적 행동을 할 수 있도록 돕는다. 이러한 방식은 내담자에게 새로운 시각으로서 대단히 도전적인 경험이다. 내담자는 이러한 방식으로 자신을 생각한 적이 없기 때문에 어려움을 겪게 된다. 자신을 잘 돌보게 되면 아버지와 어머니의 행동에 어떤 변화가 생기고, 자신에게는 어떤 변화가 발생하는지 경험하도록 돕는다. 내담자는 이미 구원자 경향을 가지고 있기 때문에 물꼬만 트이면 잘할 수 있게 된다. 어머니를 구원하고 돌보는 행동을 자신에게 적용하기만 하면 된다.

마지막으로, 상담자는 내담자에게 변화된 가족관계에 대해 구체적인 그림을 그리도록 질문과 대안 검색을 한다. 상담자는 내담자가 편안한 가족관계 그리고 내담자 자신이 원하는 가족관계에 대해서 그림을 그리도록 돕는다. 대체로 내담자는 힘들고 어려울 때마다 자신들이 원하는 가족관계에 대해 이상적 그림을 갖는다. 그러나 이러한 이상적 가족관계

중기전략 요약

① 상담자는 다른 사람들이 자신을 쳐다볼 때마다 가슴이 쿵쾅거린다는 내담자의 느낌이 가족과 어떤 연관이 있는지 탐색한다.

② 상담자는 불안을 해소하는 방식이 내담자의 아버지와 어머니와 어떤 관련이 있는지 인식하게 한다.

③ 상담자는 내담자가 불안해할 때 어떤 목표 지향적 활동을 할 수 있는지 토론한다.

④ 상담자는 내담자가 불안에 의해서 감정반사행동을 할 때 이를 수용함으로써 지적반응행동을 하게 한다.

⑤ 상담자는 내담자가 자신의 구원자 행동에 의한 책임을 스스로에게서 면제시키도록 한다.

⑥ 상담자는 내담자의 구원자 역할을 어떻게 내담자 자신에게 적용할 수 있는지 도전한다.

⑦ 상담자는 내담자에게 변화된 가족관계에 대해 구체적인 그림을 그리도록 질문과 대안 검색을 한다.

가 비현실적인 경우도 있으므로 이런 경우에는 현실에 맞는 그림을 갖도록 토론할 필요가 있다. 아버지의 폭력적 행동과 어머니의 순응적 행동에 대해서 내담자는 갈등을 인정하는 가족관계에 대한 그림이 필요하다. 갈등이 있으면서 갈등 속에서 진행되는 가족관계를 그리고, 이를 수용할 때 비로소 내담자는 삼각관계에서 벗어나 새로운 가족관계를 형성할 수 있다.

3) 후기전략

상담이 막바지에 접어들게 되면 상담자는 내담자가 떠날 준비를 하도록 돕는 역할을 하게 된다. 상담후기에 상담목표가 얼마나 달성되었는지, 내담자가 겪은 과정에 대한 반영, 내담자 자신이 겪은 변화에 대한 의미, 현실의 삶에서 변화된 자신의 적용, 종결에 대한 저항으로 인해서 발생되는 내담자의 의존성, 새로운 문제를 다시 가져오는 내담자의 문제에 대한 해결 등과 같은 많은 주제들을 상담자는 다루게 된다. Hill과 O'Brien(2001)은 효과적 종결을 "과거를 돌아보기, 미래에 대해서 이야기하기, 작별인사하기"(p. 525)로 나누어서 제시하고 있다. 상담자는 내담자가 어떻게 변화했는지 그리고 상담목표를 얼마나 달성했는지에 대해서 내담자와 대화를 나눈다. 그리고 상담자는 앞으로 내담자가 변화한 자신의 모습을 가지고 현실에 어떻게 적응할지에 대해서도 대화를 나누게 된다. 종결 시점이 다가오면 내담자는 상담자와 이별을 해야 하기 때문에 다시 불안을 느끼기도 한다. 따라서 내담자는 상담관계를 잃게 되는 상실감으로 새로운 상담의 주제를 가지고 오거나 상담자에게 의존하려고 하는 등의 저항을 보일 수 있다.

상담자는 상담후기에 들어서면 앞서 언급한 여러 가지 주제들을 다루는 데에서 중기와는 다른 태도와 자세를 갖게 된다. 상담자가 중기에 적극적이고 공세적이며 지시적 역할을 수행하였다면, 후기에는 내담자가 스스로 할 수 있도록 조언하고 자문하며 내담자를 지지하고 격려하는 역할을 하게 된다. 상담후기에 내담자는 아주 복잡한 감정을 보이게 되는데, 변화에 대한 기쁨, 상담관계를 잃게 되는 상실감, 미래에 대한 불안과 도전 등과 같은 여러 가지 주제에 직면하게 된다. 상담후기에 내담자는 이전과는 다르게 이러한 주제를 스스로 도전하고 다루어 나가는 적극적인 사람이 된다. 상담자는 내담자의 적극성을 뒤에서 지켜보아 주고, 필요하면 조언과 자문을 통해서 내담자가 이러한 주제들을 스스로 다루어나갈 수 있도록 돕는 역할을 하게 된다.

(1) 자문

상담후기에 상담자는 내담자에게 조언자 또는 지혜자의 역할을 한다. 첫째, 상담자는 내담자가 상담종결을 앞두고 스스로 독립적인 삶을 살도록 돕는다. 상담이 후기에 접어들면 상담자는 내담자가 자신의 미래를 스스로 준비하도록 돕는 역할을 하게 된다. 내담자는 처음 상담에 왔을 때 수동적·의존적이며 자신의 문제를 어떻게 다룰지 모르는 상태였다. 그러나 내담자는 상담과정에서 자신의 문제점을 볼 수 있게 되었고, 이제 이러한 문제를 다루는 방법을 익힌 상태다. 내담자는 문제가 자신의 삶의 한 부분이며 앞으로도 지속적으로 다루어 나가야 할 과제임을 알게 된다. 이러한 앎은 내담자로 하여금 삶에 대해서 적극적이고 긍정적으로 바라볼 수 있는 마음을 갖게 한다. 내담자는 문제에 지배당하는 삶으로부터 문제와 더불어 살 수 있는 용기, 힘 그리고 적극성을 갖게 된다. 내담자는 스스로 자신의 삶에서 문제점을 제기하고 질문할 수 있게 된다. 내담자는 이제 소극적·의존적 형태의 삶에서 벗어나 적극적·도전적 형태의 삶을 살 준비가 되었다. 이제 내담자가 이러한 적극적 태도와 행동을 보이기 때문에 상담자는 한 발짝 물러나서 질문에 대답할 것은 대답하고, 내담자가 스스로 찾아야 할 것에 대해서는 격려를 통해서 스스로 찾아 나가도록 하는 역할을 하게 된다. 마치 부모가 자녀가 성장하는데 뒤에서 돕는 역할을 하는 방식과 유사하다. 상담자는 내담자를 지켜봐 주고 내담자가 스스로 할 수 있도록 격려하며, 이러한 격려를 통해서 내담자는 자신이 잘하고 있음에 대한 타당화를 할 수 있게 된다. 상담자는 내담자의 적극성·도전성·긍정성을 자극하는 여러 가지 활동을 할 필요가 있는데, 이러한 활동은 주로 조언, 타당화, 긍정화, 능력 함양과 같은 내용들이다. 이러한 내용들은 상담자의 자문 역할을 통해서 전해 진다.

둘째, 상담자는 내담자가 자신이 무엇이 변했는지를 스스로 알아보도록 한다. 상담자는 내담자가 어떻게 적극적이며 긍정적으로 변했는지 알 수 있도록 돕는 활동을 한다. 상담자는 질문을 통해서 내담자가 처음 상담에 왔을 때 무슨 문제를 가지고 왔는지 그리고 자신이 어떤 상태였는지를 떠올리게 한다. 그때와 지금 현재 자신의 모습과 문제에 대해서 비교분석을 하게 한다. 이러한 비교를 통해서 내담자는 자신이 무엇이 변했으며, 어떻게 변했는지를 확인하고 확실히 알 수 있다. 내담자는 자신의 변화에 대해 과거와 비교해 봄으로써 다시 한 번 변화를 확인하여 자신의 모습에 대해서 긍정적 마음을 가질 수 있게 된다. 상담자는 이때 질문을 하고, 내담자의 모습을 타당화하는 활동을 주로 하게 된다. 상담자는 내담자의 적극성을 후원하는 역할을 하게 된다.

셋째, 상담자는 내담자가 변화된 자신의 모습으로 미래를 어떻게 살아갈지에 대해서 구상하고 생각하도록 돕는다. 과거와의 비교를 통해서 현재의 모습을 확인한 내담자는 이제 미래의 세계를 살 준비를 필요로 한다. 과연 변화된 자신의 모습을 가지고 미래에 발생될 여러 가지 문제나 어려움에 대해서 어떻게 대처할지 궁금해한다. 문제에 대해서 대처하는 방법을 배운 내담자는 이러한 방법을 어떻게 적용하며 사용할지에 대해서 생각하고 구상하는 작업을 하게 된다. 내담자의 구상에 대해서 상담자는 이러한 구상이 현실적인지, 과거의 문제에 따른 환상적·망상적·비현실적 구상들과 어떤 차이가 있는지에 대해서 내담자와 토론할 수 있다. 상담자는 이러한 토론의 주체가 내담자임을 확실히 하고 내담자가 이러한 토론을 이끌어갈 수 있도록 돕는 역할을 한다.

넷째, 상담자는 내담자가 자신이 배운 방법을 현실에서 적용하도록 돕는 역할을 한다. 상담후기에서 상담자의 중요한 역할 중 하나는 내담자가 자신이 배운 것들을 현실세계에 적용하도록 돕기다. 내담자는 자신이 배운 것을 실제 현실에서 일어나는 문제에 적용해 보기 전까지는 자신의 변화된 모습에 대한 확신이 떨어진다. 내담자가 자신이 배운 것을 적용해 보기 시작하면 내담자는 배운 것과 적용하는 것 사이에 차이가 있음을 알게 된다. 그리고 많은 의문과 질문이 생겨난다. 상담자는 조언과 자문을 통해서 내담자가 스스로 이러한 의문과 질문에 대해서 답을 구해 가도록 돕게 된다. 내담자는 이러한 질문과 의문을 통해서 자신이 배운 것을 자기 것으로 만드는 과정을 거치게 된다. 그리고 상담에서 배운 것들 중에 자신이 스스로 더 풀어 가거나 만들어 가는 것도 있다는 사실을 알게 된다. 자신이 스스로 대처해 나가는 사람이 되어야 하며, 이러한 문제들을 다루는 방법을 스스로 익히는 사람임을 깨닫도록 상담자는 내담자에게 격려, 지지, 조언 및 자문을 아끼지 않는다. 내담자는 상담에서 배운 것과 실제에 적용을 하면서 깨달은 지혜를 가지고 이제 현실 세계에서 살아갈 준비를 하게 된다.

다섯째, 상담자는 내담자가 상담자와 이별하면서 발생하게 되는 여러 가지 주제들을 상담을 통해서 배운 내용을 적용하여 다루도록 돕는 역할을 한다. 내담자는 상담을 통해서 상담자로부터 많은 지지와 격려 그리고 심리적 공감을 받았다. 내담자가 자신의 문제를 들여다보고, 자신이 보고 싶지 않은 부분을 볼 수 있고, 자신이 피하고 싶은 주제를 도전할 수 있었던 데는 상담자와 든든한 작업동맹, 즉 신뢰관계를 형성하고 있었기 때문이다. 상담자의 공감, 지지, 격려, 타당화, 긍정화, 기지 역할 등과 같은 역할은 내담자에게 심리적으로 많은 힘을 받을 수 있게 해 주었다. 상담이 후기에 접어들면서 내담자는 이제 상담자와 이별을 하고 홀로 서게 된다. 하지만 내담자는 상담자로부터 받은 많은 것들을 잃어버리게 되는 상실감을 맛보게 된다. 내담자는 홀로 서는 독립된 삶이 필요하고 중요하다는 점을 충분히 인식함에도 불구하고 상실감에 의해 종결에 대한 저항감을 보이게 된다. 저항 중 하나로 내담자는 자신의 문제가 아직도 끝나지 않았음을 상담자에게 주지시킨다. 심지어는 초기의 호소 문제가 어떤 측면에서는 더 악화되었다고 상담자에게 말하기도 한다. 어떤 경우에는 지금까지 다루지 않았던 주제를 가져오기도 하면서 상담자와 어떤 형태로든지 관계를 맺기 위한 노력을 하게 된다. 이런 경우에 상담자는 내담자가 가져오는 주제를 처음 상담을 진행하듯이 다시 다룰 필요가 있다. 이때 상담자는 내담자의 주제를 다루면서 내담자가 배운 것을 적용해서 해결해 보는 과정을 갖도록 격려한다. 내담자는 자신의 문제를 스스로 다루면서 점차 이러한 문제들이 새로운 것이 아니라 자신의 상실감에서 나왔음을 인식하게 된다. 상담자는 이러한 상실감을 지금까지 배운 상담내용을 적용하여 내담자가 스스로 다루도록 돕는 역할을 하게 된다.

여섯째, 상담자는 내담자가 자신이 어디에서 어떻게 도움을 받을 수 있는지에 대해서 내담자와 함께 토론하는 시간을 갖도록 한다. 상담자는 내담자가 상담을 종결하고 난 뒤에 만일 문제가 다시 발생하면 상담을 다시 신청할 수 있다고 말해 준다. 상담자는 상담에 대해서 열려 있음을 내담자에게 주지시킴으로써 내담자가 여전히 도움을 받을 수 있는 상태임을 알도록 한다. 상담자는 내담자가 상담이 아닌 다른 곳에서 어떻게 도움을 받을 수 있는지에 대해서도 토론한다. 내담자의 자원에 대해서 다시 한 번 면밀하게 검토하고, 이러한 자원들을 어떻게 내담자가 활용할 수 있는지 서로 토론하여 내담자로 하여금 혼자가 아님을 알게 한다.

토론의 주체는 내담자이고, 상담자는 이러한 토론에 대해서 반응하면서 돕는 역할을 한다.

(2) 사례를 통한 후기상담의 전략

상담자는 다른 사람이 자신을 쳐다볼 때마다 가슴이 쿵쾅거리는 호소문제에 대한 후기전략을 다음과 같이 수립할 수 있다. 첫째, 상담자는 내담자와 더불어 종결의 징후들을 포착한다. 상담이 종결에 접어들면 상담자나 내담자나 모두 종결에 대한 실마리들을 느끼게 된다. 종결에 대해서 상담자가 먼저 언급할 수도 있고, 내담자가 먼저 언급할 수도 있다(Hill & O'Brien, 2001, p. 524). 상담자 자신이 더 이상 도와줄 것이 없다고 느낄 때, 내담자가 처음에 호소한 문제가 어느 정도 해결되었다고 느낄 때, 내담자가 스스로 할 수 있을 것 같다는 신호를 보낼 때 상담자는 내담자에게 종결에 대해서 언급할 수 있다. 내담자는 자신이 스스로 문제를 해결할 수 있을 것 같은 느낌이 들 때, 같은 문제를 반복적으로 다루어서 어느 정도 분명해졌을 때, 이제 혼자 해보고 싶은 마음이 들 때 상담자에게 종결 신호를 보낼 수 있다. 이때 종결 신호에 대해서 상담자와 내담자가 함께 공유하는 것이 중요하다. 만일 상담자가 종결 신호를 보냈는데 내담자가 이를 받아들이지 않으면 강제 종결이라는 문제가 발생한다. 또한 내담자가 종결 신호를 보냈는데 상담자가 이를 받아들이지 않으면 내담자 입장에서는 불안, 두려움, 상담자에게 지배당할 것 같은 느낌, 함정에 빠진 느낌 등 여러 가지 문제에 직면할 수 있다. 따라서 종결 신호와 징후를 상담자와 내담자가 공유하고, 이를 토대로 하여 종결을 향한 상담과정을 진행하여야 한다.

둘째, 상담자는 내담자의 가슴이 쿵쾅거리는 느낌이 얼마나 줄어들었는지 처음과 비교하도록 한다. 내담자는 이제 자신의 과거와 현재를 비교하는 과제를 안게 된다. 상담자는 내담자가 처음에 호소하였던 문제인 가슴이 쿵쾅거리는 느낌이 얼마나 줄어들었는지 비교하도록 도울 수 있다. 다른 사람이 자신을 쳐다보아도 이런 느낌이 하나도 안 드는지, 느낌이 들지만 견딜 만한지 또는 여전히 쿵쾅거리지만 무섭지는 않은지 등등에 대해서 내담자가 스스로 판단하도록 상담자가 돕는 역할을 한다. 상담자는 내담자에게 가슴이 쿵쾅거리는 느낌이 들 때 어떤 행동을 하게 되는지에 대해서 묻고 내담자 스스로 어떤 행동을 하는지 말하도록 한다. 이전에는 회피행동을 했는데 지금은 어떤 행동을 하는지 스스로 점검하도록 한다. 행동만이 아니라 가슴이 쿵쾅거리는 느낌이 들 때 어떤 생각을 하고 이러한 생각에 근거한 행동이 무엇인지 점검하도록 한다.

셋째, 상담자는 내담자가 아버지와 어머니에 대해서 어떤 지적반응행동을 하고 있는지 스스로 점검하게 한다. 아버지의 폭력적 행동에 대해서 어떤 반응이 있는지 점검한다. 상담자는 내담자로 하여금 이전과 같이 피하고만 싶은지 아니면 아버지에 대해서 다른 마음이 드는지 알아보게 한다. 다른 마음이 들면 어떻게 행동을 하는지 알아보고, 아버지에 대해서 어떤 이해를 하고 있는지도 점검한다. 이러한 이해가 어떤 감정을 일으키며 어떤 행동과 연관이 있는지 알아보도록 한다. 또한 어머니에 대해 어떤 반응들이 많이 발생했는지 그리고 어떤 생각이 나는지도 점검하도록 한다. 어머니에 대해서 연민의 감정, 즉 불쌍한 느낌이 들 때 어떤 감정이 생기고, 어떤 반응을 하는지 알아보도록 한다. 두려운 감정이 얼마나 줄었는지 그리고 어머니에 대해서 반대로 화가 나지는 않은지 등을 점검하게 한다.

넷째, 상담자는 분화 수준을 점검하는 방법을 내담자와 토론한다. 내담자가 무섭거나 연민을 느낄 때 어느 정도 감정반사행동이 나오며, 어느 정도 지적반응행동을 하는지 점검한다. 상담자는 내담자로 하여금 감정반사행동과 지적반응행동에 대한 비율을 통해서 어느 쪽이 더 많은지 알아보도록 한다. 비율을 점검할 뿐만 아니라 자신이 원하는 것, 즉 목표가 가족관계에 의해서 어느 정도 좌우되는지에 대해서도 점검하게 한다.

다섯째, 상담자는 가족 모두가 합심하여 내담자를 공격할 때 내담자가 어느 정도 견딜 수 있는지 측정하도록 돕는다. 실제로 내담자가 분화를 시도하면 내담자는 기존의 가족 구조를 유지하려는 가족에 의해서 체계적 공격(systemic attack)을 당하게 된다. 내담자가 아버지와 어머니, 동생 모두로부터 공격당할 때 얼마나 견딜 수 있는지 알아보아야 한다. 상담자는 내담자가 불안과 두려움에 의해서 아버지와 어머니를 도우려는 마음이 어느 정도인지 그리고 실제로 이러한 감정에 근거해서 어떤 행동을 하는지에 대해서도 점검하도록 한다. 상담자는 내담자가 구원자의 역할을 하는지 아니면 감정반사행동을 하면서도 자신의 위치를 지키는지 알아보도록 한다. 상담자는 내담자가 구원자 역할을 일시적으로 하다가 다시 자신의 자리로 돌아오는지도 알아보도록 한다.

여섯째, 상담자는 내담자가 종결에 저항을 보이면서 가져오는 문제들을 처음 상담하듯이 다시 다룬다. 내담자가 다시 가슴이 쿵쾅거리는 느낌이 심해지고 있다고 보고하거나 데이트를 하는 남자 친구와의 관계에 대한 주제를 다루고 싶다고 말하는 경우에 상담자는 이를 종결에 대한 저항으로 볼 수 있다. 상담자는 내담자가 종결을 하지 않으려고 이러한 문제를 가지고 온다면 상담을 처음부터 다시 시작하는 마음으로 상담을 할 수 있다. 그러나 이때 상담자는 내담자에게 이러한 문제들에 대해서 분석하고 평가하도록 한다. 내담자는 이러한 문제를 분석하면서 다시 한 번 자신이 어떻게 이러한 문제들을 해결할 수 있는지 알 수 있게 된다. 그리고 상담자는 내담자가 문제를 통해서 상실감을 회피하고 있음을 인식하도록 도울 수 있다.

일곱째, 상담자는 내담자가 자신의 미래에 대한 느낌을 표현하도록 한다. 상담자는 내담자가 변화된 자신에 대해서 얼마나 긍정적으로 느끼고 있는지 표현하도록 격려한다. 미래에 다시 가슴이 쿵쾅거리거나 같은 상황이 반복되면 어떻게 이를 다룰 것인지에 대해서 서로 토론을 한다. 내담자가 좀 더 긍정적으로 이런 점에 대해서 언급을 한다면 상담자는 종결에 대한 확실한 증거를 갖게 된다.

마지막으로, 상담자는 내담자가 다시 상담을 받고 싶을 때 상담이 열려 있음을 알게 한다. 내담자가 언제든 다시 도움을 받을 수 있다는 점을 인식하게 함으로써 내담자가 미래에 대한 불안을 줄이도록 돕는다.

후기전략 요약

① 상담자는 내담자와 더불어 종결의 징후들을 포착한다.

② 상담자는 내담자의 가슴이 쿵쾅거리는 느낌이 얼마나 줄어들었는지 처음과 비교하도록 한다.

③ 상담자는 내담자가 아버지와 어머니에 대해서 어떤 지적반응행동을 하고 있는지 스스로 점검하게 한다.

④ 상담자는 분화 수준을 점검하는 방법을 내담자와 토론한다.

⑤ 상담자는 가족 모두가 합심하여 내담자를 공격할 때 내담자가 어느 정도 견딜 수 있는지 측정하도록 돕는다.

⑥ 상담자는 내담자가 종결에 저항을 보이면서 가져오는 문제들을 처음 상담하듯이 다시 다룬다.

⑦ 상담자는 내담자가 자신의 미래에 대한 느낌을 표현하도록 한다.

⑧ 상담자는 내담자가 다시 상담을 받고 싶을 때 상담이 열려 있음을 알게 한다.

제6장

상담과정

이 장은 상담자가 지금까지 세운 상담목표와 전략을 가지고 실제 상담을 진행할 내용이다. 상담의 진행은 많은 변수에 의한 영향을 받는다. 인간의 삶이 수많은 변수에 노출되어 여러 가지 방향으로 진행되듯이 상담의 진행과정도 그러하다. 상담을 진행하다 보면 앞에서 세운 상담목표나 사례개념화에 의해서 잡히지 않은 부분이 발생할 수도 있다. 상담목표가 수정되기도 하고, 내담자가 상담 중에 다른 방향으로 대화를 진행할 수도 있다. 상담자는 이러한 변수들을 능수능란하게 다루는 운영의 묘를 가지고 있어야 한다. 상담자는 상담과정 전체를 운영하기도 하고, 한 번의 상담회기를 운영하기도 한다. 이런 면에서 상담자는 상담과정을 운영하는 능력, 즉 운영자로서의 역할을 충분히 감당할 수 있어야 한다. 상담과정을 운영하여 상담목표를 달성하는 일이 상담자로서 가장 중요한 임무가 된다. 상담과정의 운영은 많은 경우에 예술적 안목을 필요로 한다. 상담과정이 기계적으로 진행되거나 언제나 과학적으로 예측이 가능한 것은 아니기 때문이다. 많은 변수에 영향을 받는 상담과정은 상담자가 여러 가지 변수에 즉각적으로 대처하는 즉시성과 유연성을 요구한다. 약속되지 않은 변수가 등장할 때 어떻게 이를 받아들이고 상담과정에서 효율적으로 처리를 하는가는 상담자의 운영 능력과 관련된다. 상담자는 이러한 운영 능력을 키워서 전체 상담과정을 효율적으로 운영하여야 한다.

1. 전체적 진행

상담자는 자신이 진행한 상담회기를 모두 기록함으로써 어떻게 상담이 진행되었는지를 다른 사람들이 알 수 있도록 한다. 읽는 사람들은 상담의 전체적 진행을 읽음으로써 상담이 어떤 방식으로 진행되었는지, 상담자가 어떤 기법들을 사용하고 있는지, 내담자가 어떤 변화를 보이는지, 상담자는 상담진행 시 무엇을 느끼고 있는지 등을 이해할 수 있게 된다. 전체적 진행 부분은 독자로 하여금 상담진행 전반에 관해서 이해할 수 있게 한다.

1) 개 요

상담회기를 기록할 때 상담회기가 길면 상담회기를 초기, 중기, 후기 등으로 나누어서 기록할 수 있다. 초기 과정은 대체로 1~5회기 정도가 된다. 후기 과정, 즉 종결 과정은 전체 상담회기 중 약 1/3 정도를 할애하게 된다. 상담회기가 길 경우에 초기 과정은 한꺼번에 기록할 수 있다. 중기 과정은 대화의 주제에 따라서 또는 내담자와의 상호작용의 변화에 따라서 상담자가 선택하여 기록할 수 있다. 후기 과정도 마찬가지 방식으로 나누어서 기록할 수 있다. 상담회기가 길지 않은 경우에는 모든 회기를 하나씩 다 기록할 수 있다. 모든 회기를 기록함으로써 독자가 각각의 회기를 전반적으로 이해할 수 있도록 한다.

2) 기록 방식

(1) 전체적 진행에 대한 요약

상담자는 자신의 상담이 전체적으로 어떻게 진행되었는지를 기록한다. 상담자의 주요 의도가 무엇인지, 내담자가 이러한 의도에 어떻게 반응했는지, 상담목표를 달성하기 위해서 했던 상담자의 주요 개입들은 무엇인지, 내담자가 자신의 변화에 대해서 무엇을 보고하고 있는지, 상담진행과정상 어려움은 무엇인지 그리고 상담이 진행되면서 내담자가 전반적으로 무엇을 느끼고 경험하고 있는지 등등 상담의 진행과정 전반에 발생되는 주제들을 기록하면 된다.

(2) 묶음별 요약

회기가 길어서 진행과정을 묶어 기록하는 경우에는 각각의 묶음별 회기들의 특징을 기록하면 독자가 읽기 쉽다. 상담자가 각각의 회기를 왜 이렇게 묶었는지를 기록하면 독자가 이해하기 쉬워진다. 중요한 특징들, 상담과정에서 발생했던 주요 사건들 그리고 내담자의 변화들, 상담자의 의도 등과 같이 서로 구분되는 점을 기록하도록 한다.

(3) 회기별 요약

각 회기 동안 진행된 내용을 기록한다. 상담자는 한 회기(50분) 동안 진행된 내용을 다음의 항목에 따라 기록한다. 숙달되면 상담자는 약 10분 동안에 50분의 상담 내용을 기록할 수 있게 된다. 기록하는 방법은 SOIRP의 방법을 따른다. 첫 번째는 내담자의 주관적 진술(Subjective statement)이다. 상담자는 먼저 내담자가 말하는 주관적 내용을 기록한다. 상담자는 내담자와 50분 동안 이야기한 내용 중에서 중요하다고 판단한 내용을 몇 개의 문장으로 기록한다. 내담자는 하나의 주제나 영역을 집중적으로 말할 수도 있고, 여러 개의 주제나 영역을 말할 수도 있다. 상담자는 내담자의 이러한 주관적 진술을 요약하여 몇 개의 문장으로 정리하여 기록할 수 있다.

두 번째는 상담자의 객관적 사정(Objective assessment)이다. 상담자는 내담자의 진술을 객관적으로 이해하여 무슨 내용인지를 기록한다. 상담자는 임상적 관점에서 내담자의 진술을 이해하고 이를 측정하여 진술한다.

세 번째는 상담자의 개입(Intervention of counselor)이다. 상담자는 객관적으로 사정을 한 내용을 바탕으로 내담자의 변화를 위해서 개입을 한다. 상담자의 개입은 치료적 개입으로써 내담자에게 치료적 변화를 나타내기 위한 상담자의 행동을 말한다.

네 번째는 내담자의 반응(Response of client)이다. 상담자가 개입을 할 때 내담자의 반응은 여러 가지로 일어날 수 있다. 내담자는 상담자의 반응에 의해서 정화될 수도 있고, 변화에 대해서 저항을 일으킬 수도 있으며, 위로를 받을 수도 있다. 이러한 반응들 중에서 상담자가 경험한 내담자의 반응을 기록한다.

다섯 번째는 상담자의 다음 회기에 대한 계획(Plan for the next session)이다. 내담자의 반응을 기초로 해서 상담자는 다음 회기에 무엇을 할지 미리 계획을 세운다. 내담자가 다음 회기에 오기 전까지 할 일에 대해서 숙제를 내줄 수도 있고, 다음 회기와 현재 회기를 연결해서 상담을 진행할 수도 있다.

회기별 요약의 진술 방법(SOIRP)

- 내담자의 주관적 진술(Subjective statement)
- 상담자의 객관적 사정(Objective assessment)
- 상담자의 개입(Intervention of counselor)
- 내담자의 반응(Response of client)
- 상담자의 다음 회기에 대한 계획(Plan for the next session)

SOIRP에 따른 진술 예시

- 내담자의 주관적 진술

내담자는 아버지로 인해서 얼마나 힘들었는지에 대해서 말하였다. 아버지의 폭력으로 발생한 여러 사건들을 말하였고, 그럴 때마다 내담자 본인이 무섭고 힘들었으며 어머니에 대해서 아무런 반응도 하지 못하는 상태였다.

- 상담자의 객관적 사정

내담자는 자신의 이야기를 객관적으로 전달하였다. 내담자는 감정을 배제하고 사실적으로 전달하려고 하였으나 이야기가 점차 진행되면서 감정적 반응을 하기 시작하였다. 내담자는 진술을 거듭하면서 사실과 감정을 일치시키면서 진술하기 시작하였다.

- 상담자의 개입

내담자의 감정을 이끌어 내기 위해서 상담자는 공감적 반응을 많이 하였다. 상담자는 내담자를 공감할 때 정서적 반응이 있는 내용에 주로 초점을 맞추었다.

• 내담자의 반응

내담자는 상담자의 공감에 대해서 처음에는 별로 반응이 없었다. 상담자가 내담자의 감정 중에서 힘든 점을 공감하자 내담자는 감정적 반응을 하기 시작하였다. 내담자는 자신이 얼마나 무서웠으며 힘들었는지에 대해서 진술하면서 울었다.

• 상담자의 계획

다음 회기에는 내담자가 사실보다 감정을 중심으로 진술하도록 더 많은 공감을 하여야겠다. 내담자에게는 숙제를 내주었는데, 아버지와의 관계에서 어떤 감정들이 있었는지에 대해서 더 깊이 느끼고 반영하도록 하였다.

2. 축어록

이 부분은 독자로 하여금 상담자와 내담자의 구체적 상호작용인 미시적 관점을 이해할 수 있게 한다. 독자는 상담자가 내담자와의 대화에서 어떤 방식으로 반응하고 있는지 이해할 수 있게 된다. 상담자의 반응 형태, 내담자가 어떤 부분에 관심을 가지고 있는지, 상담자와 내담자의 상호작용 형태는 무엇인지 등과 같은 여러 가지 주제들을 축어록을 통해서 알 수 있다.

1) 정의와 장단점

축어록이란 상담자와 내담자의 언어적/비언어적 상호작용을 '있는 그대로' 작성한 내용을 말한다. '있는 그대로'란 상담장면에서 실제로 일어난 상담자와 내담자의 상호작용을 말한다. 이때 상호작용이란 상담자가 말한 내용, 내담자가 말한 내용, 때로는 비언어적 상호작용 등 모두를 말한다. 축어록이란 상담자와 내담자의 상호작용을 있는 그대로 기록하여 놓은 상담자와 내담자의 대화록을 말한다. 축어록을 작성하는 이유는 다음의 몇 가지가 있다.

첫째, 축어록은 독자로 하여금 실제로 상담에서 어떤 일이 일어나는지 알 수 있게 한다. 상담자가 사용하는 언어, 내담자가 사용하는 언어 그리고 두 사람 또는 그 이상의 사람들이 서로에 대해서 어떻게 반응하고 행동하는지 이해할 수 있도록 한다.

둘째, 축어록은 독자로 하여금 상담자가 내담자의 문제를 어떻게 다루어 가는지 알 수 있게 한다. 독자는 축어록을 통해서 상담자가 무엇에 중점을 두고 있는지, 내담자의 말을 상담자가 어떻게 소화하고 있는지, 상담자가 내담자의 말에 어떻게 반응하는지 등과 같은 많은 정보들을 이해할 수 있게 된다.

셋째, 독자는 내담자의 말과 행동을 있는 그대로 접함으로써 내담자가 어떤 사람인지 그리고 내담자가 무엇 때문에 어려움을 호소하는지 등에 대해서 구체적으로 이해할 수 있게 된다. 독자는 축어록을 통해서 상담자의 질문, 반영, 공감, 요약, 제시 등에 대해서 내담자가 어떤 반응을 하는지를 있는 그대로 이해할 수 있게 된다.

넷째, 독자는 축어록을 통해서 상담자와 내담자의 상호작용의 결과로 내담자가 어떻게 변화하는지 알 수 있게 된다. 축어록은 상담자의 치료적 공감으로 내담자의 감정이 풀리는지 아니면 내담자가 저항을 하는지 또는 내담자의 심리구조가 더 강화되는지 등과 같은 여러 가지 변화 현상을 독자에게 제공한다.

그러나 축어록은 상담의 실상을 이해하는 데 다음의 몇 가지 한계점을 가지고 있다.

첫째, 축어록은 상담자와 내담자를 2차원적으로 이해하도록 한다. 상담은 실제로 3차원적으로 진행된다. 그런데 축어록은 대화의 내용만을 기록할 뿐 내용을 전달하는 방법은 전달하지 못한다. 상담자가 내담자에게 질문할 때 말꼬리를 올리는지 내리는지 혹은 감정을 실어서 질문을 하는지 아니면 객관적으로 질문을 하는지 등과 같은 정보들은 축어록상에서는 알 수가 없다. 따라서 독자는 상담자가 당시의 상황을 재연하거나 설명하는 방식에 따라 축어록의 내용을 이해할 수밖에 없다.

둘째, 축어록은 상담장면의 생생한 느낌을 전달하지 못한다. 사람과 사람의 상호작용은 맥락 속에서 일어난다. 맥락이 없는 상호작용을 생각하기는 어렵다. 축어록은 맥락 중에서 당시에 있었던 분위기, 즉 상담자와 내담자의 감정적 교류나 느낌들을 전달하지 못한다. 대표적으로 내담자의 음성을 들을 수 없다. 내담자의 어조를 들을 수 없기 때문에 독자는 내담자의 말을 있는 그대로 이해하기 어렵다.

셋째, 축어록은 독자로 하여금 현재의 맥락에서 내담자와 상담자의 말을 이해하도록 한다. 축어록을 읽는 독자는 상담장면에서 일어나는 분위기를 느낄 수 없기 때문에 현재 자신이 속한 분위기 속에서 축어록을 읽게 된다. 독자는 축어록을 읽으면서 상담자와 내담자를 오해할 가능성을 갖게 된다. 현재의 분위기, 느낌 및 상호작용으로 축어록을 읽으면 당시의 상담자의 의도와 중점 사항, 내담자의 마음 등을 이해하기 어렵게 된다.

축어록의 한계를 극복하기 위한 다양한 방식들이 있다. 녹음 파일, 영상 파일, 일방경을 통한 상담관찰, 실제 상담장면에 참여하기 등과 같은 방식들은 모두 축어록의 한계를 극복하기 위해서 개발된 방법들이다. 녹음 파일은 축어록의 상호작용에 감정과 느낌을 추가하는 방법이다. 목소리를 통해서 상담자와 내담자의 감정 상태와 상호작용의 분위기를 느낄 수 있다. 영상 파일은 녹음 파일의 부족한 부분을 보충해 준다. 녹음 파일은 상담자와 내담자의 표정을 읽을 수 없는 데 비해 영상 파일은 이를 해결해 준다. 상담자와 내담자의 자세 그리고 여러 가지 행동들을 알 수 있도록 돕는 방법이 영상 파일이다. 일방경을 통한 상담관찰은 영상 파일보다 상담장면의 생생함을 더 알게 해 준다. 저자는 미국에서 심리치료 훈련을 받을 때 일방경을 통한 훈련을 받은 적이 있다. 일방경은 실제 상담장면을 관찰함으로써 상담의 진행을 더 분명하고 또렷하게 알 수 있다. 마지막으로 실제 상담장면에 참여하기는 상담을 전체적으로 느낄 수 있는 방식이다. 상담자와 한 조가 되어서 상담장면에 참여하기도 하고, 관찰자로서 상담장면에 참여하기도 한다. 이렇게 함으로써 상담을 온몸으로 인식하고 이해하며 느낄 수 있다.

2) 회기의 선택

상담자는 자신이 선택한 회기에 대한 이유를 밝힌다. 상담과정을 고려했는지, 상담자의 발달수준을 고려했는지, 내담자의 상태를 고려했는지를 밝힘으로써 슈퍼바이저와 동료 상담자가 상담자가 그 회기를 선택한 이유를 알게 한다.

상담자는 자신이 원하는 회기를 선택하여 축어록을 작성할 수 있다. 회기를 선택할 때 다음의 사항을 고려한다. 첫째, 상담자는 회기를 선택할 때 상담과정을 고려한다. 상담이 초기, 중기, 후기로 진행될 때 각각의 단계에 따라서 상담자의 과업이 달라진다. 상담자는 상담과정의 각각의 단계에서 자신에게 필요한 단계의 회기를 선택하여 축어록을 작성한다. 만일 중기 과정의 회기를 선택하는 경우에는 내담자를 변화시키는 상담자의 전략, 방법, 내담자의 반응에 대한 향후 대책과 같은 내용들을 주로 다루게 된다. 상담자가 후기 과정의 회기를 선택하는 경우에 상담자는 내담자를 떠나보내는 과정에 대한 정보들을 독자에게 제공하게 된다. 상담자는 종결 시에 벌어지는 내담자의 상실감의 주제, 내담자 자신의 변화에 관한 여러 가지 느낌과 적용들 그리고 앞으로의 미래에 대한 불안 등과 같은 여러 가지 주제들을 중심으로 슈퍼비전을 받게 된다.

둘째, 상담자가 회기를 선택할 때 상담자의 발달 수준을 고려해서 선택할 수 있다. 초보 상담자인 경우에는 상담진행에 관한 여러 가지 내용을 슈퍼비전받기 위해서 회기를 선택할 수 있다. 상담을 진행할 때 주의할 점, 내담자에 대한 상담자의 반응이 적절한가, 상담자가 혹시 투사를 하지 않는가 등과 같은 여러 가지 점들을 축어록을 통해서 다른 상담자들과 슈퍼바이저에게 보여 줄 수 있다. 어느 정도 상담경험이 있는 상담자의 경우에는 내담자에 대한 이해를 더 깊게 하기 위해서 축어록의 회기를 선택할 수 있다. 특히 상담자가 내담자를 잘 이해하지 못한 회기를 선택하거나 내담자를 이해하기 어려운 회기를 선택하여 축어록을 작성할 수 있다. 내담자를 이해는 하였지만, 전달 방식에 불만이 있는 회기를 선택하여 슈퍼비전을 받을 수도 있다. 경험이 많은 전문상담자라면 자신만의 방식이 확실하게 드러나는 회기를 선택할 수 있다. 그러면 동료 상담자나 다른 슈퍼바이저의 피드백이나 관점 그리고 중요하게 선택하는 방식들을 자신이 한 내용과 비교하여 분석할 수 있다. 내담자를 이해하는 방법은 대단히 다양하기 때문에 여러 가지 다양한 방식의 상호작용, 다양한 관점의 내담자에 대한 이해 그리고 다양한 방식의 개입 등과 같은 내용들이 슈퍼비전의 주제로 등장하게 된다.

셋째, 상담자는 회기를 선택할 때 잘 진행되지 않은 회기를 선택할 수도 있고, 잘 진행된 회기를 선택할 수도 있다. 상담자는 잘 진행되지 않은 회기를 통해서 자신이 무엇을 어려워하고 있는지, 자신에게 맞는 내담자와 맞지 않는 내담자 그리고 맞는 내담자에게서도 특정 주제에 대한 어려움 등과 같은 여러 가지 주제를 축어록을 통해서 슈퍼비전받을 수 있다. 잘 진행된 회기의 경우에는 왜 잘 진행되었는지에 대해서 배우고 이해하기 위해서 축어록을 선택할 수 있다. 잘된 회기나 잘되지 않은 회기를 선택할 때 좀 더 중점적으로 생각할 부분은 상담자의 배움과 성장이다. 상담자는 잘된 경우에도 배울 수 있고, 잘되지 않은 경우에도 배울 수 있다. 따라서 상담자의 초점이 배움과 성장에 있다면 어떤 회기를 선택하든지 상담자는 좋은 슈퍼비전을 받을 수 있다.

3) 기록 방법

축어록을 작성할 때 고려할 사항으로 작성 분량, 인물에 대한 번호 매기기, 비언어적 표현에 대한 기록 등을 생각할 수 있다. 첫째, 작성 분량은 회기 전체(50분)를 할 수도 있고, 일부분만 축어록으로 작성할 수도 있다. 한 회기, 즉 50분 전부를 축어록으로 작성하는 경우에 저자의 경험으로 볼 때 대체로 7~8시간 정도 걸린다. 물론 최신 기기들의 도움을 받으면 시간을 절약할 수도 있다. 분량을 얼마로 하느냐는 상담자의 입장과 슈퍼비전을 제공하는 주체에 따라서 달라질 수 있다. 상담자가 한 회기의 전반적 상담의 흐름에 대한 도움을 받기 원하면 50분 회기 전체를 축어록으로 만들 수 있다. 또한 슈퍼비전을 제공하는 사람이나 주체가 상담자의 상담 능력을 측정하거나 평가하기 위해서 50분 회기 전체에 대한 축어록을 요구할 수도 있으며, 상담자와 슈퍼바이저의 합의하에 50분 중에 일부분만을 축어록으로 작성할 수도 있다. 또한 상담자는 한 회기의 여러 부분을 축어록으로 작성하여 전반적 흐름만을 제공할 수도 있다. 상담자는 이러한 여러 가지 입장과 상황을 고려하여 축어록의 분량을 결정하게 된다.

둘째, 축어록에 등장하는 인물에 대한 약식 표기다. 상담자와 내담자만 등장하는 경우에는 상1, 내1과 같이 번호를 매긴다. 부부상담인 경우에는 상1, 남(남편)1, 부(부인)1로 번호를 매긴다. 가족상담인 경우에는 내담자(Identified Patient)가 누구인지에 따라서 번호를 달리 매긴다. 내담자가 아들인 경우에는 아들을 내1로 그리고 상1, 어(어머니)1, 아(아버지)1로 매긴다. 내담자가 딸인 경우에는 상1, 어1, 아1, 내1로 매긴다. 내담자가 부인인 경우에는 상1, 내1, 남1, 아들1, 딸1 등으로 매긴다. 만일 아들이 여럿이거나 딸이 여럿인 경우에는 큰딸(아들)1, 작은딸(아들)1 또는 첫째 딸(아들)1, 둘째 딸(아들)1 등과 같이 표기한다. 집단상담인 경우에는 상1, 원(집단원)1, 원2 등과 같이 표기한다. 상담에 할머니나 할아버지가 있는 경우에는 할머1, 할아1 등과 같이 표기한다. 상담에 내담자의 친구가 등장하는 경우에는 친1로 표기한다. 만일 친구가 여러 명인 경우에는 성별에 따라 남친1, 여친1과 같이 표기한다. 만일 상담자가 여러 명인 경우에는 상담자의 역할을 고려하여 번호를 매긴다. 주 상담자와 보조 상담자가 있는 경우에는 주상1, 보상1 등과 같이 표기한다. 남녀 상담자가 있는 경우에는 남상1, 여상1 등과 같이 표기한다. 여기서 제시한 상담에 등장하는 인물에 대한 표기는 시범적인 것이다. 이러한 부분에 대해서 상담학자들, 상담학회, 상담전문가 협회 또는 단체 등에서 합의를 하고, 이를 표준화하려는 노력이 필요하다.

셋째, 상담자와 내담자의 상호작용 중 비언어적 부분에 대한 표기다. 상담자와 내담자의 비언어적 표현 중에서 대표적인 경우가 침묵이다. 상담자나 내담자의 침묵을 기록하는 경우에는 시간을 기록한다. 비언어적 표현인 경우에는 소괄호를 하고 거기에 시간을 기록한다. 예를 들면, '내2: (10초 간 침묵)'이라고 기록한다. 울거나 웃는 경우에도 '내35: (웃음)'라고 기록한다. 웃음 앞에 여러 가지 형용사를 사용하여 크게 웃음, 배시시 웃음, 잠깐 웃음 등과 같이 기록할 수도 있다. 기지개를 켜거나 하품을 하는 경우나 다리를 흔들거나 머리를 숙이는 등의 경우에는 모두 적절한 단어를 사용하여 내담자의 상태를 소괄호 속에 기록한다.

제7장

상담평가

이 장에서는 상담자가 상담을 마치고 난 뒤에 기록하는 내용을 다룬다. 상담자는 자신이 진행한 상담에 대해 여러 가지 측면에서 평가할 수 있다. 상담자는 평가를 통해서 자신의 상담을 객관적으로 이해할 수 있다. 자신이 어떤 상담을 하고 있으며, 상담에 대해서 어떤 마음이 있는지 등을 이해할 수 있다. 상담평가는 크게 세 가지 영역, 즉 내담자에 대한 평가, 상담과정에 대한 평가 그리고 상담자 자신에 대한 평가로 나뉜다. 이 세 가지 영역은 다시 좀 더 세분화해서 평가할 수 있다. 내담자에 대한 평가는 호소문제에 대한 평가와 상담목표에 대한 평가로 나눌 수 있다. 상담과정에 대한 평가는 내담자 반응에 대한 평가, 상담자 개입에 대한 평가, 상담자와 내담자의 상호작용의 형태와 질 등 여러 가지 측면에서 평가할 수 있다. 상담자 자신에 대한 평가는 자신의 동기나 의도, 상담자의 개입 방식, 상담자의 변화에 대한 평가 등을 생각할 수 있다.

1. 내담자에 대한 평가

내담자에 대한 가장 중요한 평가는 내담자가 원하는 호소문제와 상담목표다. 이 두 가지 주제는 서로 긴밀하게 연결되어 있다. 내담자의 호소문제를 바탕으로 상담목표를 설정하게 되며, 호소문제의 해결은 곧 상담목표의 달성으로 나타난다. 상담자는 내담자의 호소문제를 해결하기 위해서 설정한 상담목표가 얼마나 달성되었는지를 여러 가지 측면에서 평가하도록 한다.

첫째, 상담목표의 달성 여부다. 상담자는 제일 먼저 내담자와 합의한 상담목표가 얼마나 달성되었는지 평가한다. 내담자의 가장 중요한 관심은 자신의 호소문제가 얼마나 해결되었는지의 여부다. 상담자는 내담자의 호소문제의 해결 여부를 상담목표의 달성 정도로 평가할 수 있다. 상담목표를 100% 달성하는 일은 사실상 거의 불가능하다. 상담자는 상담목표의 달성 여부를 현실적으로 평가하여야 한다. 상담목표의 달성은 내담자가 자신의 호소문제를 어느 정도 스스로 관리할 수 있는가의 여부로 판단하여야 한다. 즉, 내담자가 제기한 문제가 완전히 해결되지 않았더라도 내담자가 일상생활을 영위하는 데 큰 문제가 없다면 상담이 성공했다고 판단할 수 있다. 내담자는 문제를 완전하게 없애려는 마음이 문제임을 알고 인식함이 중요하다. 내담자는 문제와 더불어 살 수 있는 지혜, 지식, 기술, 관점 등을 상담자를 통해서 배우게 된다. 상담목표의 달성 여부는 내담자의 이러한 점들에 대한 평가로 이어진다.

둘째, 상담목표와 상담과정과의 관계다. 상담자는 상담을 진행하면서 상담목표의 달성 여부가 어떻게 달라졌는지를 평가할 수 있다. 상담자는 내담자의 호소문제가 초기, 중기 및 후기 과정을 통해서 어떻게 달라졌으며, 언제 어떤 방식으로 변화했는지에 대해서 이해해야 한다. 내담자의 호소문제가 언제 어떻게 극대화되며, 최소화되는지 등에 대해서도 이해해야 한다. 특히 호소문제와 관련해서 어떤 영역에 대해 가장 걱정하고 염려를 하는지도 평가한다. 상담자는 상담중기에 내담자를 변화시킬 때 내담자가 호소문제를 놓지 않으려는 이유를 알아야 한다. 호소문제는 내담자에게 고통만을 주는 것이 아니라 다른 한편으로는 호소문제를 통해서 내담자가 얻는 부차적 이익이 있다. 이러한 부차적 이익을 내담자가 어떻게 다루었는지에 대해서 상담과정의 중기에 이해하고, 이를 적절하게 평가한다. 내담자는 이러한 점을 인식하고 이해를 함으로써 앞으로 문제가 발생할 때 무엇을 어떻게 해야 하는지 분명하게 알 수 있다.

셋째, 상담목표를 달성하게 한 내담자의 자원에 대한 평가다. 상담자는 내담자의 무엇이 문제를 악화시키는지, 내담자의 무엇이 문제를 해결하도록 하는지 등에 대해서 이해하고 평가한다. 상담자는 내담자의 장점과 단점에 대해서 인식하고 이해한다. 상담자는 내담자의 허점이나 맹점을 이해하고 인식하도록 한다. 허점이란 알면서도 안 되는 점이고, 맹점이란 전혀 인식하지 못했던 점이다. 내담자의 이러한 점들에 대해서 상담자가 충분히 인식하고 이해하면 내담자가 앞으로 문제가 발생했을 때 어떻게 대처할 수 있는지 평가할 수 있게 된다. 특히 내담자가 가지고 있는 강점을 활용하는 방법을 인식하고 이해하면 앞으로 문제를 대처할 수 있는 중요한 자원을 갖게 된다. 상담자는 이러한 점들에 대해서 충분히 인식하고 평가한다.

2. 상담과정에 대한 평가

상담자는 상담과정 속에서 일어난 일을 평가한다. 상담자는 상담의 순조로움, 상담의 깊이, 상담과정 속에서 일어난 사건들, 상담자와 내담자의 상호작용 방식 등 많은 부분들을 평가할 수 있다.

첫째, 상담자는 상담이 부드러웠는지 아니면 힘들었는지 평가한다. 상담의 순조로움에 기여한 변수들이 무엇인지 알아본다. 내담자의 성향과 상담자의 개입방식은 상담의 순조로움에 영향을 끼치게 된다. 내담자의 성향에서는 상담에 대한 준비의 정도, 문제해결에 대한 의지, 성숙의 정도 등과 같은 변수들을 생각할 수 있다. 상담자의 개입방식으로는 상담자의 안목, 성격, 임상 훈련의 정도 등과 같은 변수들을 생각할 수 있다. 이 중에서 어떤 요인들에 의해서 상담이 순조롭게 진행되었는지를 평가한다. 상담과정 중에서 언제 순조로운 상담이 가장 많이 있었는지에 대해서도 평가한다.

둘째, 상담이 얼마나 깊이 있게 진행되었는지 기록한다. 깊이 있는 상담이란 상담자와 내담자가 상담과정에 대해서 느끼는 정도를 말한다. 내담자에 대한 상담자의 깊은 이해, 내담자 자신에 대한 깊은 이해, 상담자와 내담자의 상호작용에 대한 깊이 있는 반응들이 모두 상담과정상에서 나타나는 깊이 있는 느낌들이다. 내담자가 상담초기에 상담을 너무 깊이 있게 느끼면 상담의 진행이 순조롭지 않을 수 있다. 내담자는 깊이 있는 상담을 무겁게 느끼거나 아니면 두려움 또는 불안으로 인식할 수 있다. 이런 경우에는 깊이 있는 상담이 오히려 상담의 진행을 방해하거나 저해할 수 있다. 상담자는 상담과정 중에서 언제 깊이 있는 상담을 진행해야 내담자에게 최대한의 도움이 될지에 대해서 평가하고 판단할 수 있어야 한다. 내담자 자신도 자신이 변화하는 동안에 느꼈던 깊이에 따라서 상담이 잘 진행되고 있다고 평가할 수 있다. 상담자는 내담자가 느끼는 깊이 있는 상담과정에 대해서 평가하여야 한다. 상담자는 자신이 언제 내담자를 가장 깊이 있게 이해하는지 그리고 이러한 이해를 어떤 상호작용에서 어떻게 전달했는지에 대해서도 평가한다. 이러한 깊은 이해와 전달이 내담자에게 어떤 영향을 미쳤는지도 평가한다.

셋째, 상담자와 내담자의 상호작용에 대한 깊이 있는 반응을 평가할수 있다. 상담자는 상호작용이 아주 집중적이면서도 무겁게 진행될 때 상담자와 내담자가 이에 대해서 어떻게 인식하고 받아들이는지에 대해서 평가를 하게 된다. 상담이 깊이 있게 진행될 때 상담자와 내담자는 마치 상담자와 하나가 되는 듯한 느낌도 경험하게 된다. 상담자는 내담자의 이야기가 자신의 이야기처럼 느껴지기도 하고, 상담자 자신도 내담자의 어려움을 상담현장에서 그대로 경험하기도 한다. 내담자는 상담자만이 자신을 이해하고 공감하는 듯한 느낌을 느끼기도 하며, 상담자는 내담자의 삶에 깊이 참여하는 듯한 느낌을 갖기도 한다. 상담자와 내담자의 만남의 질, 즉 깊이 있는 상담의 결과로서 내담자에게 어떤 변화가 있었는지에 대한 평가를 한다.

3. 상담자 자신에 대한 평가

상담이 종결되고 난 뒤에 상담자는 자신에 대해서 돌아보고 평가하는 시간을 갖게 된다. 상담자는 자신의 동기나 의도, 상담자의 개입 방식, 상담자의 변화 등과 같은 영역들을 점검하고 확인하는 시간을 갖는다. 첫째, 상담자는 자신이 어떤 동기나 의도를 가지고 상담에 참여하였는지 그리고 상담이 진행되면서 어떻게 자신의 동기와 의도가 달라지고 변해가는지 점검한다. 상담자는 도와주려는 열정을 가지고 상담을 시작했다가 내담자의 반응에 따라서 상담자의 열정이 식기도 한다. 때로는 처음에는 별다른 마음 없이 상담을 시작했다가 나중에 열정이 붙기도 한다. 상담자는 왜 이런 마음들이 드는지에 대해서 자신을 점검하고 평가하는 시간을 갖도록 한다.

둘째, 상담자는 자신이 상담에 어떤 개입방식을 가지고 있는지 점검하고 확인한다. 내담자와 관계없이 정해진 개입하는 방식이 있는지 아니면 내담자에 따라서 개입방식이 달라지는지를 점검한다. 내담자와 관계없이 상담자가 일정하게 개입을 한다면 상담자의 일정한 형태라고 봐야 한다. 상담자도 한 인간이므로 자신의 삶에서 개발한 방식들을 가진다. 이러한 방식이 내담자와 관계없이 나온다면 이에 의해서 발생하는 상담효과에 대해서도 생각해 봐야 한다. 반면 만일 상담자의 개입방식이 내담자에 따라서 달라진다고 하면 상담자는 왜 이렇게 달라지는지 생각해 봐야 한다. 상담자가 내담자에 의해서 영향을 받는 부분은 무엇이고, 이 때문에 상담자가 어떻게 달라지는지를 봐야 한다. 예를 들면, 부드러운 상담자라 할지라도 내담자가 공격적으로 나오면 상담자는 공격적 개입을 하게 된다. 공격적 개입방법 중 하나로 질문을 연속적으로 하거나 아니면 내담자를 지나치게 직면시킬 수가 있다. 이렇게 함으로써 내담자의 방어가 더 견고해지기도 한다.

셋째, 상담자는 상담의 진행과정을 평가할 때 자신의 인격적 변화나 전문적 변화에 대해서 평가한다. 상담을 통해서 내담자가 변화하듯이 상담자도 변화하게 된다. 상담자에게도 인격적 변화와 전문적 변화가 발생한다. 상담자도 내담자와 마찬가지로 내담자와 상담을 하는 동안에 치유되는 경험을 하게 되는데, 이를 인격적 변화라 한다. 자신과 비슷한 성향의 내담자, 자신과 비슷한 문제를 가진 내담자 또는 자신이 미처 인식하지 못한 내담자를 만나면서 상담자도 자신을 이해할 뿐만 아니라 자신의 문제나 주제가 해결되기도 한다. 상담자는 상담을 받는 사람이 아니라 상담을 하는 사람이지만, 상담의 과정은 상담자와 내담자 모두에게 영향을 미치게 된다. 상담자는 상담을 진행하면서 내담자에 대한 이해, 자신에 대한 이해 그리고 인간에 대한 이해가 더 폭넓어지고 깊어지는 전문적 변화를 경험한다. 상담을 진행하면 할수록 상담자는 이러한 전문적 이해를 함으로써 자신의 삶에도 변화가 일어난다. 인간에 대한 관점이 달라지고, 자신이 지금까지 해 온 것들이 무엇인지 그리고 자신이 무엇을 원하며 앞으로 무엇을 하고 싶은지 등과 같은 것들이 더 깊이 이해되기 시작한다.

3

SUPERVISION

상담 이론에 따른 사례개념화

제3부

제3부는 사례개념화를 세 가지 관점에서 살펴본다. 단일이론 접근에서는 상담자가 하나의 이론으로 사례개념화를 한다. 절충적 접근에서는 상담자가 여러 개의 이론들을 사용하여 내담자의 문제를 효과적으로 해결하기 위한 사례개념화를 한다. 통합적 접근에서는 상담자가 여러 개의 이론들을 하나의 이론적 틀에 배치하여 모형을 만든 다음 이 모형에 따라서 사례개념화를 한다. 각각의 입장은 모두 상담자가 자신이 서 있는 이론적 관점이다. 상담자는 자신의 입장을 분명히 함으로써 슈퍼바이저나 다른 상담전문가와 이론적으로 소통할 수 있다.

제8장

단일이론의 사례개념화

이 장에서는 두 가지 이론을 가지고 사례개념화의 예를 각각 제시하였다. 하나는 Bowen 이론에 의한 사례개념화이고, 다른 하나는 초월상담 이론에 의한 사례개념화다. Bowen 이론에 의한 사례개념화는 이미 앞에서 상담사례보고서를 작성할 때 제시하였다. 독자의 편리함을 위해 그 내용을 여기에 그대로 다시 제시한다. 초월상담 이론은 김용태가 개발한 새로운 이론이다. 이 이론의 입장에서 사례개념화를 제시하였다.

1. Bowen 이론에 의한 사례개념화

1) Bowen 이론의 개념들에 대한 간략한 설명

(1) 자아덩어리

자아덩어리(ego mass)란 한 개인이 가족으로부터 분화되지 않은 자아의 상태(Bowen, 1981, p. 281; 1990, p. 476)를 말한다. 자아덩어리는 감정

에 의해서 발생하는 감정체계를 말하는데, 이는 인간과 동물 모두에게
존재하며, 감정적으로 얽혀 있거나 매여 있는 관계를 의미한다. 감정체
계는 인간과 동물이 모두 생존을 하기 위해서 만들어 낸 정서적 관계다
(Kerr & Bowen, 1988, pp. 28-30). 감정은 살아있는 생명체를 움직이는 가
장 기본적 힘이다(Papero, 1990, p. 27).

(2) 핵가족 감정체계

핵가족 감정체계(nuclear family emotional system)란 가족이 감정적으로
연결되어 있는 상태로서 감정관계의 질을 말한다(Hall, 1991, p. 71).
Bowen이 이론을 만드는 초기에 사용하였던 감정덩어리라는 개념이다
(Hall, 1991, p. 71; Nichols & Schwartz, 1998, p. 146).

(3) 감정반사행동

감정반사행동(emotional reactive behavior)이란 외부 자극에 의해서 발생
하는 감정에 의한 행동, 신경질적 반응, 화를 내는 행동, 무서워서 숨는 행
동 등 다양한 행동들이다. 감정반사행동은 외부 자극에 의해 거의 자동적
으로 나오는 행동으로써 생각할 여지가 없이 발생되는 행동을 말한다.

(4) 분화

분화(differentiation)란 주어진 상황에서 개인이 얼마나 목표 지향적 활
동을 할 수 있는가를 척도로 나타낸 개념이다. 특히 불안이 유발되는 상
황에서 감정반사행동을 하지 않고 지적반응을 할 수 있는 정도가 분화
다. 분화의 수준은 진짜 자기(solid self)와 가짜 자기(pseudo self)의 비례를
통해서 수치로 나타난다. 진짜 자기는 관계에 따라서 변화되지 않는 자
기를 말한다. 진짜 자기는 자기 확신이나 신념에 의해서 나타나는 현상

으로써 다른 사람들이 바라는 것과 상관없이 자신의 신념에 따라서 행동할 수 있는 심리적 현상이다. 가짜 자기는 관계에 따라서 쉽게 변화되는 자기를 말한다(Hall, 1991, p. 17). 가짜 자기는 자신이 목표를 세웠더라도 다른 사람의 말, 행동, 원함 등에 의해서 쉽게 바꾸는 마음의 상태를 말한다. 자신의 주관, 신념 및 확신에 의한 행동이 아니라 타인과의 관계에 따라서 자신의 정체성, 신념, 확신 및 가치관을 쉽게 바꾸는 마음의 상태가 곧 가짜 자기다.

(5) 삼각관계

삼각관계(triangulation)란 분화 수준이 낮은 사람이 불안을 견디지 못하여 타인을 갈등에 끌어들여서 만드는 관계 형태다. 갈등관계에 있는 한쪽 또는 양쪽의 사람들이 제삼자를 관계에 끌어들여서 만드는 안정된 형태가 삼각관계다.

(6) 지적반응행동

지적반응행동(intellectual responsive behavior)이란 외부의 자극에 대한 목표 지향적 행동이다. 이 행동은 인지적으로 이루어진다. 분화의 수준에 따라서 지적반응행동의 수준도 달라진다. 분화가 잘된 사람은 감정적으로 연결되어 있으면서도 동시에 자신이 스스로 결정을 내려서 독립된 행동을 할 수 있다. 연결되어 있으면서도 독립된 사람은 감정반사행동보다는 지적반응행동을 한다.

(7) 감정체계

감정체계(emotional system)란 감정에 의해서 만들어진 관계 형태를 말한다. 인간이나 동물은 모두 생존하기 위해서 무리 또는 사회를 형성한다. 사회를 형성하는 기본 힘은 감정에 의해서 발생하는데, 감정적으로 매여 있거나 얽힌 상태를 감정체계라 한다.

(8) 느낌체계

느낌체계(feeling system)란 감정을 느끼는 인지적 기능으로 만들어지는 관계 형태를 말한다. 화가 난 사람이 자신의 화난 감정에 대해서 슬픔, 화, 씁쓸함을 느낀다고 할 때, 화난 감정에 대해서 이차적으로 느끼는 정서 상태를 느낌이라고 부른다. 이러한 느낌에 의한 관계 형태가 곧 느낌체계다.

(9) 지적체계

지적체계(intellectual system)란 생각을 통해서 만들어지는 관계 형태를 말한다. 화가 나고 이에 의해서 슬프더라도 목표 지향적 활동에 의해 관계를 맺는다면 이는 곧 지적체계다. 타인과의 관계에서 발생하는 여러 가지 부정적 감정에도 불구하고 목표 지향적 행동을 할 수 있는 개인의 상태를 지적체계라 한다. 목표에 의한 관계 형태가 곧 지적체계다.

2) 이론적 개념들과 원자료를 연결하는 분석

분석은 임상실제에서 얻어진 원자료와 이론적 개념을 연결하는 작업을 말한다. 원자료는 하나의 개념과 연결되기도 하고, 여러 개념들과 연결되기도 한다. 개념은 실제를 포괄적으로 압축해 놓은 철학적 생각이기 때문에 개념을 실제에 연결하는 경우에 여러 종류의 해석이 가능하다. 상담자가 이론적 개념을 실제에 적용할 때는 임상적으로 타당한 방식으로 해석을 해야 한다. 다음은 이론적 개념과 원자료를 병렬적으로 연결한 내용이다.

(1) 감정덩어리: 내담자의 자아 형태, 불안하고 두려워서 피하고 싶은 상태

"다른 사람들이 나를 쳐다볼 때마다 가슴이 쿵쾅거려서 너무 힘들어요."

(2) 감정반사행동: 피하고 싶은 내담자의 행동

"나는 사람들이 없는 곳에서 살고 싶어요."

"사람들이 많은 곳을 피해요."

"눈을 마주치면 피해요."

"사람들이 없는 곳으로 다녀요."

"아무것도 느껴지지 않는 것처럼 행동해요."

"사람들과 대화할 때 감정을 보이지 않으려고 해요."

(3) 분화: 내담자의 낮은 분화 수준, 타인에 의해서 흔들리는 내담자

"다른 사람들이 가까이 오면 거리를 유지한다."

(4) 삼각관계: 갈등이 발생할 때 안정시키는 관계

- 주요 삼각관계: 아버지, 어머니, 내담자

"엄마를 보호하기 위해서 아버지에게 대들어요"

- 기타 삼각관계: 어머니, 동생, 내담자
  - 동생에게 의존하고 싶은 마음
  - 어머니를 답답하게 생각하는 마음
- 영적 삼각관계: 하나님, 자기 가족, 내담자
  - 하나님께 매달리는 기도

- 혼자 있기를 좋아하는 마음

- 관계를 단절하면서 외로움을 느낌

(5) 지적반응행동: 내담자가 불안이 낮은 경우에 하는 지적반응행동

"혼자 있을 때 자유롭게 행동해요."

(6) 감정체계: 내담자는 감정에 의한 관계를 유지함

- 불안을 느끼지 않으려고 어머니와 밀착관계를 형성

- 순종적인 어머니, 연민을 일으키는 사람

- 내담자, 여동생, 어머니가 모두 감정적으로 붙어 살았음

- 아버지에 대한 분노와 두려움

- 갈등으로 인해서 발생되는 공허감

(7) 느낌체계: 내담자는 불안과 두려움 그리고 수치심을 느낌

- 불안과 두려움에 대한 이차적 감정으로 수치심을 느낌

- 분노에 대한 이차적 감정으로 두려움을 느낌

(8) 지적체계: 낮은 목표지향적 행동

"혼자 있을 때 자유롭게 행동을 해요."

"사람이 많지 않은 곳에서 편안함을 느껴요."

3) 사례개념화

개념화는 원자료를 개념적으로 해석하는 이론적 설명이다. 상담자는
개념화를 통해서 다른 상담자와 전문적 대화를 하게 된다. 전문적 대화

는 이론적 개념을 이해하고 있는 전문가 집단 내에서의 의사소통을 의미한다. 따라서 상담자는 개념화를 하기 위해서는 이론에 대해 충분히 이해하고 있어야 한다. 개념을 이론적으로 이해할 뿐만 아니라 분석 작업에서처럼 이론적 개념과 내담자의 원자료에 의한 실제를 연결하여야 한다.

앞의 사례를 보면 내담자는 분화 수준이 낮은 사람이다. 낮은 분화 수준은 분화 지수가 50 이하인 경우를 말한다. 분화 지수가 50 이하인 경우는 두 가지가 있는데, 하나는 '증상 회복이 낮은 경우'이고 다른 하나는 '만성 증상을 갖는' 경우다(김용태, 2000, p. 335). "혼자 있을 때 자유롭게 행동한다."라는 원자료는 내담자가 사람들과의 관계에서 갈등이 있을 경우에 스스로 이를 해결하기 어렵다는 것을 의미한다. 내담자는 갈등 상황에서 목표 지향적 행동을 하기 어렵기 때문에 일정한 거리를 두는 관계 행동을 한다. 원자료에서 보면 내담자는 갈등이 발생할 때 연락을 하지 않거나 어머니를 확 떼어 내버리고 싶은 충동이 일어난다. 그러나 갈등이 없거나 불안하지 않은 상황에서는 자유롭고 목표 지향적 행동을 한다. 다시 말해서, 내담자는 불안이 낮아지면 목표 지향적 행동을 하는 정도의 분화 수준을 가지고 있다. 불안이 높아지면 감정체계에 의한 행동, 즉 밀착하려는 경향이 생기고, 불안이 낮아지면 지적체계에 의한 행동 즉 목표지향적 행동을 하게 된다. 내담자는 '증상이 있으면서 회복이 느린' 정도의 분화 수준을 갖고 있다.

증상 회복이 낮은 내담자는 아버지에 대한 반발 그리고 어머니와 여동생과 밀착되는 감정덩어리를 형성하고 있다. 내담자는 아버지, 어머니 그리고 동생과 반발과 밀착이라는 감정적 연결 상태, 즉 핵가족 감정체계를 형성하고 있다. 내담자는 분노, 불안, 두려움, 수치심, 연민 등과 같은 감정을 가지고 있으면서 이를 통해 관계를 형성하고 있다. 이러한 감정들에 의한 관계 형성은 감정체계와 느낌체계에 의해서 이루어진다. 감정체계에 의한 관계 형태는 인간이 즉각적으로 느끼는 감정인 일차적 감정에 의해서 이루어지고, 느낌체계에 의한 관계 형태는 일차적 감정 후에 나타나는 느낌인 이차적 감정에 의해서 이루어진다. 일차적 감정은 원초적 형태로 존재하지만, 이차적 감정인 느낌은 인지적 형태로 존재한다. 내담자에게 분노는 일차적 감정이다. 불안과 두려움은 일차적 감정이면서 동시에 이차적 느낌이기도 하다. 분노 없이 나타나는 불안과 두려움은 일차적 감정이면서 감정체계 안에 원초적 형태로 존재한다. 그러나 분노에 의해서 나타나는 불안이나 두려움은 이차적 느낌이면서 느낌체계 안에 인지적 형태로 존재한다. 수치심과 연민은 분노, 두려움, 불안 후에 나타나는 이차적 느낌들이다.

내담자의 감정체계와 느낌체계는 두 가지 형태로 나타난다. 하나는 분노에 의한 관계 형태이고, 다른 하나는 불안, 두려움, 수치심, 연민에 의한 관계 형태다. 전자는 대립 관계이고 후자는 밀착관계다. 내담자는 아버지, 강자, 권위자 등과는 대립 관계를 형성하고, 어머니, 약자, 부드러운 사람들과는 밀착관계를 형성한다. 내담자는 대립과 밀착을 통해서 삼각관계를 형성하는데, 내담자의 주요 삼각관계는 아버지, 어머니와 동생, 내담자로 나타난다. 아버지와는 대립 구도를 만들면서, 어머니와 동생과는 밀착관계를 맺는다. 내담자는 권위자, 약자, 내담자로 이어지는 기타 삼각관계를 형성하기도 한다. 권위자는 강한 지도자로 나타나기도 하고, 강한 남성이나 강한 여성이다. 약자는 부드러운 남자나 불쌍해 보이는 여자다.

내담자는 밀착과 반발에 의한 대립적이고 밀착적 관계에 의해서 두 가지 종류의 감정반사행동을 하게 된다. 하나는 분노에 의한 반발행동이고, 다른 하나는 불안과 두려움에 의한 회피행동이다. 내담자는 권위적 인물이나 강해 보이는 사람들에게 반발행동을 하게 된다. "엄마를 보호하기 위해서 아버지에게 대들고 노려보기" "아버지가 엄마를 때리려고 하면 노려보면서 아버지에게 대들었다." "아버지에게 따귀도 맞고 때로는 주먹으로 얼굴을 맞은 적도 있다." 등과 같이 원자료에는 아버지에 대한 반발행동이 잘 드러나 있다. 내담자는 아버지에게 미친 듯이 대들어 아버지로 하여금 폭력을 하지 못하도록 하기도 하였다. 내담자의 반발행동은 권위자로 보이는 지도자에게 나타나기도 한다. 이들이 불의한 지도자라고 생각되면 참지 못하는 경향이 있어서 분노 폭발을 자주 한다. 내담자의 반발행동은 친구들과의 관계에서도 드러난다. 강해 보이는 남성이나 여성과 관계가 좋지 못한데, 이들에 대해서는 경계심을 가지고 있어 쉽게 갈등 관계를 만들어 낸다. 내담자는 주로 부드러운 남자들과 관계를 하는데, 이들과 갈등이 생기면 지배하려고 하거나 화가 날 때는 참지 못하고 소리를 지르면서 때리는 경향을 보이기도 한다.

내담자는 불안과 두려움, 수치심, 외로움, 공허감, 연민에 의해서 회피행동을 보이고 있다. 내담자의 회피행동은 세 가지 현상을 만들어 내는데, 신체화 증상 및 폭식행동, 소원한 관계, 대인 기피다. "나는 정말 힘들고 어려워요. 다른 사람들이 나를 쳐다볼 때마다 가슴이 쿵쾅거려서 너무 힘들어요. 나는 사람들이 없는 곳에서 살고 싶어요."라는 호소문제에 내담자의 신체화 증상이 잘 드러나 있다. 내담자의 신체화 증상은 주로 대중교통을 이용할 때 자주 발생한다. "대중교통을 이용할 때 누군가 나를 보면 몸이 굳는 것 같다." "나를 쳐다보는 사람을 보지 않으려고 애를 쓰다보면 가슴이 두근거린다. 심하면 가슴이 쿵쾅거리고 견딜 수 없어서 중간에 내리고 만다."와 같은 형태로 내담자의 신체화 증상이 나타난다. 이러한 내담자의 신체화 증상은 모두 불안과 두려움에 의해서 발생한다. 내담자는 수치심과 외로움, 공허감에 의해서 폭식행동, 대인 기

피, 소원한 관계를 만들어 낸다. 사람들과 관계를 하면서 발생하는 분노
나 두려움은 내담자에게 수치심을 만들어 낸다. 이러한 수치심에 의해
내담자는 관계를 하지 않고 피하려고 한다. 내담자는 사람들과 정서적으
로 거리를 두거나 연락을 하지 않는 행동을 한다. 내담자는 누군가와 친
밀해지려고 하면 감정을 보이지 않으려고 하고, 가까이 오면 더 냉정하
게 대하는 방식으로 정서적 거리를 유지한다. 그러다가 갈등이 발생하면
연락을 하지 않는다. 내담자는 갈등을 회피하기 때문에 마음속에 외로움
과 공허감이 있다. 이러한 감정을 회피하는 방법 중 하나로 먹는 행동을
한다. 먹고 나면 불안해지고, 이에 의해 토하는 행동을 한다.

내담자의 연민에 의한 회피행동은 어머니와 동생 그리고 불쌍해 보이
는 여자들하고의 관계에서 나타난다. 어머니, 동생, 불쌍해 보이는 여자
들의 공통점은 모두 약자라는 점이다. 내담자는 약자에 대해서는 연민,
불쌍함 및 슬픔이라는 감정을 느낀다. 내담자는 자신 안에 들어 있는 분
노와 두려움이라는 일차적 감정을 해결하기 어렵기 때문에 약자를 불쌍
히 여기면서 이러한 감정들을 회피하고 있다. 내담자는 약자와 연민에
의한 관계인 밀착관계를 형성한다. 그러나 이들에 대해서 불쌍하게 느끼
면서도 분노하기도 한다. 내담자는 어머니에 대해서 "한없이 불쌍한 마
음도 들지만 밉기도 하고, 때로는 엄마를 확 떼어 내버렸으면" 하는 양가
감정을 느낀다. 이러한 관계 형태는 불쌍해 보이는 여자 친구들과의 관계
에서도 나타난다. 한편으로는 이들을 불쌍하게 여기면서 보호하려고도
하지만, 다른 한편으로는 미워서 관계를 단절하고 싶은 마음도 든다.

내담자는 혼자 있을 때는 지적반응행동을 한다. 지적체계에 의한 관계
형태를 보이는데, 혼자 있을 때, 즉 불안이 낮으면 목표 지향행동을 한
다. 내담자는 "혼자 있을 때 자유롭게 행동한다." "사람이 많지 않은 곳
에서 편안함을 느낀다."라고 보고한다. 내담자는 꽃이나 나무를 좋아하

고, 이것들과 대화를 하며 지낸다. 혼자 있는 상황은 불안이 낮은 상태로 이때가 되면 내담자는 자신이 계획한 대로 행동할 수 있다.

2. 초월상담의 사례개념화

1) 초월상담에 대한 이론적 설명

(1) 초월상담의 인간관

① 일원론적 존재

인간이 무엇인가라는 질문에 대해서 철학에서는 오랫동안 이원론적 존재와 일원론적 존재에 대한 논란이 있어 왔다. 이원론(dualism)이란 하나 속에 서로 반대되거나 양립하기 어려운 실체들이 공존하는 현상을 설명하는 철학적 사상이다(Elwell, 2001, p. 357). 이원론적 존재로서 인간은 자신 안에 서로 공존하기 어려운 두 가지 실체를 가진 존재다. 인간은 마음(mind)과 물질(matter)로 구성된 존재다. 마음은 인간의 의식적 경험을 나타내는 실체이고, 물질인 몸은 공간을 점유하면서 움직이는 실체다. 이 둘은 서로 환원되지 않으면서 질적으로 다른 현실을 나타낸다. 일원론은 현실은 단 하나의 실체이거나 분화되지 않는 하나라는 철학적 사상이다(Elwell, 2001, p. 787). 비록 다르게 경험된다고 하더라도 하나의 일관성이 있는 원리로 설명할 수 있는 사상이 곧 일원론이다.

인간의 영, 혼 그리고 육은 마음이라는 하나의 범주로 귀인된다(Elwell, 2001, p. 787). 하나의 범주 속에는 많은 다른 개별적 실체들이 존재한다. 그러나 이러한 다른 실체들은 근본적으로 하나의 현상을 다르게 나타내는 방식에 불과하다. 인간의 영, 혼 그리고 육은 서로 다른 실체들이면서 동시에 마음의 다른 표현들이다. 마음을 통해서 육체도 만들어지고, 혼도 만들어지며 또한 영도 만들어진다. 영과 혼과 육은 서로 대체할 수 없다. 세 가지 실체들은 각각의 정체성을 유지하면서 마음에서 서로 연결되어 있다. 각각의 정체성을 가지고 있으면서 동시에 서로 긴밀하게 연결되어 있는 실체들이다. 이러한 현상을 "an irreducible intrinsic interdependence (환원될 수 없는 본질적 상호성)"(Jeeves, 2004, p. 241)이라고 부른다. 인간의 모든 것은 마음에서 시작을 해서 마음으로 끝이 난다. 이를 그림으로 표현하면 [그림 8-1]과 같다.

[그림 8-1]을 보면 마음과 영, 혼(심리), 육(몸)이 모두 연결되어 있음을 알 수 있다. 이 세 가지는 마음이 나타나는 방식들이다. 마치 밀가루 반죽을 한 다음에 반죽 덩어리를 떼어 내지 않은 상태에서 여러 가지 모양을 만들 수 있는 현상과 같다. 반죽 덩어리에서 만들어진 여러 가지 형태는 언제든지 다시 덩어리에 합쳐질 수 있으며, 다른 모양으로 나타날 수

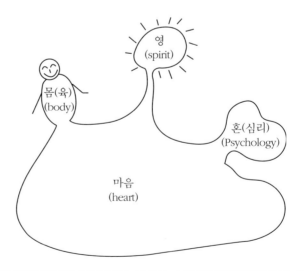

[그림 8-1] 일원론적 존재: 영·혼·육

있다. 그러나 그 형태들은 다른 형태들과 구분되면서 형태로서는 서로 치환되지 않는 고유한 특성을 갖는다. 마찬가지로 영과 혼과 육은 모두 마음의 여러 가지 형태의 표현들로서 서로 환원되지 않는 고유한 특성을 가지면서 마음과 하나다. 만일 몸을 중심으로 움직이면 심리와 영은 이를 뒷받침하는 역할을 하게 된다. 그 역들도 모두 성립한다.

② 심리사회영적 존재

일원론적 존재로서 인간은 하나이지만 심리적 · 사회적 · 영적 측면으로 구분된다. 상담학적 인간관은 심리학, 사회학, 종교학 또는 신학 등과 같은 하나의 학문에 의해서만 이해되기 어렵다. 상담학은 다학문적 접근이 필요하며, 심리학, 사회학 및 신학의 인간관을 필요로 한다. 이 세 분야의 학문들은 모두 인간이 어떤 존재인지를 부분적으로 설명하고 있다. 심리학은 인간의 심리적 세계에 관한 설명이고, 사회학은 인간의 사회적 세계에 대한 설명이며, 신학은 인간의 영적 세계에 대한 설명이다. 각 학문은 서로 별개로 진행되고 독자적 정체성을 유지할 수 있지만 인간은 그렇지 않다. 인간은 서로 분리될 수 없는 본질적 상호성을 가진 영역들이 있는데, 바로 심리적 세계, 관계적 세계, 영적 세계들이다. 이를 환원될 수 없는 본질적 상호성이라고 한다.

감정은 인간의 마음속에 존재하는 심리적 현상 중 하나다. 감정은 에너지 형태로 존재하면서 인간을 움직이게 하는 원초적이고 본능적이면서 기본적인 힘이다(Papero, 1990, p. 27). 감정은 공격성, 관계성, 영성 등과 같은 여러 가지 인간의 성향 속에 존재한다. 인간의 성향이 발현되기 위해서는 일정한 힘이 필요한데, 이러한 힘이 곧 감정이다. 감정은 각각의 성향들이 발현되고 발전되기 위한 에너지 공급원의 역할을 한다.

감정은 인간이 가지고 있는 여러 가지 영역들과 관련을 가지고 있다.

감정은 심리내적으로 본능의 힘으로 존재한다. Freud가 말하는 죽음과 생의 본능은 모두 감정적 에너지들이다. 관계적 측면에서 볼 때 감정은 다른 사람들과의 관계를 만드는 형태로 존재한다. Bowen은 감정에 의한 관계 형태를 감정덩어리라고 부르면서 분화되지 않은 자아상태라고 부른다(Bowen, 1981, p. 281; 1990, p. 476). 감정덩어리는 다른 말로 핵가족 감정체계라고 불리기도 하는데, 이는 생존을 위해서 필요한 일정한 체계, 즉 자연체계(natural system)를 만들어 낸다(Kerr & Bowen, 1988, pp. 28-30). 영적 측면에서 볼 때 감정은 영적 존재들을 느끼게 하는 힘으로 작용한다. 놀라움, 경이로움, 희열 등과 같은 현상들은 모두 영적 존재들이 심리적으로 경험될 때 나타난다. 인간 속에 존재하는 영적 현상들은 감정을 통해서 인간 외부에 존재하는 영적 존재들과 교류되고 경험된다.

③ 팽이 모형

인간은 비유적으로 팽이(TOP)처럼 생각할 수 있다. 인간의 심리내적·관계적·영적 측면은 팽이의 어떤 부분들과 연결해서 볼 수 있다. 또한 인간은 팽이를 치는 사람과도 관련을 맺고 있는 존재다. 인간 안에 존재하는 세 가지 측면들은 팽이의 속 부분, 표면 부분 그리고 중심 부분과 관련이 있다. 속 부분은 곧 인간의 심리내적 측면을 의미하며, 이 부분은 에너지 형태인 감정 그리고 감정을 대변하는 생각과 이들을 몸과 연결시키는 행동이 모두 이 영역에 속한다. 표면 부분은 다른 사람들과의 관계를 나타내는 사회적 현상이다. 이 부분은 가족, 조직, 공동체 등과 같은 사회적 영역이다. 중심 부분은 팽이의 위에서 아래까지를 관통하는 영역이다. 이 부분은 팽이의 중심을 잡아 주면서 팽이로 하여금 존재적 기능을 가능하게 하는 영역이다. 인간의 내면에 존재하면서 인간의 중심을 잡아 주는 영적 영역이 곧 팽이의 중심 부분이다.

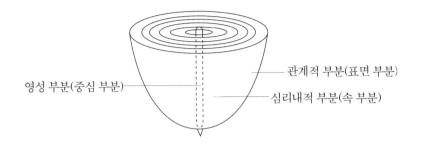

[그림 8-2] 초월상담의 인간관: 팽이 모형

팽이의 중심 부분인 영성은 심리내적 부분과 관계적 부분에게 의미를 제공하는 역할을 한다. 영성은 마음속에서 감정의 에너지를 생산하도록 돕기도 하고, 그 에너지를 무엇을 위해서 어떻게 사용해야 하는지 알게 한다. 또한 영성은 자신을 뛰어넘게도 하고, 다른 사람들과 관계를 맺을 때 의미를 제공하기도 하며 초월적 존재들과 감정적으로 연결하게도 한다. 관계적 부분은 인간으로 하여금 타인과 관련을 맺으면서 살아가도록 한다. 자신에게 필요한 것들을 타인을 통해서 얻을 수 있고, 타인에게 필요한 부분들을 제공할 수 있도록 만든다.

감정은 영성 부분, 속 부분, 표면 부분 모두에게 에너지를 공급하는 역할을 한다. 왜냐하면 감정은 에너지 형태로 존재하면서 인간을 움직이게 하는 동력원이기 때문이다. 팽이 모형은 인간이 무엇인지를 비유적으로 표현하는 설명이다. 팽이 모형을 그림으로 표현하면 [그림 8-2]와 같다.

④ 초월적 존재

인간을 영적인 입장에서 개념화한 이론이 초월상담이다. Collins(1995)는 영성을 "자신보다 더 크고 높은 것을 추구하는 현상"(p. 4)이라고 정의하고 있다. 영성이란 곧 초월현상을 의미한다. 초월은 자신을 뛰어넘어서 더 큰 존재가 되려는 현상이다. 인간의 초월은 인간의 내면세계와 외부에 존재하는 초월적 힘의 상호작용에 의해서 이루어진다. Conn (1985)은 "인간의 내부에 초월의 본능(Drive for transcendence)이 존재한 다."(p. 38)라고 보았다. 인간은 자신의 내면 속에 자신보다 더 큰 존재가 되려는 본능을 가지고 태어나며 일생에 걸쳐서 초월하려고 한다. 초월적 본능은 곧 완벽성이라는 심리적 특성으로서 완벽해지려는 인간의 성향 을 말한다. 인간은 완벽을 추구하는 존재다. 일부 이론가들은 인간이 이 러한 완벽성을 가지고 있음을 인지하고 있다. Freud는 인간의 본능에 의 해서 만들어지는 환상들은 모두 무의식적이면서 동시에 태어날 때부터 존재하는 심리적 현상이라고 말하고 있다(Hinshelwood, 1991, p. 34). Clein은 Freud의 생각을 좀 더 확장을 하여 본능에 의한 환상은 전능적이 고, 이 전능의 환상이 대상관계를 가능하게 하며 이에 따라서 성격이 형 성된다고 말하고 있다(Hinshelwood, 1991, p. 375).

　인간은 초월을 해서 더 큰 존재가 되려고 노력을 하는데, 이는 심리 적·사회적·영적으로 나타난다. 심리적 측면의 초월 현상은 발달적으 로 나타난다. 발달이 진행됨에 따라서 아동은 과거의 자신보다 더 큰 존 재가 된다. 인지발달, 성격발달, 믿음발달 등과 같은 모든 발달 현상들은 모두 자신이 더 커지는 현상이다(김용태, 2004). 초월의 힘은 사회적으로 는 다른 사람들과 경쟁 또는 포용을 하는 방향으로 나타난다. 포용적 측 면의 초월의 힘은 타인을 공감하면서 도와주려는 현상으로 나타난다. 경 쟁적 측면의 초월의 힘은 개인 간, 조직 간, 단체 간, 국가 간의 다툼 현상 으로 나타난다. 영적으로 볼 때 인간은 초월의 힘을 통해서 의미적으로 또는 종교적으로 더 큰 존재가 되려고 한다. 종교적으로 볼 때 인간은 초 자연적 존재들과 교류를 하고 싶어 하며, 그들을 닮아 가면서 더 큰 존재 가 되려고 한다. 의미적으로 볼 때 인간은 의미를 추구하면서 현재의 자신보다 더 크고 나은 존재가 되려고 한다.

심리내적 초월의 본능은 자연적으로 존재하는 인간의 심리적 상태다. 공격성이나 완벽성은 모두 인간의 내면에 존재하는 일정한 심리적 특성이다. 이들은 모두 자연적으로 존재하면서 일정한 방향으로 인간이 기능하도록 만든다. 공격성은 인간이 자기 방어를 위한 행위를 하도록 만들고, 완벽성은 인간이 자신보다 더 큰 존재가 되도록 만든다. 그러나 이러한 성향들은 모두 무엇인가에 의해서 조절되거나 통제되어야 할 인간의 성향이다. 이러한 인간의 성향들은 모두 인간의 무엇, 즉 인간이 추구하는 가치관을 위해서 존재하는 심리적 특성들이다. 이러한 성향들이 적절하게 발휘되고 발현될 수 있도록 하는 내적 장치나 외적 현상들이 필요하다.

인간 외부에 존재하는 초월적 존재를 가진 능력을 외적 초월의 힘이라고 한다. 초월적 존재는 단순하게 표현하면 자신보다 더 큰 존재다. 초월적 존재들은 모두 하위의 사람들보다 더 큰 차원의 생각이나 일들을 하고 있는 사람들이다. 인격적으로 우위에 있는 사람일 수도 있고, 일의 성격 차원에서 더 우위에 있는 사람이기도 하다. 인격적 우위와 일의 성격에서 우위는 일치할 수도 있고, 일치하지 않을 수도 있다. 따라서 이 세상에는 많은 초월적 존재들이 있다. 수직적 의미에서 초월적 존재는 아이에게는 부모이고, 조직 내에서 하위에 있는 사람들에게는 상위에 있는 사람들이며, 인간에게는 절대자가 초월적 존재다. 부모는 아이보다는 인격적으로 우위에 있는 사람이고, 조직 내의 상사들은 일의 성격에서 우위에 있는 사람들이다. 수평적 의미에서 초월적 존재는 같은 사람이라 하더라도 서로 영역이 다르면 초월적 존재가 될 수 있다. 교육 영역과 예술 영역을 보면, 교육 영역에 있는 사람은 예술 영역의 사람에게 초월적 존재일 수 있다. 그 역도 성립한다. 이들은 모두 같은 수준의 초월 상태에 있으면서 영역별로 서로 초월적 존재가 될 수 있다.

(2) 초월상담의 개념들

① 범주

"범주는 한 개인이 살고 있는 모든 세계, 즉 원가족, 감정, 생각, 관계, 관점, 행동, 가치 등 모든 것을 의미한다. 즉, 범주는 한 개인이 생각하고, 느끼고, 가치 판단을 하고, 관계를 하고, 행동을 하는 세계를 의미한다." (김용태, 2004, p. 28) 예를 들면, 인간의 삶은 마치 현미경이나 망원경에 의해서 보이는 세계와 같다. 각각의 도구들은 실험자 또는 관찰자가 볼 수 있는 세계를 제공한다. 현미경의 경우를 생각해 보면, 실험자는 하나의 렌즈를 통해서 보이는 세계만을 보고, 느끼고, 생각할 수 있다. 마찬가지로 하늘을 쳐다보는 천문학자는 망원경을 통해 보이는 세계만을 인식하고, 이해하고, 느끼며 이에 따라서 행동할 수 있다.

범주는 초월의 본능에 의해서 만들어지는 세계다. 초월의 본능은 완벽성이라는 심리적 특성으로 존재하면서 발달을 통해 초월을 가능하게 하는 심리적 힘이다. 완벽성은 감정의 형태인 욕구로 존재하기도 하지만 인지의 형태인 평가의 상태로 존재하기도 한다. 완벽성은 몸을 움직이게 하는 활동의 양상으로 나타나기도 한다. 행동은 감정과 인지의 결과로서 감정적 행동 또는 인지적 행동이라는 용어가 가능해진다. 실재 자기는 감정적 욕구에 의해서 움직이는 마음의 현상이다. 객관적 자기는 인지적 평가에 의해서 움직이는 마음의 현상이다. 감정적 욕구가 충족되고 채워지면서 활발하게 움직이려는 현상이 곧 실재 자기(actual self)다. 실재 자기는 감정에 근거한 행동을 한다. 인지적으로 판단하고 평가를 하는 마음의 주체는 객관적 자기(objective self)다. 인간은 태어날 때부터 자신과 타인을 평가할 수 있는 능력을 가지고 있다. 이 능력은 완벽성의 일부로서 존재한다. 이 능력은 환경과 상호작용을 통해서 여러 가지 방식으로 나타난다. 객관적 자기는 자기와 타인을 대리하면서 자신의 욕구를 충족하거나 조절하고 통제하는 기능을 한다. 객관적 자기는 현실에서 실재 자기가 필요로 하는 여러 가지 욕구들을 충족하도록 만든다. 객관적 자기는 자신의 욕구가 좌절되지 않도록 타인을 활용하고, 필요하면 현실의 여건을 조작하는 기능을 하기도 한다. 한편 타인의 요구나 현실적 여건이 가진 메시지를 실재 자기에게 전달한다. 객관적 자기는 이러한 메시지를 참작하여 실재 자기의 욕구를 충족하거나 좌절시키거나 아니면 지연된 만족을 할 수 있도록 욕구를 조절하고 통제하는 역할을 한다. 범주는 실재 자기와 객관적 자기의 상호작용에 의해서 만들어지는 현상들을 모두 포함하는 하나의 세계다. 실재 자기와 객관적 자기의 이상적 관계를 그림으로 표현하면 [그림 8-3]과 같다.

　[그림 8-3]에서 보면 객관적 자기와 실재 자기는 모두 마음과 하나로 연결되어 있다. 마음은 실재 자기로도 나타나고, 객관적 자기로도 나타난

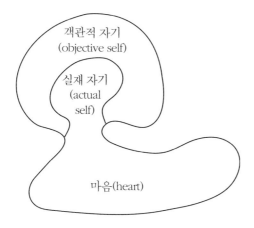

[그림 8-3] 객관적 자기와 실재 자기의 이상적 관계

다. 객관적 자기와 실재 자기는 마음의 다른 표현에 불과하다. 이 둘의 이상적 관계는 객관적 자기가 실재 자기보다 큰 관계다. 객관적 자기는 실재 자기의 감정적 욕구를 모두 포함하면서 현실과 타인을 고려하는 역할을 한다. 실재 자기의 감정적 욕구는 모두 현실과 타인의 요구를 참작하면서 충족된다. 감정적 욕구가 잘 조절되고 통제되어서 타인이나 현실과 마찰을 일으키지 않으면서 동시에 충족할 수 있는 상태가 객관적 자기와 실재 자기의 이상적 관계다. 다른 한편으로 감정적 욕구인 실재 자기가 객관적 자기에 영향을 주어서 인지적 판단이 생기와 열정이 생기게도 한다. 감정이 배제된 상태로 메마르고 건조한 생각이나 사실만을 말하는 객관적 자기가 아니라 감정에 의해서 충분히 뒷받침된 사실 그리고 판단을 객관적 자기가 연습할 때 이 둘의 관계는 이상적이다. 자동차로 비유하면 실재 자기는 엔진 부분이고, 객관적 자기는 운전석 부분이다. 이 둘은 서로 영향을 주고받으면서 조절되고, 통제된 방식으로 움직일 때 가장 이상적이다. 그러나 현실에서 보면 객관적 자기가 실재 자기보다 더 클 수도 있고, 더 작을 수도 있다. 인간은 살면서 자신의 감정적 욕구인 실재 자기에 의해서 살아가기도 하고, 객관적 자기에 의해서 살아갈 수도 있다. 실재 자기의 부분이 객관적 자기 부분보다 크면 사람은 감정적 욕구에 의한 삶을 산다. 객관적 자기 부분이 실재 자기 부분보다 크면 실재 자기의 욕구를 현실적 상황과 고려하면서 삶을 살아가게 된다. 객관적 자기와 실재 자기의 현실적 관계를 그림으로 표현하면 [그림 8-4]와 같다.

　[그림 8-4]에서 보면 객관적 자기는 실재 자기보다 더 큰 부분도 있고 더 작은 부분도 있다. 객관적 자기가 더 큰 부분에서는 객관적 자기가 실재 자기를 잘 조절하고 통제하지만, 더 작은 부분에서는 실재 자기의 감정적 욕구에 의한 삶이 객관적 자기를 지배하고 있다. 객관적 자기가 작은 부분에서는 현실적 여건이나 타인의 요구와 관계없이 자신의 감정적

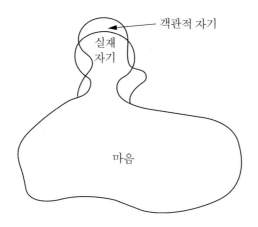

객관적 자기

실재
자기

마음

[그림 8-4] 객관적 자기와 실재 자기의 현실적 관계

욕구를 충족하는 삶을 살게 된다. 한편으로 객관적 자기가 더 큰 부분에서는 현실적 여건이나 타인의 요구를 참작하면서 실재 자기의 감정적 욕구를 충족하는 삶을 살게 된다. 그러나 객관적 자기의 부분이 실재 자기보다 지나치게 크면 감정적 욕구를 부정하면서 발생되는 공상적 · 망상적 · 현상적 삶을 추구하기도 한다.

인간은 초월의 본능에 의해서 점차로 초월을 하게 되는데, 이는 자신의 범주가 확장되는 현상이다. 초월의 힘은 인간의 전 생애에 걸쳐서 영향을 미치며, 이로써 인간은 죽을 때까지 초월이 가능하다. 인간이 발달함에 따라서 자연스럽게 범주의 확장이 일어난다. 신생아는 감정적 욕구에 의한 실재 자기가 지배하는 삶을 살게 된다. 이때 객관적 자기는 실재 자기에 거의 영향을 받는 형태로 존재하며, 비현실적 성격을 띠게 된다. 객관적 자기는 실재 자기의 감정적 욕구만을 대리하는 형태로 존재하여 환경, 즉 자신을 돌보는 사람, 주변 상황 그리고 자신의 주위에 있는 모든 것들이 자신을 위해 존재한다고 생각한다. 신생아는 점차 발달이 일어나면서 감정적 욕구의 좌절을 경험하게 되고 그러면서 객관적 자기가 현실감을 갖기 시작한다. 이제 유아는 자신의 감정적 욕구와 현실에서 요구되는 것들 사이에 조정을 할 필요를 느끼는데, 이는 객관적 자기의 몫이다. 객관적 자기는 현실을 받아들이면서 실재 자기의 감정적 욕구를 조정하게 된다. 객관적 자기가 활발하게 조정 작업을 하게 되면 유아는 점차로 더 큰 범주를 갖게 되면서 점차로 외부에 있는 존재들과 현실적 관계를 형성하게 된다. 유아는 범주 확장을 경험하면서 새로운 것들, 즉 현실에 존재하는 것들을 받아들이게 된다. 유아는 이제 감정적 욕구와 현실적인 것들이 하나의 범주에 존재하는 세계를 살게 된다. 이러한 세계는 발달을 하면서 지속적으로 변화되고 변형되면서 한 인간의 범주를 형성한다.

범주의 확장은 심리내적 초월의 힘과 외부에 존재하는 초월적 존재들과의 상호작용에 의해서 이루어진다. 인간이 가지고 있는 심리내적 초월의 힘은 제한적이며 유동적이다. 외부에서 어떤 자극이 주어지는가에 따라서 더 초월을 하기도 하고 덜 초월하기도 한다. 때로는 초월이 방해를 받아서 병리현상이 일어나기도 한다. 심리내적 초월의 힘인 완벽성은 그 자체로 완벽하지 않다. 단지 완벽하려고 하는 성향일 뿐 어떤 자극이 주어지는가에 따라서 여러 가지 모양이나 형태로 나타난다. 이러한 현상들은 나중에 병리적으로 나타나기도 한다.

② 수직초월과 수평초월

범주가 확장되면서 인간은 두 가지 방향으로 초월이 일어난다. 하나는 수평초월이고, 다른 하나는 수직초월이다. 이 둘은 서로 연관되어 있으면서 독립적이다. 마음이 영, 혼 그리고 육으로 나타나듯이, 수평초월과 수직초월은 모두 범주 확장의 다른 표현들이다. 범주 확장이 횡적으로 일어나면 수평초월이고, 범주 확장이 종적으로 일어나면 수직초월이다.

수평초월과 수직초월은 마치 등산을 할 때 나타나는 현상과 같다. 등산을 할 때 인간은 시야가 넓어지면서 동시에 높은 위치에 있게 된다. 시야가 넓어지는 현상이 곧 수평초월이고, 높은 위치에 있게 되는 현상이 곧 수직초월이다. 이 둘은 거의 동시에 일어나면서 하나의 현상이 두 방향으로 나타나는 개념들이다. 이를 그림으로 나타내면 [그림 8-5]와 같다.

[그림 8-5]에서 보면 높은 곳에 있는 사람은 낮은 곳에 있는 사람보다 더 넓은 시야를 갖는다. 더 넓은 시야는 곧 더 큰 수평초월을 의미한다. 더 넓은 시야를 가진 사람은 그렇지 않은 사람에 비해서 더 많은 현상들을 볼 수 있고 경험할 수 있다. 높은 곳에 있는 사람은 낮은 곳에 있는 사람에 비해 더 깊게 볼 수 있다. 더 깊게 보는 현상은 곧 수직초월을 의미한다. 아래에 있는 사람은 위에서 무슨 일이 벌어지는지 알 길이 없다. 그러나 위에 있는 사람은 아래에서 일어나는 일과 위에서 일어나는 일들을 모두 알 수 있다. 수평초월과 수직초월은 이렇게 사람들에게 다른 경험을 하게 한다. 경험의 넓이와 깊이가 다르기 때문에 높은 곳에 있는 사람은 낮은 곳에 있는 사람들과는 질적으로 다른 삶을 살 수 있다.

수직초월은 자신과 자신의 관계 그리고 자신과 초월자와의 관계에서 나타나는 현상이다. 자신과 자신과의 관계에서 일어나는 범주 확장은 심

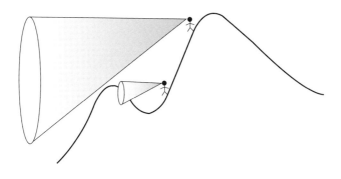

[그림 8-5] 수평초월과 수직초월

리내적 초월현상이다. 유아는 성장을 하면서 점차로 현실의 요구와 기대를 받아들이게 된다. 이를 받아들이게 되면 유아는 자신의 욕구를 조절하면서 현실적 요구와 상호작용을 하게 된다. 이 과정에서 유아는 자신의 욕구를 조절하면서 대리하는 기능을 하는 객관적 자기의 도움을 필요로 한다. 객관적 자기가 점차로 발달을 하면서 자신의 욕구를 조절하고 통제할 수 있는 힘을 갖게 된다. 객관적 자기는 실재 자기의 욕구 중에서 필요한 것들은 충족하도록 하고, 그렇지 않은 것들은 통제하고 좌절시키는 역할을 한다. 객관적 자기는 실재 자기의 감정적 욕구를 대리하여 외부를 활용하기도 하지만, 외부의 요구에 따라서 실재 자기의 욕구를 조절하기도 한다. 객관적 자기는 많은 경우에 선택의 기로에 서게 된다. 실재 자기의 욕구를 충족할 때도 선택을 해야 하지만, 외부의 요구를 받아들일 때도 선택을 하여야 한다. 실재 자기의 욕구를 조절하고 통제할 수 있다는 의미는 곧 자신의 범주가 확장되었다는 의미다. 유아는 이전의 자기보다는 더 큰 자기를 갖게 되었으며, 이를 심리내적 초월이라고 한다. 이전의 자기와 더 커진 자기 사이에는 약간의 공간이 생기게 된다. 이를 그림으로 표현하면 [그림 8-6]과 같다.

[그림 8-6]에서 보면, 초월 이전의 상태는 객관적 자기가 실재 자기를

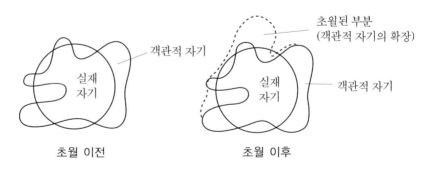

초월 이전   초월 이후

[그림 8-6] 심리내적 수직초월

포함하지 않는 부분이 많이 있다. 즉, 객관적 자기가 큰 부분도 있고, 실재 자기가 큰 부분도 있다. 객관적 자기가 큰 부분에서는 객관적 자기가 실재 자기를 통제할 수 있다. 그러나 실재 자기가 객관적 자기보다 큰 부분에서는 실재 자기에 의한 삶을 살게 된다. 초월 이후의 상태에서는 객관적 자기의 일부가 초월 이전보다 커져 있음을 알 수 있다. 초월 이후에는 객관적 자기가 커진 만큼 실재 자기를 더 통제할 수 있다.

객관적 자기는 초월자나 객관적 자기를 대리 또는 대변하면서 수직초월을 일으킨다. 초월자와 관계를 하게 되면 객관적 자기는 자신보다 더 큰 범주가 있음을 알게 된다. 초월자의 생각이나 행동양식 그리고 가치관들을 자신에게로 가져오고 이를 내면화하여 자신의 것으로 만들게 된다. 초월자 범주의 내용을 자신의 것으로 만들기 위해서 객관적 자기는 실재 자기를 변화시켜야 한다. 실재 자기의 욕구가 좌절이 되면 이때 객관적 자기는 초월자의 가치관에 따라서 자신을 재평가하게 된다. 예를 들면, 공부를 해야 할 상황에서 놀려고 하는 아이의 경우를 생각해 보자. 이때 아이의 부모는 아이에게 참는 법, 즉 인내하는 방법을 가르쳤다고 하자. 아이의 실재 자기는 놀고 싶은 감정적 욕구를 발산하고 있다. 이때 아이의 객관적 자기는 참으라고 하면서 실재 자기의 놀고 싶은 욕구를 좌절시키거나 연장시킨다. 욕구가 지연되거나 좌절이 되면 인간은 공간을 갖게 되는데, 이 공간을 통해서 객관적 자기는 생각을 하게 된다. 어떻게 하면 다른 방식으로 놀까를 생각하면서 놀이에 대해서 새롭게 재조명한다. 놀이를 다양화하는 방법은 실재 자기의 감정적 욕구에 객관적 자기가 협력하는 방식이다. 객관적 자기는 실재 자기가 욕구를 충족할 수 있도록 돕는 역할을 한다. 그러나 시간이 지나면서 아이가 성장을 하면 아이는 놀이의 의미에 대해서 생각을 하게 된다. 아이는 인내와 놀이 사이의 관계에 대해서 새롭게 조명하게 된다. 이때는 실재 자기가 객관적 자기에게 협력하는 방식이다. 놀이의 의미를 새롭게 알게 되면서 실재 자기는 재미를 느끼게 되는데, 이는 새로운 방식의 놀이다. 놀이 방법의 다양화나 새로운 방식의 놀이는 모두 놀이와 인내가 결합되어서 나타난 새로운 형태의 자기다. 초월자의 요구인 인내를 받아들이면서 아이의 놀이 범주는 놀이의 다양화 또는 새로운 방식의 놀이 등으로 변형되었다. 이제 아이는 이전의 아이와는 다른 범주 확장을 통한 초월된 자기 모습을 보게 된다. 초월하기 전에 신체적이고 물리적으로만 놀려고 했던 자신의 모습보다 한층 더 발전된 모습인 초월된 자신의 모습을 보게 된다. 이러한 현상이 초월자와의 관계에서 오는 수직초월이다.

다른 예를 하나 더 들어보자. 만일 절대자가 복수하고 싶은 욕구를 가진 사람에게 '용서하라.'라는 메시지를 주었다고 하자. 객관적 자기와 실재 자기는 서로 역동적 관계를 만들어낸다. 즉, 용서와 복수 사이에서 갈등하는 사람이 된다. 복수를 하려는 실재 자기의 힘이 커져서 객관적 자기를 지배하게 되면 객관적 자기는 복수를 정당화하는 방향으로 생각을 하여 실재 자기에게 맞추게 된다. 흔히 합리화라는 현상이다. 이 경우에 객관적 자기의 용서에 대한 생각은 받아들여지지 않으면서 파편적으로 존재하는 생각이 된다. 이 경우는 범주 확장이 일어나지 않고 오히려 범주가 나누어지는 현상이 벌어진다. 범주는 복수와 관련된 세계와 용서와 관련된 세계로 나누어지고, 이는 나중에 다시 갈등을 일으키게 된다.

그러나 용서를 하려는 객관적 자기의 힘이 커지게 되면 복수를 하려는 실재 자기의 욕구는 지연되거나 좌절이 된다. 이에 따라서 공간이 발생하면 객관적 자기는 복수에 대해서 다양한 생각을 하게 된다. 복수를 할 경우에 발생될 결과, 복수를 하고 나서 발생되는 자신의 감정 그리고 복수에 의한 여러 가지 인간관계 등 다양한 현상에 대해서 생각을 하게 된다. 이 경우는 실재 자기가 객관적 자기에게 협력하는 방향으로 생각을 하게 된다. 협력을 통해서 다양한 방식의 복수가 가능하다는 사실을 알게 되거나 아니면 복수에 대한 의미를 생각하면서 용서하는 쪽으로 방향을 잡을 수도 있다. 다양한 방식의 복수와 용서에 관한 생각을 통해서 새로운 세상, 즉 복수의 세상과 용서의 세상에 대해서 이해하게 된다. 그리고 새로운 이해에 따라서 새로운 감정과 느낌이 발생한다. 즉, 범주 확장을 통한 초월 현상을 경험하게 된다. 실재 자기의 감정적 욕구는 변화되어서 객관적 자기와 일치하는 감정을 갖게 된다. 이 현상이 곧 절대자와의 관계에서 오는 수직초월의 현상이다. 이를 포괄해 준 것이 [그림 8-7]이다.

[그림 8-7]에서 보면 객관적 자기가 실재 자기보다 크면서 초월자와 겹쳐 있음을 알 수 있다. 초월자의 영역은 실재 자기의 영역과도 겹쳐 있다. 초자연적 초월이 일어나면 실재 자기의 감정적 욕구들도 초월자의 영향을 받게 된다. 실재 자기는 초월자의 것들을 감정적 형태로 받아들인다. 그러면 실재 자기는 초자연적 감정들을 갖게 된다. 초자연적 감정들은 영적 감정이라고도 불리는 희열, 감동, 경외, 놀람 등과 같은 심리

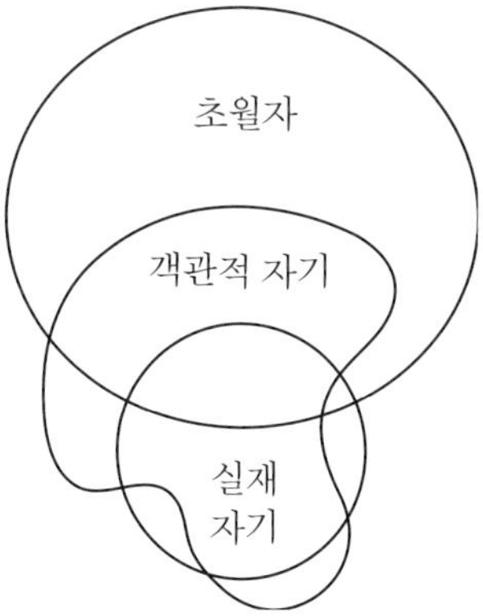

[그림 8-7] 초자연적 수직초월

적 현상들이다. 객관적 자기는 초월자의 것들을 받아서 이를 대리하는
역할을 하게 된다. 실재 자기로 하여금 영적 감정을 더 많이 가질 수 있
도록 하며, 실재 자기가 가지고 있는 여러 현상들을 조절하고 통제하는
역할을 하게 된다.

　수평초월은 관계적 현상으로서 인간관계를 할 때 나타난다. 한 개인이
자신을 유지하면서 다른 사람을 수용할 수 있을 만큼 범주를 확장한 경
우를 수평초월이라고 한다. 인간관계에서는 실재 자기에 의한 욕구 중심
의 만남이 이루어지기도 하고, 객관적 자기에 의한 인지 중심의 만남이
이루어지기도 한다. 이러한 만남은 역동적 관계를 만들어 낸다. 욕구 만
족에 의한 친밀 관계를 만들기도 하고, 욕구 좌절을 통한 갈등 관계를 만
들기도 한다. 친밀 관계에서는 객관적 자기가 자신의 욕구와 타인의 욕
구를 동시에 충족하도록 하는 방법을 모색한다. 그리고 이러한 방식을
다른 영역으로 확장할 수 있다. 영역이 넓어지면서 동시에 자신과 타인
의 욕구를 충족하면서 범주가 확장된다.

　자신과 타인의 욕구가 충돌하는 경우, 즉 갈등 관계에서 객관적 자기
는 지연이나 좌절된 실재 자기를 변형시켜야 한다. 욕구를 줄이거나 다
른 욕구를 발생시켜서 타인의 욕구를 자신과 병렬시키게 된다. 객관적
자기는 타인의 욕구와 자신의 욕구를 한 범주에 두게 된다. 자신을 변형
시켜서 자신과 타인을 한 범주 속에 병렬 상태로 놓게 되면 이는 수평초
월이다. 인정받고 싶은 욕구가 충돌하는 경우에 나의 인정받고 싶은 욕
구를 다른 형태로 변형시켜서 타인의 욕구를 나의 욕구와 병렬시켜서 관
계를 할 수 있다. 인정받는 형태를 다양화하는 방법이나 먼저 타인을 인
정함으로써 인정을 받는 방식으로 변형할 수 있다. 타인을 인정하여서
자신을 인정받는 방법에서 주의할 점은 자신도 충분히 인정받을 수 있도
록 하여야 한다는 점이다. 타인만 인정하고 자신이 인정받지 못하면 이

경우는 수평초월이 아니다. 갈등 관계에서는 욕구의 지연이나 좌절 현상이 발생하는데, 이는 자신을 변형시켜서 범주를 확장하여 자신의 욕구와 타인의 욕구를 한 범주 속에 넣는 방식으로 관계를 할 수 있다. 이러한 방법을 수평초월이라고 한다.

[그림 8-8]에서 보면 수평초월이 일어나지 않는 상태에서는 자기와 타인이 병렬적으로 존재한다. 병렬적 상태는 자기와 타인이 별 관련 없이 각각 독립적으로 존재하는 현상이다. 특별한 경우가 아니면 이들은 서로 관련 없이 각자의 삶을 살아가게 된다. 그러나 수평초월이 일어나면 자기와 타인은 공통점을 갖게 되는데, 실재 자기와 타인과 그리고 객관적 자기와 타인과 공통점이 발생한다. 실재 자기들끼리의 공통점은 자신과 타인이 서로 감정적으로 공유하는 현상이다. 자신과 타인은 정서적으로 연결되어 있음을 느끼면서 서로에 대해서 감정적 교류를 하게 된다. 객관적 자기들끼리의 공통점은 자신과 타인이 서로 인지적으로 공유하는 현상이다. 자신과 타인은 서로 비전을 공유함으로써 공동의 삶을 살아갈 수 있게 된다. 다른 한편으로는 객관적 자기에 의한 조절된 감정적 욕구를 교류할 수 있게 된다. 객관적 자기가 커짐으로써 실재 자

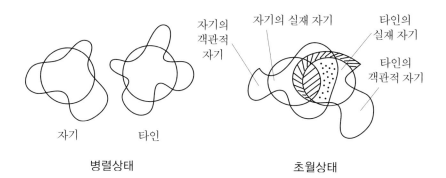

[그림 8-8] 수평초월

기의 욕구를 조절하여 관계를 가능하도록 한다. 자신과 타인은 자신들의 감정적 욕구를 조절하면서 감정적 교류를 하고 동시에 비전을 공유하면서 살아갈 수 있게 된다.

③ 포괄차이

초월은 연속적으로 일어나기도 하고, 불연속적으로 일어나기도 한다. 연속적 의미의 초월은 변화의 양적 측면을 의미한다. 이차원의 존재가 양적으로 팽창을 일으키면서 자신의 면적을 넓혀 가고 있다면 이는 양적 변화에 의한 초월현상이다. 불연속적 의미의 초월은 구조적 변화, 즉 변형을 의미한다. 변형은 낮은 질서에서 높은 질서에로 변화하는 현상을 말한다. 이차원의 존재인 애벌레가 삼차원의 존재인 나방이 되면 이는 불연속적 초월을 의미한다. 이차원의 존재는 평면이라는 범주 속에서 살지만 삼차원의 존재인 나방은 입체라는 범주에서의 삶을 살게 된다. 이 경우에 범주의 확장은 구조적으로 일어나면서 이차원의 존재가 절대로 이해할 수 없는 입체적 세계를 갖게 된다.

위의 단계가 아래 단계의 모든 것을 포함하면서도 아래 단계에 없는 것을 가지고 있을 때 이를 포괄차이라고 한다(김용태, 2006, p. 56). 나방과 애벌레의 관계를 살펴보자. 나방은 삼차원의 존재이고 애벌레는 이차원의 존재다. 나방은 애벌레의 평면이라는 이차원을 포함하면서 애벌레에게 없는 위와 아래라는 수직현상을 갖는다. 나방은 이차원의 존재가 절대로 가질 수 없는 새로운 현상인 입체를 갖게 된다. 나방은 애벌레의 모든 것을 가지고 있으면서 차이를 나타내는 포괄차이를 보인다.

포괄차이를 보여 주는 좋은 예로 성경에 나오는 자기 부정을 들 수 있다. 예수님은 마태복음에서 나를 따라오려거든 자기를 부인하고 십자가를 지라고 한다. 예수님이 말씀하시는 "자기를 부인하고"라는 말은 곧 자기 부정을 의미한다. 자기 부정은 여러 가지로 해석될 수 있지만 죄인이라는 관점에서 보도록 하자. "모든 인간은 죄인이다."라는 성경의 가르침 중 하나다. 자기를 부인한다는 말의 의미는 자신이 얼마나 큰 죄인인가를 깨닫는다는 뜻이다. 이렇게 자신이 죄인임을 깨달으면 자기 자신을 부정하게 된다. 다시 말해서, 자기를 부정한다는 의미는 자기의 죄성이 얼마나 큰가를 알아가는 과정이다. 이렇게 자신이 죄인임을 알게 되면 인간 안에는 두 가지 현상이 존재한다. 하나는 죄인이고, 다른 하나는 죄인을 수용하는 나다. 죄인을 수용하는 나는 곧 의인이라는 현상으로서 인간 안에 죄인과 의인이 동시에 존재한다. 의인은 죄인을 수용한 나라는 점에서 죄인과 다른 차원에 있게 된다. 즉, 인간은 죄인을 가진 의인 또는 죄인을 포함한 의인이 된다. 죄성만 있는 인간과 죄인을 가진 의인은 서로 구조적 차이를 보인다. 죄인을 가진 의인은 죄인만 있는 사람보다 한 차원 더 높은 수준에 위치하게 된다. 이러한 현상을 구조적 변형 (structural transformation)이라고 한다. 구조적 변형을 겪은 사람은 죄성에 따라서 살지 않고 죄성을 조절하면서 살게 된다. 이렇게 사는 현상을 자기 부정이라고 한다. 자기를 부정하는 사람은 죄인의 목소리와 의인의 목소리를 동시에 듣게 된다. 이때 이 두 목소리를 조절하면서 역동적 삶을 사는 사람들이 곧 인간이다.

(3) 초월의 방법

인간이 초월을 하기 위해서는 자신의 범주를 확장시켜야 한다. 범주의 확장에는 두 가지 현상과 관련이 있는데, 하나는 자기이고 다른 하나는 초월자다. 인간은 자기와 초월자가 상호작용을 하면서 실재 자기와 객관적 자기의 발달과 변형이 이루어진다. 초월자를 통해서 인간은 자신의 위치를 깨닫게 되고 자기의 욕구를 어떻게 해야 할지 결정하게 된다. 욕구와 위치가 충돌할 수도 있고, 조화를 이룰 수도 있다. 객관적 자기는 초월자와 관련을 통해 발달하면서 실재 자기에 의한 자신의 욕구를 조절하는 방법을 배우게 된다.

① 교육

교육은 초월의 중요한 방법 중 하나다. 심리적 현상과 영적 현상은 교육의 내용을 구성한다. 심리적 측면에서 볼 때 인간은 초월의 본능을 가지고 있으며 이를 통해서 초월하고자 한다. 인간은 내면에 자신을 초월해서 타인과 관련을 맺으며 자신보다 더 큰 존재와 관계를 맺으려는 욕구를 가지고 있다. 심리교육의 중요한 내용은 인간이 초월적 존재라는 사실이다. 초월적 존재로서 인간은 자신을 볼 수 있는 객관적 자기의 욕구를 가진 실재 자기를 통해서 자신, 타인, 절대자 등과 초월적 관계를 만들 수 있다. 초월자들의 가치관, 성품, 원리들을 배우고 닮는 내용이 곧 영성 측면의 교육이다. 인간은 자연스럽게 자신의 주변에 있는 많은 사람들과 상호작용을 하면서 발달하게 된다. 이때 주변에 있는 사람들은 아이들에게 많은 내용을 가르치게 된다. 이 내용들은 나중에 아이들의 성격 형성에 결정적 역할을 하게 된다. 마찬가지로 초월을 하기 위해서 인간은 초월자의 가치관, 성품 및 원리를 배우고, 이를 받아들이게 되면 자연스럽게 초월적 자기를 만들어 낸다.

객관적 자기는 교육을 통해서 자연스럽게 발달을 한다. 객관적 자기는 실재 자기의 감정에 의한 생각, 동기, 욕구와 외부에서 주어지는 내용과의 상호작용에 의해서 만들어진다. 특히 외부의 기대와 자신의 욕구 사이에 갈등이 발생할 때 인간은 고민을 하면서 자신에게 질문을 하게 된다. "나는 왜 이럴까?" 식의 질문은 곧 객관적 자기의 발달을 의미한다. 객관적 자기는 자신을 돌아보면서 발달하게 된다. 특히 인간은 갈등 상황이 벌어지면 객관적 자기의 발달 가능성이 높아진다. 이러한 현상은 자연스러운 현상으로서 인간 안에 들어 있는 초월적 본능에 의해서 이루어진다. 객관적 자기가 본격적으로 발달을 하면서 자신의 역할을 찾게 된다. 객관적 자기는 자신의 실재 자기와 외부에서 습득한 지식을 대리하거나 대표하게 된다. 객관적 자기는 감정적 욕구와 외부의 지식이나 기대가 서로 상충되거나 충돌할 때 이를 조절하는 역할을 한다. 감정적 욕구를 대리하여서 외부의 기대를 수용하지 않기도 하고, 외부의 기대를 받아들이기 위해서 감정을 조절하기도 한다. 때로는 감정적 욕구와 외부의 기대가 서로 타협할 수 있도록 조율을 하기도 한다.

교육의 또 다른 효과는 재구조화다. 인간은 교육에 의해서 새로운 관점을 가진 세계를 알게 된다. 초월상담에서는 인간의 내면세계, 즉 심리적 세계나 인간관계, 즉 사회적 세계를 넘어서서 초자연적 관점을 가지고 인간을 이해한다. 초월상담의 인간관은 관계를 통해서 자신을 이해하는 입장이다. 교육을 통해서 새로운 패러다임을 알게 되면 인간은 이를 통해서 새로운 관점을 형성하게 된다. 자신에 대한 이해는 영적 관점을 통해서 새롭게 이루어진다. 예를 들면, 분노라는 감정은 심리내적으로는 충동적 관점, 기대에 의한 인지적 관점, 관점의 전환이라는 현상학적 관점으로도 이해할 수 있지만, 절대자와 인간이라는 영적 관점으로 이해할 수도 있다. 영적인 면에서 분노는 신이 되려는 인간의 욕망의 표현을 의미한다. 인간은 재구조화를 통해서 자신의 모든 것을 새롭게 조명하여 이해할 수 있다. 즉, 인간은 자신이 이해하고 있는 현재의 맥락을 전환하며 새로운 방식으로 모든 것을 이해한다. 이는 교육으로 가능하다.

② 반영적 사고

인간은 반영적 사고(reflective thinking)를 통해서 초월할 수 있다. 반영적 사고란 자신이 가진 것을 다시 보는 과정이다. 자신의 범주 속에 들어 있는 모든 것을 거울에 비추어서 다시 점검한다. 반영적 사고를 하게 되면 범주 밖에 있는 것들과 비교가 가능해진다. 자신의 범주가 만들어진 맥락과 다른 맥락을 보게 된다. 인간은 맥락적 사고가 가능해진다. 맥락적 사고는 한 개인이 가지고 있는 범주를 자신이 속한 현실 세계의 맥락에서 바라보도록 하는 생각이다. 인간은 자신의 범주 속에 들어 있는 것들이 자신이 처한 현실의 맥락에서 어떤 위치와 방식으로 존재하는가를 바라볼 수 있다. 예를 들면, 화에 대해서 생각해 보자. 화에 대해서는 여러 가지 이론들, 즉 정신분석, 행동주의, 인본주의로 설명할 수 있다. 정신분석에서는 화를 생물학적 본능인 공격에 대한 방어 현상으로 보고 있고, 행동주의 이론에서는 사람들의 행동을 보고 학습한 습관 현상으로 보며, 인본주의 이론에서는 현상학적 관점으로 이해하고 있다. 이러한 이론들은 모두 화를 인간의 심리적 세계라는 맥락에서 이해하고 있다. 그러나 화를 다른 맥락에서 보면 화에 대한 개념이나 정의 그리고 처방 등이 전혀 달라진다.

절대자와 인간이라는 맥락 속에서 보면 화에 대해서 새로운 해석이 가능해진다. 화는 "나는 옳고 너는 틀렸다."라는 메시지를 가지고 있다. 상대방은 화가 난 사람을 고치려고 하거나 통제하려고 한다. 화가 난 상태에서 인간은 자신이 잘못되었다고 전혀 생각하지 못한다. 화가 난 정도를 수치화해서 살펴보도록 하자. 만일 어떤 사람이 화가 머리끝까지 나되 자신이 정말로 옳다고 믿는 상태를 100% 화가 났다고 하자. 이렇게 되면 화가 난 사람은 자신이 100% 옳기 때문에 다른 사람들을 고치려고 하거나 통제하려고 한다. 자신은 조금도 잘못을 했다고 느끼지 못한다. 즉, 자신은 절대적으로 옳다고 믿으면서 자신을 절대자의 자리에 올려놓는다. 절대자라는 말의 의미가 곧 100% 당위적 상태를 지칭하는 단어로서 조금도 잘못이 없고 틀림이 없기 때문에 절대자의 마음이 곧 현실이다. 100% 화가 난 사람들은 절대자와 같이 자기 마음대로 하려고 하는 경향을 보인다. 자신이 절대적으로 옳으며, 자신이 믿는 현실이 마땅하고 당위적이기 때문에 자신의 의지대로 상대방이나 세상이 움직여야 한다고 믿는다.

화를 절대자와의 관계 속에서 반영을 하게 되면 사람은 충격을 경험하게 된다. 많은 사람들이 이러한 반영을 받으면 자신은 "절대자가 되려는 의도가 조금도 없고 그렇게 하고 싶지도 않다."라고 말한다. 사람은 자신의 범주에 들어 있지 않은 새로운 생각을 접하게 되면 충격을 경험하게 된다. 화라는 감정을 통해서 자신이 절대자가 되려는 마음이 전혀 없는 상태에서 자신이 절대자처럼 행동하고 있다는 반영은 사람에게 충격적이다. 충격을 경험하면 인간은 멍해지는 현상을 경험한다. 이를 멍 현상이라고 하자. 멍 현상은 교통사고를 당하거나 사랑하는 사람을 갑자기 상실하는 경우 등과 같이 자신의 범주에 전혀 없는 것들을 경험하면 일어난다. 멍 현상을 경험하면 사람은 감각을 상실하여 주변의 자극이 전혀 접수되지 않거나 인지적으로는 텅 빈 상태를 경험하게 된다. 텅 빈 상태에 대해서 많은 사람들은 '하얘진다, 까매진다, 노래진다.'와 같은 말로 설명한다. 이때 사람은 잠시 행동을 멈추게 되고, 생각도 멈추게 되며 감각도 상실하여 마치 정전 상태를 경험하는 상황과 비슷해진다. 그리고 시간이 조금 흐르게 되면 사람은 여러 가지 정서적 반응을 보이게 된다. 자신이 한 행동에 대해서 화가 나거나 슬퍼지거나 자신이 창피해지거나 자신을 책망하는 등과 같은 강렬한 정서 반응이 나타난다. 이때 사람은 자신의 범주를 되돌아보는 강렬한 반영적 사고를 하게 된다. 이 과정에서 많은 사람들은 자신이 딛고 서 있는 기반이 흔들리는 경험을 하게 되며, 이에 따라서 우울, 무력감, 슬픔, 고통 등과 같은 감정들을 경험하게 된다. 이제 사람은 자신의 범주를 확장할 준비가 되었다.

③ 수용

수용은 초월의 중요한 방법 중 하나다. 인간은 자신 속에 있는 모순을 발견하게 되면 다양한 감정들을 경험하게 된다. 화는 자신이 절대적으로 옳다고 주장하면서 절대자처럼 행동하려는 감정이고, 우울은 완벽한 상태를 추구하려다가 실패해서 발생된 감정이다. 무력감은 환상적 세계를 동경하다가 경험하게 되는 상실 감정이다. 이러한 감정들을 경험하면서 인간은 자신이 절대자가 되려는 의도를 가지고 있지 않다. 그럼에도 불구하고 인간은 절대자의 자리, 수준과 형태(모양)를 추구하게 된다. 이런 자신을 인식하게 되면 사람은 선택의 기로에 놓이게 된다. 인간은 절대자의 자리와 인간의 자리를 놓고 고민을 하게 된다. 이때 인간의 자리를 선택하면 자신이 자기중심적이며 모순적 존재라는 시각을 인식하게 된다. 자신만 자기중심적이며 모순적이 아니라 인간 자체가 모순적이며 자기중심적임을 알게 된다. 화난 사람, 우울한 사람, 무력감에 빠지는 사람은 '자기'라는 범주에서 '인간'이라는 범주로 초월을 하게 된다. 다른 말로 하면, 자기 범주에서 인간 범주에로 변형을 경험하게 된다. 이러한 변형은 포괄차이라는 질적 변화를 가져다준다. 자신이라는 개인 행동의 범주에서는 전혀 이해할 수 없었던 현상들이 인간 행동의 범주에서는 쉽게 이해가 된다. 이해하지 못했던 것들을 이해하고 받아들이는 현상이 곧 포괄차이다. 포괄차이는 차원적 변화를 지칭하는 단어다. 개인과 인간은 차원이 다르기 때문에 개인 범주에서는 전혀 이해되지 못하는 현상들이 인간 범주에는 존재한다. 마치 이차원의 존재에게는 너무나 쉽고 당연한 개념인 옆을 일차원의 존재가 이해하지 못하는 현상과 같다. 자기를 있는 그대로 수용하면서 자기 모순을 발견하게 되어 이를 수용하고서 변형의 과정을 겪으면서 범주 확장이 일어난다. 즉, 초월을 하게 된다.

(4) 병리 현상

인간은 태어날 때부터 초월의 본능을 가지고 태어난다. 초월의 본능은 인간이 완벽한 상태에 도달하게 하기 위한 힘이다. 이 힘은 인간이 절대자를 추구하는 본능적 힘으로서 영적 성격을 띠고 있다. 인간은 태어날 때부터 끊임없이 자신보다 큰 존재를 추구하며, 이에 대한 최종 상태가 곧 완벽한 상태다. 초월의 본능은 두 가지 측면에서 기능을 하는데, 하나는 자신과 타인을 대리하는 평가적 성격의 객관적 자기이고, 다른 하나는 자신의 욕구를 충족하고 타인과 관계를 맺기 위한 감정적 형태의 에너지로 만들어진 실재 자기다. 좋은 환경이 제공되면 인간의 실재 자기와 객관적 자기는 경쟁이나 갈등을 하지 않고 서로 협력하며 보완을 하게 된다.

반면 좋은 환경이 제공되지 않으면 완벽을 추구하는 초월의 힘이 일시적으로 또는 부분적으로 좌절을 한다. 좌절된 초월의 힘은 감정적 에너지 형태로 존재하면서 완벽해지려는 경향을 갖는다. 이러한 감정적 욕구는 다른 사람을 통해서 충족시키려고 한다. 이러한 욕구가 충족되지 않으면 자신에 대해서 부정적 감정을 갖는다. 자신을 비난하거나 평가절하시키면서 자신에 대해서 수치심을 갖는다. 자신에 대해서 '작은 존재, 형편없는 사람, 별 볼일 없는 사람'이라고 지각하게 된다. 이러한 수치심이 오래가면 마음 속 깊은 곳에 수치심이 자리를 잡고 인간의 특성으로 작용을 한다. "수치심은 인간의 심리적 세계에 일정한 특성으로 존재하면서 발달과 인간관계 그리고 인격 등 모든 영역에 영향을 미친다."(김용태, 2010, p. 125)

수치심이 깊게 자리하여 실재 자기의 감정적 욕구가 커지면 객관적 자기의 현실적 판단을 받아들이지 않게 된다. 이렇게 되면 이 둘은 갈등 관계에 놓이게 된다. 갈등은 두 가지 양상으로 나타나는데, 하나는 실재 자기가 객관적 자기를 지배하는 현상이고, 다른 하나는 객관적 자기가 실재 자기를 지배하는 현상이다. 객관적 자기가 지배를 당하면 인간은 욕구를 조절하고 통제하는 힘을 잃어서 자기중심적이고 도취적인 삶을 산다. 실재 자기가 지배를 당하면 욕구의 좌절이 일어나고, 더 강한 감정적 욕구가 발생된다. 이에 따라 충동적 행동이 증가하면서 객관적 자기의 판단적 힘이 더 강하게 작용한다. 이로써 충동적인 사람은 죄책감을 강하게 느낀다. 죄책감은 "인간이 도덕적으로 또는 종교적으로 완벽해지려는 경향을 반영하는 감정"(김용태, 2011, p. 89)으로서 충동적 행동의 결과로 발생된다. 죄책감은 객관적 자기가 실재 자기의 충동적 행동에 대해서 잘못되었다고 평가를 할 때 발생한다. 수치심이나 죄책감은 모두 인간의 마음 깊은 곳에 자리하면서 다른 여러 가지 감정들을 일으킨다. 이러한 감정들 중 하나가 화나 분노다. 화와 분노는 인간의 태도와 본성과 밀접한 관련이 있다(김용태, 2001, p. 21). 수치심이나 죄책감은 모두 인간의 태도와 관련된 감정들이다.

수치심이나 죄책감은 자신을 거대하게 보이려고 하거나 축소시키려는 경향을 만들어 낸다. 이러한 경향은 모두 범주를 축소시키는 결과를 가져온다. 거대하게 보이려고 하거나 축소시키려는 경향은 모두 자신이 '작은 존재'라는 인식에서 나온다. 작은 존재라는 범주에서 거대하게 또는 작게 보이려는 경향을 보이면서 병리 현상을 만들어 낸다. 초월 상담의 병리 현상은 다음과 같이 세 가지 현상으로 나타난다.

① 범주이탈

인간의 범주는 감정에 의해서 제한을 받는다. 이는 마치 인간의 행동이 몸에 의해서 제한을 받는 현상과 같다. 아무리 행동을 빨리하고 순간적으로 이동을 하고 싶은 생각이 들어도 인간은 몸이라는 물리적 실체 때문에 할 수 없게 된다. 따라서 인간은 몸을 이동시킬 수 있는 문명의 이기, 자동차, 비행기, 선박 등과 같은 기계 장치를 만들어서 이동하려고 한다. 마찬가지로 인간이 아무리 생각으로 크게 하여도 이를 행동화할 때는 감정에 의해서 지배를 받는다. 예를 들면, 신처럼 행동하고 싶은 생각이 들면 보통 사람은 부적절감을 느끼거나 두려운 감정이 든다. 이럴 때 객관적 자기는 부적절감과 두려움을 줄이는 방향으로 생각을 조절한다. 그러나 수치심이 있는 사람은 이런 감정을 무시하면서 자신을 과대하게 보이려고 한다. 수치심이 많은 사람은 인간이라는 범주를 부인하고 신이라는 범주로 이동하는 현상, 즉 범주이탈(scope estrangement)을 경험하게 된다. 수치심이라는 감정적 욕구에 지배당한 객관적 자기는 공상적이며 환상적이고 망상적 세계를 만들어낸다. 이를 그림으로 표현하면 [그림 8-9]와 같다.

[그림 8-9]에서 보면, 객관적 자기는 실재 자기와 조금 밖에 겹치지 않는다. 이는 객관적 자기가 실재 자기의 수치심에 의한 감정적 욕구에 지배당해서 상상에 의한 삶을 살고 있다는 의미다. 이러한 상상은 환상이라고도 불리고, 공상이라고도 불리는 현상이다. 범주이탈이 일어나는 사람은 환상적 삶이나 공상에 의한 삶을 살면서 실재 자기의 감정적 욕구 중 일부를 상상, 공상, 환상의 형태로 전환을 시킨다. 한편으로 실재 자

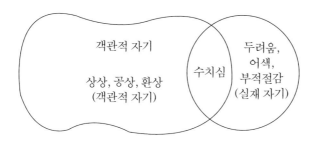

[그림 8-9] 범주이탈

기의 감정적 욕구 중 두려움, 어색, 부적절감 등을 제대로 반영하지 못하게 된다.

②범주치환

범주가 확장되지 못하고 축소되면 사람은 타인과 관계를 할 때 자신에게 타인을 맞추려고 하든지 자신을 타인에게 맞추려고 한다. 어느 경우이든지 사람들은 '한 사람' 범주만을 가지고 산다. 타인을 자신 속에 받아들이려면 적어도 한 사람 범주보다는 큰 범주가 필요하다. 이를 수치로 설명하면 다음과 같다. 자신을 1이라고 하고, 타인도 1이라고 할 때 자신과 타인이 관계를 할 때는 1 이상이어야 타인을 받아들일 수 있게 된다. 한 사람 범주가 1이고, 두 사람 범주가 2라고 하면 1과 2사이의 사람들은 타인과 관계를 할 때 1.1인 사람은 10%만큼 받아들일 수 있게 되고, 1.2인 사람은 20%만큼을 받아들이게 된다. 만일 2인 사람이 있다면 타인을 온전히, 즉 100% 받아들일 수 있게 된다. 범주가 1 이하인 사람은 타인을 받아들일 수 있는 공간, 즉 여지가 없기 때문에 모자라는 부분을 채우기 위해서 타인을 자기에게 맞추려고 하거나 자신이 타인에게 맞추어서 그 부분을 충족하려고 한다. 이럴 때 이런 사람은 오직 '한 사람' 범주만을 갖게 되는데, 이를 범주치환(scope substitution)이라고 한다. 범주치환 현상이 일어나면 타인을 위해서 봉사하거나 배려하는 것처럼 보이는 사람들은 여전히 자신의 감정적 욕구인 실재 자기를 충족하기 위해서 하는 행동들이다. 즉, 이들은 타인을 자기에게 맞추려고 하는 자기중심적인 사람과 같은 사람들이다. 이러한 사람들은 착한 사람 증후군이나 구원자 증후군 등의 현상을 보인다. 이를 그림으로 표현하면 [그림 8-10]과 같이 나타낼 수 있다.

[그림 8-10]을 보면, 자기의 상태가 타인의 것과 대부분 일치되거나 공

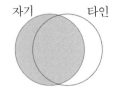
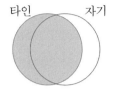

자기중심(자기 속의 타인)   타인중심(타인 속의 자기)

[그림 8-10] 범주치환

유된다. 이렇게 되면 자신의 범주가 커져서 초월이 일어나지 않고 타인을 자신처럼 생각한다는 의미다. 자기중심적 삶의 방식을 살게 되고 타인은 자신의 생각, 감정, 의지 등을 인정받지 못하게 된다. 마찬가지로 타인중심적 삶을 살아가는 사람은 타인의 생각이나 감정 그리고 의지에 맞추기 때문에 자신의 것들을 제대로 삶에 반영하지 못하는 상태로 살아간다. 자신이 없이 타인에게만 맞추는 삶을 살기 때문에 불안하고 두려움 속에서 산다.

③ 범주분리

인간이 제대로 기능하기 위해서는 일정한 공간이 필요하다. 공간이 넉넉하면 그 안에 있는 여러 실체들이 서로 충돌이나 갈등을 일으키지 않는다. 인간의 마음도 마찬가지인데, 마음속에 일정한 공간이 확보되면 욕구들이 자리를 잡고 순차적으로 충족할 수 있다. 그러나 범주가 축소되면 욕구들이 갈등을 일으키거나 충돌을 하게 된다. 여러 가지 욕구들이 서로 먼저 충족하려고 하기 때문에 자기 안에서 공간을 분리하여 점유하게 된다. 이를 범주분리(scope division)라고 한다. 예를 들면, 인정받고 싶은 욕구와 타인을 지배하고 싶은 욕구가 충돌을 일으키는 경우에 어떤 경우에는 인정받고 싶은 욕구에 의한 행동을 하게 되고, 어떤 경우에는 지배하려는 욕구에 의한 행동을 하게 된다. 이런 경우는 부부관계에서 잘 나타난다. 남편이나 부인은 범주가 축소된 경우에 자신의 배우자에게 부모의 역할을 기대한다. 이 경우에 이들은 모두 인정받고 싶은 욕구에 의한 행동을 하게 된다. 그러나 다른 경우에는 자신의 배우자가 아들이나 딸과 같은 행동을 하기를 원한다. 즉, 지배하고 싶은 욕구에 의한 행동을 하게 된다. 각각의 욕구가 객관적 자기에 의해서 조절되거나 통제되지 않은 상태에서 욕구에 의한 행동만을 하게 된다. 욕구들 간의 충돌로 인해서 한 사람의 범주는 분리된다. 부부는 자기의 욕구가 충돌되면서 자기모순에 빠지게 된다. 인간이 경험하는 모순은 범주가 축소되면서 발생되는 현상이다. 이를 그림으로 표현하면 [그림 8-11]과 같다.

[그림 8-11]을 보면, 객관적 자기는 많이 발달하지 못하였다. 그리고 실재 자기의 욕구가 분리된 상태에서 서로 갈등을 일으키고 있다. 객관적 자기는 이러한 욕구들의 충돌을 조절하고 통제하는 힘이 약하다. 따라서 범주분리가 있는 사람들은 자신의 실재 자기의 욕구가 서로 갈등하는 상태에서 살기 때문에 힘들고 어려운 삶을 살게 된다. 또한 실재 자기

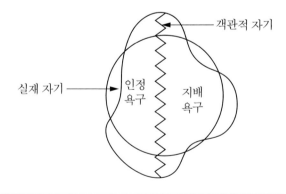

[그림 8-11] 범주분리

역시 분리되어서 인정 욕구와 지배 욕구로 나누어 진다. 각각의 욕구가 분리된 사람은 생각이나 판단도 인정 쪽으로만 또는 지배 쪽으로만 하게 된다. 따라서 생각이나 판단이 객관적이 되지 못한다.

2) 이론적 개념과 원자료를 연결하는 분석

(1) 범주: 내담자가 살고 있는 세계

"다른 사람들이 나를 쳐다볼 때마다 가슴이 쿵쾅거려서 너무 힘들어요."

"나는 정말 힘들고 어려워요. 직장에서도 많은 갈등이 있어요. 특히 남자들이 나를 빤히 쳐다볼 때마다 가슴이 쿵쾅거려서 너무 힘들어요. 때로는 미칠 것 같은 마음이 들기도 해요. 나는 사람들이 없는 곳에서 살고 싶어요."

(2) 객관적 자기: 평가적 측면의 자기

"무서운 아버지와 철부지 엄마 그리고 나 몰라라 하는 동생"

– 나도 무섭지만 동생 때문에 괜찮은 척한다.

(3) 실재 자기: 감정적 욕구에 의한 자기

"나는 사람들이 없는 곳에서 살고 싶어요."

"사람들이 많은 곳을 피해요."

"눈을 마주치면 피해요."

"사람들이 없는 곳으로 다녀요."

"아무것도 느껴지지 않는 것처럼 행동해요."

"사람들과 대화를 할 때 감정을 보이지 않으려고 해요."

"혼자 있을 때 자유롭게 행동해요."

"사람이 많지 않은 곳에서 편안함을 느껴요."

(4) **범주이탈: 감정과 관계없이 생각하는 상태**

　　- 사람들과 대화를 하거나 관계를 할 때는 감정을 보이지 않으려

　　　고 한다.

　　- 아무것도 느껴지지 않는 것처럼 행동한다.

　　- 감정적으로 다가오는 사람들에게는 차갑게 군다.

(5) **범주치환: 타인에 의해서 흔들리는 상태**

　　"다른 사람들이 가까이 오면 거리를 유지해요."

　　"혼자 있을 때 자유롭게 행동을 해요."

　　- 불안을 느끼지 않으려고 어머니와 밀착관계를 형성한다.

　　- 내담자, 여동생, 어머니가 모두 감정적으로 붙어 살았다.

　　- 사람들이 많지 않은 곳에서 편안함을 느낀다.

　　- 사람들이 없는 곳으로 다닌다.

　　- 사람들이 많은 곳을 피한다.

　　- 눈이 마주치면 피한다.

　　- 다른 사람들이 가까이 오면 거리를 유지한다.

　　- 많은 시간을 주로 집에서 지내는 편이다.

　　- 화초나 나무를 키우면서 이들과 대화를 하며 지낸다.

　　"화초나 나무를 생각하면 불쌍해요. 어떤 때는 마치 내 자신처럼 느껴지기도

　　해요."

　　"누군가 화초나 나무를 해하려고 하면 아무런 저항도 하지 못해요."

　　"나는 화초나 나무를 꼭 지켜주고 싶어요."

(6) **범주분리: 자기 세계가 축소되면서 욕구들이 충돌을 일으키는 상태**

　　- 어머니에 대해서 불쌍하면서도 답답해하며 억울해하는 마음이

있다.

- 아버지에 대해서 분노하지만 불안하고 무서움을 느낀다.

- 아버지와 비슷한 사람들을 보면 양가감정을 느낀다.

- 무서우면서도 그립고 또한 분노를 느낀다.

- 남자가 감정을 표현하면 더욱 차갑게 대하는 경향이 있어서 남자들을 헷갈리게 만든다.

- 외로움을 많이 느끼지만 표현하지 않으면서 사람들이 접근해 오기를 기다리는 편이다.

- 갈등이 생기면 폭식을 하는 경향이 있다.

- 음식을 많이 먹고 나면 토한다.

- 울지 않으려고 애를 쓰고, 이로 인해서 넋을 잃는 경험을 한다.

- 대중교통을 이용할 때 누군가가 자신을 보면 몸이 굳는 것 같다.

- 나를 쳐다보는 사람을 보지 않으려고 애를 쓰다보면 가슴이 두근거린다.

- 심하면 가슴이 쿵쾅거리고 견딜 수 없어서 중간에 내리고 만다.

"나는 예전에는 아버지가 엄마를 때리려고 하면 노려보면서 아버지에게 대들었다."

"엄마를 보호하기 위해서는 어쩔 수 없이 이렇게 행동을 하였다."

"속으로는 무서웠지만 애써서 괜찮은 것처럼 행동하였다."

"내 방에 오면 미칠 것 같은 마음이 많이 들었고, 어쩔 줄 몰라 하는 행동을 하곤 하였다."

"엄마가 불쌍하기도 하지만 밉기도 하여 확 떼어버리고 싶은 마음이 든다."

"불쌍해 보이는 여자들과 있으면 마음이 편하지만 답답하기도 하다."

"남자 친구가 떠난 뒤에는 많은 외로움과 허전함을 느끼지만 이를 말로 표현하지 못한다."

"허전함과 외로움을 달래려고 한꺼번에 많은 음식을 먹지만 번번이 실패한다."

"많이 먹고 토한 적이 있으며, 이로 인해서 우울한 마음도 점점 심해지고 있다."

3) 사례개념화

내담자는 자기 세계에서 벗어나지 못하면서 어려움을 겪고 있다. 내담자는 주로 안전에 대한 감정적 욕구에 의해서 지배를 당하고 있는 상태다. 내담자는 다른 사람들 특히 남자들이 자신을 쳐다볼 때면 신체화 증상인 "가슴이 쿵쾅거리면서 미칠 것 같은" 느낌을 호소하고 있다. 내담자는 혼자 있을 때는 범주 축소를 경험하지 않는다. 그래서 혼자 있으면 자유롭게 느끼면서 편안해한다. 내담자는 주로 집에 혼자 있으면서 화초나 나무를 키운다. 혼자 있을 때는 마음이 편안해서 혼잣말을 하는 경우도 있다.

내담자의 범주는 분노, 불안, 두려움 그리고 수치심에 의해서 만들어지는 회피적 세계다. 내담자는 아버지, 권위자, 강한 남성과 여성에 대한 분노를 통해서 자신의 세계를 지키려고 한다. 이들이 자신에게 다가오면 거리를 유지하거나 분노를 통해서 이들을 자기 세계에서 몰아낸다. 내담자는 불안, 두려움, 수치심을 느끼지 않으려고 자신만의 세계로 도망을 간다. 내담자는 "사람들이 없는 곳으로 다닌다." "사람들이 많은 곳을 피한다." "눈을 마주치면 피한다." "다른 사람들이 가까이 오면 거리를 유지한다." "많은 시간을 주로 집에서 지내는 편이다."라고 보고하고 있다. 내담자는 혼자 있으면서 주로 식물과 꽃들을 가꾸면서 지낸다. 내담자는 식물과 꽃들과 말을 하기도 하고, 혼잣말을 하기도 한다.

내담자는 거의 실재 자기에 의한 삶을 살고 있다. 강한 사람에게는 분노를 나타내면서 갈등을 만들어 내고, 약한 사람에게는 불쌍한 느낌을 가지면서 연민에 의한 밀착관계를 갖는다. 내담자의 객관적 자기는 실재 자기를 뒷받침하는 정도의 기능을 한다. 내담자의 객관적 자기는 거의 발달하지 못했다. 객관적 자기는 자기를 반성적으로 바라보면서 발달을 하지만 내담자는 늘 무섭고 폭력적인 아버지에 의해서 자신을 바라볼 수 있는 여지 또는 여유가 없이 성장하였다. 늘 아버지를 의식하면서 아버지의 상태와 어머니의 상태를 인식하면서 살았기 때문에 자신에 대한 객관적 자기를 발달시키기가 어려웠다. 그러나 내담자의 객관적 자기는 주어진 몇 가지 임상자료에 나타난다. 내담자는 동생이나 남자들과의 관계에서 감정적으로는 무섭거나 힘들지만 괜찮은 척한다. 자신의 감정을 통제하면서 자신을 유지하고 있다. 내담자는 자기 가족에 대해서 "무서운 아버지와 철부지 엄마 그리고 나 몰라라 하는 동생"이라고 요약해서 말하고 있다.

　내담자는 범주 확장, 즉 초월 현상을 경험할 가능성을 가지고 있다. 내담자가 자신의 가족을 이해할 때 가족을 한 범주에서 이해하고 있다. 내담자가 분노, 불안, 두려움, 수치심 등으로부터 자유로울 때 가족을 한 범주에서 이해를 하는 임상자료가 있다. 내담자는 자신의 가족을 "무서운 아버지, 불쌍한 엄마 그리고 나 몰라라 하는 동생"이라고 표현하고 있다. 내담자는 자신의 가족을 한 범주에 넣어서 이해할 수 있을 만큼 객관적 자기를 통해서 이해하고 있다. 이는 앞으로 내담자가 상담과정을 통해서 범주확장을 할 수 있는 가능성을 보여 주는 대목이다. 내담자는 수평초월의 가능성을 보여 주고 있다.

　내담자는 범주이탈 현상을 일부 보이고 있다. 다른 사람들과 대화를 할 때 감정을 보이지 않으려고 노력한다. 특히 아버지와의 관계에서 무섭지만 이를 드러내지 않고 괜찮은 척하고 있는 모습이 보인다. 이러한 모습은 동생과의 관계에서도 드러나고, 남자를 사귈 때도 일부 드러난다. 남자들이 정서적으로 접근을 하면 더 냉정해지려고 하고 차갑게 행동을 함으로써 감정과 관계없이 남자를 대하려고 한다. 내담자는 감정과 관계없이 행동을 하려는 경향이 있는데, 이는 "아무것도 느껴지지 않는 것처럼 행동한다."라는 내담자의 말과 일치한다.

또한 내담자는 범주치환 현상도 일부 경험하고 있다. 내담자는 주로 자기만의 범주에서 살기 때문에 다른 사람들과 관계할 때는 자신과 타인을 동시에 고려하는 범주확장을 하지 못하고 산다. 내담자는 수평초월을 하지 못하기 때문에 타인과 관계할 때는 주로 그 사람만을 생각하면서 산다. 이러한 현상은 주로 아버지 때문에 발생하였다. 내담자는 무서운 아버지로 인해서 자신과 아버지를 동시에 생각하면서 살기 어려웠다. 아버지가 나타나면 내담자는 아버지만을 자신의 범주에 넣었고, 자신을 잃어버리는 듯한 느낌을 받고 살았다. 내담자의 범주치환 현상은 다른 사람과의 관계에서도 자주 나타난다. 내담자는 어머니와 밀착관계를 가지고 있다. 어머니를 자신처럼 여기면서 산다. 어머니와 자신을 분리해서 생각하기 어렵다. 내담자의 범주치환 현상이 직접적으로 드러나는 대목은 화초와 나무를 키우면서 나타난다. 내담자는 나무와 화초들을 마치 사람인 양 대화를 한다. 나무와 화초들을 마치 자신처럼 생각하면서 불쌍하게도 생각하고, 위로도 하려고 한다. 내담자는 "화초나 나무를 생각하면 불쌍해요. 어떤 때는 마치 내 자신처럼 느껴지기도 해요. 누군가 화초나 나무를 해하려고 하면 아무런 저항도 하지 못해요. 나는 화초나 나무를 꼭 지켜주고 싶어요."라고 말한다.

내담자가 보이는 주요 증상은 범주분리 현상이다. 내담자는 성장하면서 아버지와의 관계에서 발생되는 분노와 두려움으로 인해서 범주를 제대로 확장하지 못하였다. 성장하면서 발생되는 여러 가지 욕구들은 축소된 범주 속에 다 담을 수 없게 되어서 갈등으로 나타난다. 이러한 마음의 갈등은 모두 증상으로 나타나고 있는데, 이들은 폭식증, 신체화 증상, 우울증 등이다. 폭식증은 친밀하고 의존하려는 감정적 욕구와 혼자서 해결하려는 독립적 욕구 사이의 모순을 보여 주고 있다. 내담자는 "남자 친구를 사귀다가 갈등이 있거나 관계가 어려워지면 폭식증에 시달리곤 한다. 남자 친구가 떠난 뒤에는 많은 외로움과 허전함을 느끼지만 이를 말로 표현하지 못한다."라고 말한다. 내담자는 외로움과 허전함을 받아들이지 못하고 이를 음식을 먹음으로써 해결하려고 한다. 내담자가 받아들이지 못하는 이유는 독립에 대한 욕구 때문이다. 다른 한편으로 관계의 욕구로 인해서 외로움과 허전함을 음식으로 충족시키려고 한다. 내담자는 관계에서 발생된 현상을 개인적으로 해결하려고 하는 모순을 범하고 있다.

　　내담자는 남자가 자신을 쳐다볼 때 신체화 증상을 강하게 느낀다. "내담자는 울지 않으려고 애를 쓰고, 이로 인해서 넋을 잃는 경험을 한다."라고 말한다. 특히 "대중교통을 이용할 때 누군가 자신을 보면 몸이 굳는 것 같다." "나를 쳐다보는 사람을 보지 않으려고 애를 쓰다보면 가슴이 두근거린다." "심하면 가슴이 쿵쾅거리고 견딜 수 없어서 중간에 내리고 만다."라고 말한다. 내담자가 겪는 신체화 증상은 모두 자신이 드러날 것 같은 마음과 드러내고 싶지 않은 마음의 갈등에 의해서 발생된다. 아버지와의 관계에서 시작된 이러한 마음의 갈등은 이제 지하철이나 기타 자신이 피할 수 없는 상황에서 남자들의 시선으로 일반화되고 있다. 다른 측면에서 보면, 내담자는 아버지로부터 비롯된 남성에 대한 분노와 그들에 의해서 받게 될지도 모르는 피해에 대한 두려움의 갈등이 신체로 나타나고 있다.

　　내담자의 우울증은 연민과 더불어 나타나고 있다. 내담자는 "불쌍해 보이는 여자들이나 어리고 약한 여자들과는 주로 지내는 편이다."라고 보고하고 있다. 그러나 내담자는 이러한 여자들을 점점 더 답답해하고 이들로부터 벗어나고 싶은 마음도 갖는다. 이러한 현상은 남자를 사귈 때도 나타나는데, 부드럽고 착한 남자들을 사귀다가 힘들어지면 연락을 하지 않는 양상으로 나타난다. 내담자는 자신의 분노를 불쌍한 감정으로 치환하고 있는 중이다. 어머니를 불쌍하게 여김으로써 자신의 분노 감정을 느끼지 않으려고 한다. 그러나 이러한 시도는 점점 더 실패를 하게 되고, 이에 의해서 착한 남자나 불쌍하고 연약해 보이는 여자들을 더 답답하게 느끼면서 관계를 단절하고 싶어진다. 내담자는 남자를 지배하고 싶은 욕구의 좌절로 발생한 분노와 이로 인해서 발생한 슬픔을 한꺼번에 인정하기 어렵다. 내담자는 슬픔으로 치환된 분노와 불쌍한 여자나 부드러운 남자와 관계를 맺으려는 친밀과 의존의 욕구가 충돌하면서 이러지도 못하고 저러지도 못하는 딜레마 상황에 직면해 있다. 이러한 상황에서 내담자는 깊은 좌절을 맛보면서 우울증에 시달리고 있다.

제9장

절충적 접근의 사례개념화

1. 사용된 이론들

내담자를 이해하기 위한 이론은 두 가지다. 하나는 정신분석이고, 다른 하나는 인지행동이다. 정신분석은 내담자의 감정에 관한 부분이고, 인지행동은 내담자의 핵심 사고에 관한 부분이다. 정신분석과 인지행동은 모두 상담효과를 염두에 두고 차용한 이론들이다. 상담자는 이 책에서 제시한 사례의 내담자의 감정을 표출하기 위해서 정신분석의 도움이 필요하다고 생각하였고, 내담자의 핵심적 사고를 변화시키기 위해서 인지행동이론이 필요하다고 생각하였다.

1) 정신분석의 개념들

(1) 의식

의식(consciousness)은 인간이 인식하는 마음의 세계를 말한다. 인간이 현재 인식하면서 느끼고 생각하고 교류하는 마음의 세계다. 이 세계는 자신이 무의식과 교류를 할 때 사용되기도 하지만 환경과 상호작용할 때 사용되기도 한다.

(2) 무의식

무의식(unconsciousness)은 인간이 인식하지 못하는 마음의 세계를 말한다. 무의식 속에는 많은 것들이 들어 있는데, 죽음의 본능과 생의 본능이 들어 있는 세계다. 어린 시절에 경험했던 많은 자료들이 자신도 모르는 사이에 무의식의 세계에 자료로 저장된다.

(3) 충동

충동(impulse)은 인간의 마음에 존재하는 에너지 형태의 힘을 말한다. 이 힘은 무의식적으로 존재하며, 기회가 되면 의식 세계로 튀어나오려는 경향을 가지고 있다. 충동은 현실적 상황과 관계없이 자신의 욕구를 충족하려는 경향을 갖는다.

(4) 방어기제

방어기제(defence mechanism)는 무의식적으로 이루어지는 심리적 현상으로서 자신을 방어하기 위해서 발달된 장치다. 인간은 불안이나 두려움이 발생하면 자신을 지키기 위해서 자신도 모르게 방어하게 되는 자동화된 장치를 갖게 되는데, 이를 방어기제라고 한다.

(5) 억압

무의식적 충동에 의한 고통의 기억, 부끄러운 감정, 무서운 느낌, 죄를 지은 느낌들을 눌러서 무의식의 세계에 저장하는 자동화된 기제가 억압(repression)이다. 억압은 의식에서 느끼기 어려운 감정, 생각 및 기억을 눌러서 무의식으로 보냄으로써 의식에서 이러한 감정, 생각 및 기억으로 부터 해방되려는 자동화된 장치를 말한다.

(6) 행동화

갈등이나 어려움 그리고 고통을 행동으로 해결하려고 하는 자동적 장치다. 특히 갈등관계에서 발생하는 감정적 고통과 어려움을 인식하여 이해하기보다는 행동함으로써 이러한 갈등을 해결하려는 장치를 행동화 (acting out)라고 한다.

(7) 수압식 사고

감정이 인간의 몸 어딘가에 쌓인다고 믿는 생각이다. 마치 일정한 용기에 물을 계속해서 부으면 물의 압력이 상승하여 용기가 폭발하는 현상과 같이 마음에서도 이러한 현상이 일어난다고 믿는 정신분석의 생각을 말한다. 인간의 감정은 에너지 형태로 존재하여 무의식 속에 쌓여 있다가 일정한 계기가 주어지면 폭발하는 현상이 곧 수압식 사고(hydraulic notion)다.

2) 인지행동의 개념들

(1) 자동적 사고

어떤 상황이 발생하면 자연스럽게 발생되는 생각을 말한다. 자동적 사고는 순간적으로 일어나고 애써서 생각하지 않아도 발생하는 생각이다.

(2) 감정적 추론에 의한 귀인

부정적 정서에 의해 발생한 자동적 사고에 의하여 일정한 결론을 내리는 현상이다. 결론은 핵심적 신념으로 귀인된다. 정서에서 시작된 생각이 추론을 통해서 핵심적 신념으로 귀인되는 현상을 감정적 추론에 의한 귀인이라고 한다.

(3) 비합리적 신념

현실적으로 가능하지 않은 생각을 비합리적 신념이라고 한다. 예를 들면, '나는 모든 사람들에게 인정을 받아야 한다.'는 당위적 사고는 비합리적 신념이다.

(4) 이분법적 사고

양분된 사고를 의미한다. 흑백논리처럼 마음속에서 두 가지 공존하기 힘든 생각을 이분법적 사고라 한다. 예를 들면, '너는 좋은 사람이지만, 나는 나쁜 사람이다.' 식의 생각이다.

(5) 과잉일반화

비합리적 신념의 일종으로서 한 번 경험한 내용이나 사건 그리고 이로 인해서 발생한 결과들이 지속적으로 이루어지리라고 믿는 생각이다. 과잉일반화는 대상에 따라서 나타날 수도 있고, 장소에 따라 나타날 수도 있으며, 여러 가지 다른 상황에 따라서도 일어날 수 있다. 예를 들면, '아버지가 무서워서 모든 남자가 무섭다.'고 생각하였다면 이는 과잉일반화다.

2. 이론과 상담사례

1) 정신분석의 개념들과 원자료를 연결하는 분석

(1) 충동

- 권위적 인물에 대해서는 믿고, 반항하고 싶어진다.
- 아버지와 비슷한 사람을 보면 양가감정을 느낀다.
- 누군가 자신을 빤히 쳐다보면 미칠 것 같은 마음이 든다.
- 자주 놀라며 그때마다 숨을 몰아쉬는 경향이 있고, 가슴이 답답해 문지르는 행동도 한다.
- 어머니를 확 떼어 내버렸으면 하는 마음도 든다.
- 이럴 때 내담자는 혼자 있는 것 같고, 누군가에게 가야 할 것 같은 마음이 든다.

(2) 억압

"특히 남자들이 나를 빤히 쳐다볼 때마다 가슴이 쿵쾅거려서 너무 힘들어요."

- 나를 쳐다보는 사람을 보지 않으려고 애를 쓰다보면 가슴이 두근거린다.
- 울지 않으려고 애를 쓰고, 이 때문에 넋을 잃는 경험을 한다.
- 자신이 원하는 대로 되지 않으면 욕을 하거나 때리기까지 한다.
- 지도자의 불의한 일을 보거나 잘못하는 것같이 느껴지면 참지 못하고 자주 폭발한다.
- 남자를 사귈 때 처음에는 냉랭하고 차갑게 대하면서 남자를 힘들게 한다.

    – 남자가 감정을 표현하면 더욱 차갑게 대하는 경향이 있어서 남자
    들을 헷갈리게 만든다.

(3) 행동화

    – 내담자는 어머니를 아버지로부터 보호하기 위해서 많은 노력을
    해왔다.
    – 남자를 사귀고 싶으나 남자가 접근하면 피하는 편이다.
    – 조금이라도 갈등이 생기면 내담자가 사귀지 않는 편이다.
    – 개인적 취미활동을 하면서 꽃을 주로 키우고, 꽃과 나무와 이야
    기를 나눈다.
    – 사람들과 눈이 마주치면 피한다.
    – 사람들이 많은 곳을 피한다.
    – 음식을 많이 먹고 나면 토한다.
    – 교회에서 갈등이 생기면 자주 옮겨 다닌다.
    – 남자를 지배하려는 경향을 가지고 있다.

2) 인지행동의 개념들과 원자료를 연결하는 분석

(1) 자동적 사고

    – 남자들이 쳐다보면 마치 아버지가 노려보는 것 같아서 가슴이 뛰
    고 쿵쾅거리면서 어디론가 가야 할 것 같은 마음이 든다.
    – 어머니를 확 떼어 내버렸으면 하는 마음이 든다.
    – 이럴 때 내담자는 혼자 있는 것 같고, 누군가에게 가야 할 것 같은
    마음이 든다.
    – 누군가 자신을 빤히 쳐다보면 미칠 것 같은 마음이 든다.

- 예배에 가지 않으면 하나님께 벌받을 것 같은 마음이 든다.
- 내담자는 교회나 지하철 같은 곳에서 남자들이 빤히 쳐다보면 견딜 수 없다.
- 특히 자신이 피할 곳이 없다고 생각되는 상황이나 장소에서는 더욱 심해진다.

(2) 감정적 추론에 의한 귀인

- 조금이라도 갈등이 생기면 더 이상 사귀지 않는다.
- 사람들이 많은 곳을 피한다.
- 이러다가 남자를 사귀지 못하는 것 아닌가 하는 마음이 든다.
- 아무것도 느껴지지 않는 것처럼 행동한다.
- 내담자가 관계를 끊고 연락하지 않는 편이다.

(3) 과잉일반화

- 남자들은 모두 자신을 이용하려고 한다고 생각한다.

(4) 이분법적 사고

- 권위적 인물에 대해서 적대적 생각을 갖는다.
- 내담자에게 접근하는 남자들이 있는데, 이런 남자들은 주로 부드럽고 착한 남자들이다.
- 거칠게 느껴지는 남자들은 최대한 가까이 하지 않으려고 노력한다.
- 여자들 중에서도 강해 보이는 여자들과는 잘 지내지 못하고 부딪히는 편이다.
- 불쌍해 보이는 여자들이나 여리고 약한 여자들과 주로 지내는 편이다.

3. 사례개념화

내담자를 돕기 위해서는 두 가지 측면에서 이론적 설명이 필요하다. 내담자의 마음속에 가득 차 있는 분노와 두려움을 이해하기 위해서는 정신분석적 설명이 필요하고, 내담자의 행동적 변화를 돕기 위해서는 인지행동이론의 설명이 필요하다.

1) 정신분석의 사례개념화

내담자의 감정에 대한 정신분석적 설명은 충동과 행동화 그리고 억압으로 설명된다. 내담자는 복수하고 싶은 충동과 피하고 싶은 충동을 가지고 있다. 복수하고 싶은 충동은 분노의 형태로 무의식의 세계 속에 존재하다가 주로 아버지 또는 아버지와 비슷한 남자와 관계할 때 폭발 형태로 드러난다. 내담자는 권위적 인물에 대해서는 믿고 반항하고 싶어지며, 아버지와 비슷한 사람들을 보면 양가감정을 느낀다. 내담자는 "한 번은 아버지에게 미친 듯이 대들어서 아버지를 놀라게 하였는데, 이후로는 아버지의 폭력행동이 많이 줄었다."라고 말하면서 복수하고 싶은 충동을 보고하고 있다.

피하고 싶은 충동은 불안, 두려움, 공포 등의 형태로 무의식 속에 존재하면서 신체화 경향으로 나타나거나 회피하는 행동으로 나타난다. 먼저 내담자의 신체화 경향은 남자들이 주로 자신을 빤히 쳐다볼 때 나타난다. 내담자는 "누군가 자신을 빤히 쳐다보면 미칠 것 같은 마음이 든다."라고 말하면서 "그때는 가슴이 쿵쾅거리고 힘들어요."라고 호소하고 있다. 내담자의 피하고 싶은 행동이 신체화되는 경우는 폭식행동으로도 나타난다. 내담자는 "갈등이 생기면 폭식을 하는 경향이 있다. 음식을 많이 먹고 나면 토한다."라고 호소하고 있다. 내담자는 다른 사람들과의 갈등에 의한 정서적 어려움, 분노와 억울한 감정, 외로움, 공허감을 피하기 위해서 자신도 모르게 행동화의 방어기제를 사용하고 있다. 피하고 싶은 충동이 행동화되는 경우에는 두 가지 방식으로 나타난다. 하나는 혼자 개인적 행동을 하는 경우이고, 다른 경우는 관계 속에서 나타난다. 내담자의 개인적 행동은 "사람들이 없는 곳에서 살고 싶어요."라는 호소문제에 잘 드러나 있다. 또한 내담자는 "개인적 취미활동을 하는데, 주로 혼자 하는 활동을 한다." "많은 시간을 집에서 지내는데, 꽃과 나무를 키우면서 지낸다. 때로는 꽃과 나무와 이야기하는 경우도 있다."라고 보고함으로써 마치 이것들이 사람인 것처럼 취급하는 행동을 한다.

피하고 싶은 행동이 관계 속에서는 특정한 사람들하고만 관계하려는 경향과 지배하려는 경향으로 나타난다. 특정한 사람들과 관계하려는 경향은 부드럽고 착하고 여리게 보이는 사람들하고만 사귀는 현상이다. 내담자는 데이트를 하고 싶어 하면서도 남자가 무서워서 감히 엄두를 내지 못한다. 남자들과 관계할 때는 주로 '부드럽고 착한 남자들'과 사귀며, 여자들과도 '불쌍해 보이는 여자들이나 여리고 약한 여자들'과 주로 지내는 편이다. 가족 내에서 피하고 싶은 충동은 어머니와의 관계에서 나타난다. 내담자는 '엄마를 확 떼어 내버렸으면 하는 마음'이 자주 든다. 내담자는 어머니와의 관계에서 발생하는 심리적 부담으로부터 피하고 싶은 마음이 강하게 있다. 동생에게 의지하려는 기대는 행동으로 나타나지만 동생이 경계선을 확실하게 그어서 서운하고 섭섭하게 느끼는 적이 있다. 지배하고 싶은 충동은 주로 남자들과의 관계에서 나타난다. 내담자는 "남자를 사귈 때 처음에는 냉랭하고 차갑게 대하면서 남자를 힘들게 한다."라고 보고하고 있다. 이렇게 함으로써 남자가 자신을 함부로 하지 못하게 만든다. 남자와 감정적으로 가까워지면 이런 경향은 더욱 두드러진다. 내담자는 남자가 감정을 표현하면 더욱 차갑게 대하여 남자들을 헷갈리게 만듦으로써 남자가 데이트의 주도권을 갖지 못하게 한다. 이렇게 하는 이유는 아버지가 함부로 행동하고 분노를 하면서 자신을 통제하고 지배하였던 관계를 반복하고 싶지 않은 충동에 의해서 발생된다.

내담자가 겪는 호소문제는 어린 시절 아버지와의 관계에서 일어난 억압으로 발생되었다. 자신을 방어할 수 없었던 어린 시절에 겪은 아버지의 행동은 내담자로 하여금 자신의 감정을 억압하게 만들었다. 아버지의 잦은 사업 실패와 외도 때문에 비롯된 어머니의 가출 그리고 어머니의 눈물은 내담자가 감당하기 힘든 일이었다. 내담자는 아버지가 고함을 치거나 화를 내면서 자기 마음대로 할 때 자신을 지키고 생존하기 위해 자신의 두려움, 공포 그리고 분노를 억압하여 의식에서 배제하였다. 이렇게 억압된 감정들은 무의식 속에 쌓여서 상황이 발생하면 폭발하는 경향이 있다. 내담자는 "자신이 원하는 대로 되지 않으면 욕을 하거나 때리기까지 한다. 교회 목회자들의 불의한 일을 보거나 잘못하는 것 같이 느껴지면 참지를 못하고 자주 폭발을 한다."라고 보고함으로써 억압된 감정을 보이고 있다.

2) 인지행동의 사례개념화

내담자의 행동적 변화를 돕기 위해서는 인지행동의 설명이 필요하다. 여기서는 흑백논리로 불리는 이분법적 사고와 과잉일반화라는 비합리적 신념에 의한 설명을 하기로 한다. 내담자는 '사람들은 혼자 살아야 한다.'라는 당위적 신념이 있어 보인다. 내담자의 당위적 신념은 일차적으로 자동적 사고로 나타난다. 남성들과의 관계에서 혼자 있고 싶은 마음이나 어머니와의 관계에서 혼자 있고 싶은 마음은 모두 자동적으로 발생하는 사고의 결과다. 남자들이 자신을 빤히 쳐다보면 어디론가 가고 싶은 마음이 자동적으로 든다. 지하철이나 교회 같이 자신이 어떻게 할 수 없는 상황이나 장소가 되면 이러한 자동적 사고는 더 심해져서 신체화 증상으로 나타난다. 거칠게 보이는 남성이나 여성 모두에게 거리를 두려고 애쓰는 행동들도 이러한 자동적 사고의 결과로 발생된 현상이다. 어머니에 대해서도 자동적 사고가 발동을 하는데, 확 떼어 내버리고 싶은 충동이 자동적으로 일어난다. 어머니와의 관계에서도 혼자 있고 싶은 마음이 자동적으로 든다.

내담자의 '혼자 살아야 한다.'라는 당위적 신념은 강함과 약함의 이분법적 비합리적 신념과 '남자는 다 자신을 이용하려고 한다.'의 과잉일반화라는 비합리적 신념으로 나타난다. 내담자의 인간관계는 강한 남자와 부드러운 남자 그리고 강한 여자와 약한 여자 형태를 나타낸다. 강하고 거칠게 보이는 남자는 도전, 회피 및 지배의 대상이다. "권위적 인물에 대해서는 적대적 생각을 갖는다."라는 내담자의 보고는 강해 보이는 남자에 대한 내담자의 도전적 의사를 밝히고 있다. 내담자는 실제로 아버지를 노려보거나 미친 듯이 대들어서 아버지를 놀라게 한 적도 있다. 내담자는 또한 "거칠게 느껴지는 남자들은 최대한 가까이 하지 않으려고 노력한다."라고 말하면서 피하고 싶은 마음이 많이 있다. 특히 남자들이 빤히 쳐다볼 때 "마치 아버지가 노려보는 것 같아서 가슴이 뛰고 쿵쾅거려서 어디론가 가야 할 것 같은 마음이 든다."라고 말한다. 회피를 하지 못하는 상황이 되면 내담자는 신체화 증상을 보인다. 내담자의 강해지려는 마음은 남자와 감정적으로 가까워지면 남자를 지배하려는 경향으로 나타난다. 자신이 원하는 대로 되지 않으면 욕을 하기도 하고 때리는 행동도 한다. 내담자는 남자들에게 지시하고 시키거나 감정적으로 차갑게 또는 냉랭하게 대하며 남자를 어렵게 한다. 내담자의 이러한 경향은 강한 여자들과의 관계에서도 드러난다. 강해 보이는 여자들과는 잘 지내지 못하고 부딪히는 인간관계를 가지고 있다. 내담자는 남자들 중에서는 부드럽고 착한 남자들과 관계를 형성하고 있다. 그리고 여자들 중에서는 불쌍하고 여리고 약해 보이는 여자들과 관계하고 있다. 즉, 내담자는 약한 성향의 남자와 여자와는 피상적 관계라도 유지하고 있는 편이다.

내담자는 남자에 대해서 과잉일반화의 비합리적 신념을 강하게 유지하고 있어 보인다. 내담자는 "남자들은 모두 자신을 이용하려고 한다고 생각한다."라고 말하며, 남자 전반에 대해서 일반화의 비합리적 신념을 가지고 있다. 비록 부드럽고 착해 보이는 남자들과 어느 정도 정서적 관계를 형성하고 있지만, 이들과의 관계에서도 관계를 지배하거나 단절하는 양상이 나타나고 있다. 내담자는 "남자 친구를 사귀는 데 특히 어려움을 겪고 있다."라고 말하면서 남자와의 관계에서의 어려움을 호소하고 있다. 내담자는 아버지와의 관계에서 겪고 있는 도전, 회피 및 지배의 주제를 남성 전반에서 경험하고 있다. 즉, 남성과의 관계에서는 전반적으로 도전이나 지배를 하거나 회피하려는 경향을 보이고 있기 때문에 남성들과 관계하는 데 어려움을 보인다. 남성들과의 관계에서 내담자는 자신이 이용당할 것 같은 마음이 들기 때문에 관계를 제대로 할 수 없게 된다.

내담자의 이분법적 신념과 과잉일반화라는 비합리적 신념은 내담자로 하여금 '사람은 혼자 살아야 한다.'라는 당위적 신념을 강화하는 역할을 한다. 이러한 강화는 감정적 추론과 귀인에 의해서 이루어진다. 내담자는 조금이라도 갈등이 생기면 더 이상 사귀지 않고 연락하지 않는다. 이렇게 하는 이유는 자신이 이용당할 것 같은 마음이거나 상대 때문에 자유롭지 못하다고 추론하기 때문이다. 아버지와의 관계에서 형성된 부정적 감정인 분노로 이러한 추론이 가능하다. 권위적 인물이나 거친 남성은 모두 자신을 위협하거나 마음대로 행동해서 자신을 이용하려고 든다고 추론한다. 강해 보이는 여자도 마찬가지로 이런 방식으로 추론해서 강함 전체에 대한 부정적 느낌이 있고, 이를 근거로 해서 연락을 하지 않는 행동을 할 수 있도록 추론한다. 여자들과의 관계는 그나마 괜찮은 편이지만 깊은 관계를 맺지 못하고 있다. 여자들과도 조금이라도 갈등이 생기면 연락하지 않고 혼자 지내려고 한다. 이러한 현상은 결국 취미생활로 화초와 나무를 가꾸면서 살거나 "사람들이 많은 곳을 피한다."라는 행동적 형태로 나타나거나 "나는 사람들이 없는 곳에서 살고 싶어요."라는 소망의 형태로 나타나게 된다.

제10장

통합적 접근의 사례개념화

1. 사례를 이해하기 위한 분석 틀

앞에 제시한 사례를 통합적으로 이해하기 위해서 Fernando가 소개한 Ellerman의 BSFET의 모형을 사용한다. BSEET는 'Brief Solution-Focused Existential Therapy'의 약자다. 이 모형은 인간이 가지고 있는 실존적 문제를 긍정적 관점에서 해결하는 통합적 모형이다. 실존주의 이론에서 제기하는 인간의 실존적 주제인 죽음, 자유, 단독자, 의미 없음을 인식할 때 발생하는 불안을 해결중심 단기가족치료 이론의 기법으로 해결하는 모형이 곧 BSFET다. 해결중심 단기치료는 상담자와 내담자가 협력하는 치료적 모형으로서 내담자의 문제보다는 자원과 강점에 근거해서 문제를 해결하는 상담기법이다(정문자, 송성자, 이영분, 김유순, 김은영, 2008, pp. 53-79; De Shazer, Dolan, Korman, Trepper, McCollum & Berg, 2011; pp. 17-25). BSFET 모형은 두 이론의 주제를 하나로 묶는 내용 통합 (김용태, 2006, pp. 115-125)이다. 실존주의 이론의 불안이라는 주제를 해결중심 단기치료의 해결 방식을 통해서 접근하는 '문제해결'이라는 통합적 틀을 가지고 있다.

1) 통합 모형의 이론적 개념들

(1) 실존주의 이론의 개념들

① 실존적 불안

인간이 죽음, 자유, 단독자, 의미 없음을 인식하면서 발생되는 감정이
다. 인간으로 살아가는 모든 사람들은 네 가지 측면에서 한계에 직면하
게 된다. 이러한 직면으로 발생하는 불안이 곧 실존적 불안이다. 실존적
불안(existential anxiety)은 모든 인간이 한계를 인식할 때 발생되기 때문
에 피할 수 없는 심리적 감정이다.

② 신경증적 불안

실존적 한계를 인정하지 않고 피하려고 하기 때문에 발생되는 감정이
다. 죽음을 피하려고 하면 인간은 죽음과 관련된 생각, 사건, 느낌이 발
생할 때마다 불안하고 두려워진다. 이러한 심리적 현상을 신경증적 불안
(neurotic anxiety)이라고 한다.

(2) 해결중심 단기치료의 개념들

① 강점

불안을 극복하기 위한 자원과 해결할 수 있는 능력을 강점(strength)이
라고 한다. 이러한 강점은 인간이면 누구나 가지고 있다.

② 기적질문

내담자가 자신의 문제로부터 벗어나서 자유롭게 문제가 해결될 수 있는 가능성이 있음을 전제로 하고 묻는 개입이 기적질문(miraculous question)이다. 예를 들면, "남자가 쳐다보아도 마음이 편안할 수 있는 기적이 일어난다면 당신은 무엇을 하겠습니까?"라는 질문이다.

③ 예외질문

내담자가 미처 생각하지 못했던 예외적 상황을 인식시키기 위한 상담자의 개입이 예외질문(exceptional question)이다. 예를 들면, "쳐다보지 않는 남자들에 대해서는 어떤 마음이 있습니까?" 등과 같이 내담자가 전혀 생각하지 않은 부분에 대해서 질문한다. 이러한 질문을 예외질문이라고 한다.

④ 척도질문

내담자가 자신의 문제에 대해서 1점에서 10점까지 점수를 매기도록 하는 상담자의 개입을 척도질문(scaling question)이라 한다. 예를 들면, 상담자는 내담자에게 "현재 느끼는 불안에 대해서 현재 몇 점이라고 말할 수 있나요?"라는 질문을 통해서 내담자가 점수로 대답할 수 있게 한다.

2. 이론과 상담사례

1) 실존주의 개념들과 원자료를 연결하는 분석

(1) 실존적 불안

- 내담자는 요즘 위기의식을 자주 느낀다.
- 이러다가 남자를 사귀지 못하는 것 아닌가 하는 마음이 든다.
- 상담 관련 세미나에 참석한 적이 있다.
- 이로 인해서 자신의 마음에 문제가 있음을 더 심각하게 생각하게 되었다.

(2) 신경증적 불안

"남자들이 나를 빤히 쳐다볼 때마다 가슴이 쿵쾅거려서 너무 힘들어요."

"때로는 미칠 것 같은 마음이 들기도 해요."

- 대중교통을 이용할 때 누군가가 자신을 보면 몸이 굳는 것 같다.
- 나를 쳐다보는 사람을 보지 않으려고 애를 쓰다보면 가슴이 두근거린다.
- 심하면 가슴이 쿵쾅거리고 견딜 수 없어서 중간에 내리고 만다.
- 데이트를 하고 싶지만 감히 무서워서 하지 못한다.
- 남자를 사귀면 지배하려는 경향이 있어서 소리를 지르거나 때리는 행동을 한다.
- 갈등이 생기면 폭식을 하는 경향이 있다.
- 음식을 많이 먹고 나면 토한다.

2) 해결중심 개념들과 원자료를 연결하는 분석

(1) 강점

- 상담을 통해서 자신의 문제를 해결해 보고자 자발적으로 상담을 신청하게 되었다.
- 자신의 문제를 해결하기 위해서 상담 관련 서적들을 몇 권 읽은 적이 있다.
- 남자를 지배하는 경향을 가지고 있다.
- 자꾸 지시하고 시키는 경향이 있어서 남자들이 어려워한다.
- 여자들과는 그런대로 잘 지내는 편이다.
- 다른 사람들이 가까이 오면 거리를 유지한다.
- 사람들과 대화를 하거나 관계를 할 때는 감정을 보이지 않으려고 한다.
- 아무것도 느껴지지 않는 것처럼 행동한다.
- 어머니와 동생을 보호하기 위해서 아버지에게 대드는 행동을 자주 하였다.
- 내담자가 관계를 끊고 연락을 하지 않는 편이다.
- 거칠게 느껴지는 남자들은 가까이 가지 않으려고 최대한 노력한다.
- 강해 보이는 여자들과는 잘 지내지 못하고 부딪히는 편이다.

3. 사례개념화

내담자의 신경증적 불안은 두 가지다. 하나는 남성들이 쳐다볼 때 느

끼는 감정과 신체화 증상이고, 다른 하나는 관계에서 발생되는 폭식증이
다. 내담자는 남자들이 자신을 빤히 바라보면 미칠 것 같은 마음이 들면
서 자리를 피하고 싶은 마음이 강하게 든다. 자리를 피할 수 없는 경우에
는 가슴이 쿵쾅거리기도 하고, 몸이 굳는 증상이 생긴다. 이러한 증상에
대해서 내담자는 "나를 쳐다보는 사람을 보지 않으려고 애를 쓰다보면
가슴이 두근거린다. 심하면 가슴이 쿵쾅거리고 견딜 수 없어서 중간에
내리고 만다."라고 말하고 있다. 또 내담자는 관계에서 갈등이 발생하면
음식을 많이 먹고 토하는 폭식증의 경향을 가지고 있다. 남자를 사귀고
싶은 마음으로 관계를 하지만 갈등이 발생하면 이를 견디지 못한다. 남
자를 지배하려고 하여 때리고 화를 내거나 차갑게 대해서 남자를 힘들게
하고 어렵게 한다. 갈등이 심해지면 이를 견디지 못하고 관계를 단절하
게 된다. 이러한 관계에서의 갈등이 내담자로 하여금 폭식을 하도록 만
든다.

　내담자의 신경증적 불안은 실존주의 이론의 주제들과 관련이 있다. 남
자들이 자신을 빤히 쳐다볼 때 발생되는 증상은 자유와 관련이 있다. 남
자들이 자신을 빤히 쳐다보는 행동은 아버지의 노려보는 행위와 관련이
있다. 내담자에게 아버지는 두려움과 분노의 대상이다. 아버지는 내담자
에게 실제로 신체 폭력을 행하기도 하고 노려보면서 내담자를 통제하려
고 하였다. 이러한 아버지의 행동으로 내담자는 아버지가 무섭기도 하고
화가 나기도 한다. 내담자는 무섭고도 화가 나지만 어떻게 할 수 없는 상
황에 자주 노출되었다. 내담자의 자유는 극도로 제한당하게 되었다. 내
담자는 지하철이나 버스에서 남자들이 자신을 빤히 쳐다보면 이런 상황
이 재연된다고 지각한다. 남자들이 자신을 빤히 쳐다보면 무섭기도 하고
화가 나기도 하지만 어떻게 하지를 못한다. 벗어나기 어렵다는 생각이
들면서 증상이 발달하게 된다. 때로는 미칠 것 같은 마음이 들어서 버스

에서 내리기도 하지만 많은 경우에는 이러지도 못하고 저러지도 못하는 딜레마 상황에 처하게 되어 신체화 증상을 발달시킨다. 내담자는 자신을 빤히 쳐다보는 남자나 노려보는 아버지로부터 자유롭고 싶지만 그렇지 못하다.

내담자가 관계에서 갈등을 경험하면서 발생되는 실존적 주제는 외로움과 공허감이다. 외로움은 혼자 있음, 즉 단독자의 주제이고, 공허감은 의미 없음의 주제다. 내담자는 남자를 사귀고 싶은 마음이 있기 때문에 남자들과 관계를 한다. 주로 부드러운 남자들과 관계를 하는데, 관계를 하다 보면 남자를 지배하려는 경향을 보이면서 소리를 지르기도 하고 때리기도 한다. 이러한 갈등이 지속되면 내담자는 갈등을 견디지 못해서 연락을 하지 않는 관계 형태를 가진다. 이러한 관계 갈등은 내담자의 마음속에 있는 남자를 사귀고 싶은 마음을 좌절시킨다. 내담자는 이러한 좌절을 통해서 자신이 소망을 가지고 있어도 소용이 없을 것 같은 무의미, 즉 의미 없음을 경험하게 된다. 다른 한편으로 내담자는 남자를 사귀고 싶지만 갈등으로 관계가 어려워지면 결국 혼자 있게 된다. 내담자는 자신이 혼자 있을 때 외롭기 때문에 꽃이나 나무 등을 가꾸면서 이들과 대화하는 행동을 보이기도 한다. 내담자는 외로움, 즉 혼자 있음이라는 단독자의 주제를 경험하고 있다. 결국 내담자는 한편으로는 남자를 사귀고 싶어 하면서도 다른 한편으로는 남자들로부터 멀어지고 싶은 딜레마 상황에 처하게 된다. 이러한 딜레마 상황에서 내담자는 공허감과 외로움을 심하게 겪게 되는데, 이러한 감정을 회피하려고 하면서 폭식증이라는 증상을 발달시키게 된다.

최근 들어서 내담자는 자신이 겪는 문제들을 객관적으로 바라보면서 자신에게 문제가 있음을 지각하고 있다. 내담자는 "요즘 위기의식을 자주 느낀다. 이러다가 남자를 사귀지 못하는 것이 아닌가 하는 마음이 든다. 상담 관련 세미나에 참석한 적이 있다. 이를 통해 자신의 마음에 문제가 있음을 더 심각하게 생각하게 되었다."라고 보고하고 있다. 내담자는 남자를 사귀지 못할 것 같은 위기의식을 갖게 되었다. 상담 세미나는 이런 문제의식을 심화시키는 역할을 하여 내담자로 하여금 상담에 오도록 하였다. 내담자는 자신이 혼자가 될지도 모른다는 단독자의 주제를 실존적으로 느끼고 있는 중이다. 내담자는 남자를 사귀지 못하여 혼자 살게 되면 어떻게 하나 걱정하고 염려하는 실존적 불안을 경험하고 있는 중이다. 물론 이러한 느낌은 막연하기도 하고 불분명한 상태다. 내담자는 이러한 느낌이 실존적 불안임을 인식하지 못하고 단지 현상적으로 '남자를 사귀지 못해서 혼자가 되면 어떡하지?'라는 막연한 불안을 가지고 있다. 다른 한편으로 내담자는 남자를 사귀면서 발생되는 갈등 때문에 남자와의 관계에 대한 의미를 잃어 가고 있는 중이다. 이러한 의미 상실의 경험은 폭식증이라는 증상으로 나타난다. 내담자가 제공한 기본정보와 임상자료에는 폭식증이라는 증상으로 인해서 내담자가 의미 없음에 대한 실존적 주제를 자각하고 있다는 정보나 단서는 찾아보기 어렵다. 그럼에도 불구하고 내담자가 겪는 폭식증은 의미 없음이라는 실존적 불안을 회피하면서 발생되는 신경증적 불안의 한 증상이다.

내담자의 신경증적 불안을 해결하기 위한 방안은 해결중심 단기치료에서 가져올 수 있다. 해결중심 단기치료에서는 내담자의 문제보다는 강점을 중요하게 보면서 내담자가 문제를 해결할 수 있는 긍정적 자원을 찾게 된다. 내담자가 가진 강점은 문제해결에 대한 동기, 자신의 감정과 관계를 조절하는 능력, 강한 사람들에게 도전할 수 있는 힘, 자신과 타인을 보호하는 능력 등이다.

첫째, 내담자는 자신의 문제를 해결하기 위한 동기를 가지고 있다. 내담자는 자신이 스스로 문제의식을 느끼면서 상담에 자발적으로 참여하고 있다. 내담자는 "상담을 통해서 자신의 문제를 해결해 보고자 자발적으로 상담을 신청하게 되었다."라고 보고하고 있다. 내담자는 자신이 남자를 사귀지 못할지도 모른다는 위기의식으로 스스로 상담 세미나에 참석하기도 하고, 상담 관련 서적을 읽기도 하였다. 한걸음 더 나아가 내담자는 자신의 문제를 해결하기 위해서 상담을 신청하는 행동을 하게 되었다.

둘째, 내담자는 자신의 감정과 관계를 조절하는 능력을 보여 주고 있다. 내담자는 "갈등이 발생하거나 사람들과 대화할 때 감정을 보이지 않으려고 하거나 아무것도 느껴지지 않는 것처럼 행동한다."라고 보고하고 있다. 즉, 내담자는 어느 정도 자신의 감정을 조절하고 통제하는 능력이 있음을 보여 주고 있다. 또한 내담자는 남자를 사귈 때 남자를 지배하려고 하거나 지시하고 시키는 경향을 보임으로써 남자를 어렵게 만드는 등 자신이 원하는 방향으로 관계를 만들고 있다. '거칠게 느껴지는 남자들을 가까이 하지 않으려고 최대한 노력'하거나 '다른 사람들이 가까이 다가오면 거리를 유지'함으로써 관계를 조절하고 있다.

셋째, 내담자는 강한 사람에게 도전할 수 있는 힘을 가지고 있다. 내담자는 "아버지가 무서웠지만 애써서 괜찮은 것처럼 행동하였고, 때로는 내담자도 아버지를 노려보기도 하였다."라고 보고하고 있다. 즉, 내담자는 아버지라는 강력한 존재에 맞서는 행동을 보이기도 한다. 또한 내담자는 "강해 보이는 여자들과는 잘 지내지 못하고 부딪히는 편이다."라고 보고함으로써 강한 여성과 맞설 수 있는 힘을 보이고 있다.

넷째, 자신과 타인을 보호하는 능력을 가지고 있다. 내담자 자신이 갈등이 생겨서 너무나 힘든 경우에는 관계를 하지 않음으로써 자신을 보호한다. 한 걸음 더 나아가서 내담자는 어머니와 동생을 보호하는 능력을 오랫동안 보여 주고 있다. 내담자는 "엄마와 동생을 보호하기 위해서 아버지에게 대드는 행동을 자주 하였다."라고 보고하고 있다.

내담자의 강점은 상황적 딜레마와 실존적 딜레마를 해결할 수 있는 내담자의 자원이다. 내담자는 "남자를 안 사귈 수도 없고, 사귈 수도 없다." "지하철에서 남자들이 자신을 빤히 쳐다보면 피하기도 어렵고, 안 피하기도 어렵다." "엄마와 동생을 보호하기도 어렵고, 보호하지 않기도 어렵다." "감정적으로 가까워지기도 어렵고, 멀어지기도 어렵다." 등과 같은 여러 가지 상황적 딜레마에 직면해 있다. 이러한 딜레마들은 실존주의적으로 볼 때 자유와 책임의 딜레마, 혼자 있음과 관계의 딜레마, 의미와 무의미의 딜레마와 직접적으로 관련이 있다. 해결중심 단기치료에서는 이러한 딜레마를 해결하기 위해 내담자의 강점을 활용하여 기적 질문, 척도 질문, 예외 질문 등과 같은 여러 가지 기법들을 사용한다.

부록

상담사례보고서 양식

1. 기본정보

1) 호소문제

2) 내담자의 사회적 정보

(1) 개인사항

(2) 가족사항

① 현재가족

② 원가족

③ 가계도

(3) 사회활동 사항

(4) 상담 경위

① 내방 경위

② 상담경험

③ 상담 시점

3) 슈퍼비전받고 싶은 내용

(1) 동료 상담자에게 도움받고 싶은 내용

(2) 슈퍼바이저에게 도움받고 싶은 내용

2. 임상자료

1) 내담자의 문제

  (1) 심리내적 상태

    ① 감정

    ② 생각

    ③ 행동

  (2) 관계 형태

    ① 현재가족과의 관계 형태

    ② 원가족과의 관계 형태

    ③ 사회적 관계 형태

  (3) 영적 상태

  (4) 심리검사 결과

2) 내담자의 임상관찰

  (1) 전반적인 행동특성

  (2) 상담자와의 관계행동 형태

3) 문제발달사

  (1) 전반적 생육사

  (2) 문제 형성사

3. 사례개념화와 상담목표

1) 사례분석

  (1) 이론적 입장

    (2) 이론적 개념과 원자료의 연결

    (3) 사례개념화

    (4) 도식(자아도 또는 관계 가계도)

  2) 상담목표

    (1) 합의된 상담목표

    (2) 임상적 상담목표

  3) 상담전략

    (1) 초기전략

    (2) 중기전략

    (3) 후기전략

4. 상담과정

  1) 상담진행

    (1) 전체적 흐름

    (2) 회기 요약

  2) 축어록

5. 상담평가

  1) 내담자에 대한 평가

  2) 상담과정에 대한 평가

  3) 상담자 자신에 대한 평가

상담사례보고서 간편 양식

1. 기본정보

1) 호소문제

2) 내담자 사회적 정보: 개인, 가족, 사회활동, 상담 경위

3) 슈퍼비전받고 싶은 내용

2. 임상자료

1) 내담자의 문제: 심리내적 상태, 관계 형태, 영적 상태, 심리검
   사 결과

2) 내담자의 임상관찰

3) 문제발달사

3. 사례개념화와 상담목표

1) 사례분석

   - 사례개념화와 가계도

2) 상담목표

   - 합의된 상담목표

   - 임상적 상담목표

3) 상담전략

4. 상담과정

   1) 전체적 진행

   2) 축어록

5. 상담평가

   1) 내담자에 대한 평가

   2) 상담과정에 대한 평가

   3) 상담자 자신에 대한 평가

부록 3 | Super vision

상담사례보고서 〈도망치고 싶은 내담자〉

1. 기본정보

1) 호소문제

"나는 정말 힘들고 어려워요. 직장에서도 많은 갈등이 있어요. 특히 남자들이 나를 빤히 쳐다볼 때마다 가슴이 쿵쾅거리고 힘들어요. 때로는 미칠 것 같은 마음이 들기도 해요. 나는 사람들이 없는 곳에서 살고 싶어요."

2) 내담자의 사회적 정보

(1) 개인사항

내담자는 33세 여성으로서 현재 취업 준비를 위해서 노력하고 있다. 이전에 직장에 다닌 적이 있으나 남자 상사와 갈등이 생겨서 직장을 그만두었다. 직장을 몇 군데 더 다녔으나 거의 같은 이유로 직장을 그만두었다. 학력은 대졸이고, 아직 미혼이다. 한국인으로서 한국에 살고 있으며, 종교적으로는 기독교인이다. 내담자 개인의 사회 경제적 지위는 아직 낮지만 가족의 사회 경제적 지위는 중류 계층이다. 내담자의 별칭은 회피다.

(2) 가족사항

① 현재가족

• 아버지

    – 63세, 공무원 은퇴, 고졸, 무교

    – 모든 것을 자신의 뜻대로 하려고 하는 사람임

    – 자신이 원하는 대로 되지 않으면 폭력을 사용하기도 하였음

    – 물건을 집어던지기도 하고, 발로 문을 차기도 하였음

    – 공포 분위기를 조장하면서 가족을 괴롭힘

    – 특히 어머니를 많이 괴롭히고 때렸음

    – 내담자는 아버지에 대해서 무섭지만 분노를 느낌

    – 내담자는 가끔씩 아버지에게 대들다가 맞기도 하였음

    – 내담자는 아버지에게 따지듯이 말을 하였음

    – 요즘에는 아버지가 내담자를 전혀 건드리지 않음

• 어머니

    – 60세, 가정주부, 중졸, 기독교

    – 순종적인 사람임

    – 아버지에게 평생 기를 펴지 못하고 삶

    – 아버지가 바람을 피워도 아무 말도 하지 못함

    – 힘들면 교회에 가서 기도를 하면서 많은 눈물을 흘림

    – 내담자가 집에 있으면 어머니는 안심했음

    – 내담자는 어머니에 대해서 불쌍한 마음이 있음

    – 내담자는 어머니를 아버지로부터 보호하려고 많은 노력을 해왔음

    – 내담자는 요즘 어머니에 대해서 답답하고 억울한 마음이 자주 듦

• 여동생

  − 30세, 회사원, 대졸, 기독교, 미혼

  − 집안에 큰 일이 일어나도 별로 큰 반응을 하지 않음

  − 어머니를 불쌍하게 여기면서 비난하기도 함

  − 내담자가 아버지에 대한 방패막이를 하는 동안 자신의 실속을
    챙김

  − 집안에서는 존재감이 거의 없음

② 원가족

〈아버지의 원가족〉

• 할아버지

  − 사업, 무교, 사망

  − 불같은 성격으로 사업을 하면서 가정에서 절대군주처럼 살았음

  − 큰아버지가 할아버지에게 제일 많이 맞았음

  − 큰아버지가 할아버지에게 맞을 때 아버지도 덤으로 많이 맞았음

  − 말을 안 들으면 때리고 닥치는 대로 물건을 집어던짐

  − 작은할머니가 여럿 있었음

  − 집에 들어오는 날보다 안 들어오는 날이 더 많았음

• 할머니

  − 가정주부, 무학, 무교, 사망

  − 할아버지에게 많이 맞고 살았음

  − 할아버지의 바람기로 인해서 마음고생을 많이 경험함

  − 많은 눈물과 회환으로 살았음

  − 자식들에게 의지하면서 살아옴

- 큰아버지
    - 67세, 사업, 무교
    - 사업을 하면서 술을 많이 마시고 살았음
    - 내담자의 아버지와 그다지 사이가 좋지 않음
    - 어렸을 때 내담자의 아버지를 많이 때려서 서로 관계가 좋지 않음
    - 경제적으로는 넉넉하지만 집안이 조용할 날이 없는 집이었음
    - 바람을 많이 피고, 집을 시끄럽게 만드는 장본인이었음
    - 큰아버지는 큰어머니와 심하게 부부싸움을 많이 함
    - 부부싸움으로 인해서 아버지가 큰아버지 집에 가기도 함
    - 아들 둘과 딸 셋이 있음
- 고모
    - 60세, 가정주부
    - 별로 왕래가 없어서 잘 알지 못함
    - 딸 하나와 아들 둘이 있음
- 작은아버지
    - 55세, 고졸, 회사원, 기독교
    - 성실하고 열심히 사는 평범한 회사원임
    - 특별히 문제가 없고 가정에서도 원만한 편임
    - 내담자가 그나마 제일 좋아하는 편임
    - 딸 하나와 아들 하나가 있음
    - 왕래가 제일 잦은 편임

〈어머니의 원가족〉
- 외할아버지
    - 농사, 기독교, 사망

- 원칙적이고 고집이 셈
- 자녀들이 잘못하면 고함과 호통을 쳐서 꼼짝 못하게 함
- 특히 큰외삼촌을 많이 야단쳤음
- 농사가 잘되지 않아서 집안이 어려웠음
- 아들 선호 사상을 많이 가지고 있음

• 외할머니
- 가정주부, 기독교, 사망
- 잔소리가 많은 편임
- 외할아버지를 무서워하여 아무 말도 못함
- 내담자의 어머니에게 많은 불평을 하고 살았음
- 화가 나면 참지 못하고 계속 말을 해서 가족들을 괴롭힘
- 내담자의 큰이모와 어머니가 할머니의 잔소리를 제일 많이 들음

• 큰외삼촌
- 67세, 사업, 고졸, 무교
- 수완이 좋아서 사업을 잘함
- 분노가 많아서 직원들을 종 부리듯함
- 내담자의 어머니와 별로 친한 관계가 아님
- 아들 하나와 딸 둘이 있음

• 큰이모
- 64세, 가정주부, 중졸, 기독교
- 화가 나면 참지 못하는 성격임
- 내담자의 어머니는 큰이모로 인해서 마음고생을 많이 함
- 잔소리를 많이 하고, 안하무인과 같이 행동을 할 때도 있음
- 내담자가 특히 싫어하는 이모임
- 딸 둘이 있음

- 작은외삼촌
  - 57세, 대졸, 회사원, 기독교
  - 내담자가 가장 좋아하는 외삼촌임
  - 무난하고 성격도 온화해서 사람들과 무리 없이 지내는 편임
  - 자녀가 없음
  - 내담자를 그나마 제일 예뻐하는 편임
- 작은이모
  - 53세, 고졸, 빵집 운영, 무교, 이혼
  - 남편이 바람을 피워서 이혼을 하고 혼자 살고 있음
  - 사람들을 좋아하지 않아서 주로 혼자 지내는 편임
  - 딸 둘이 있음

③ 구조 가계도

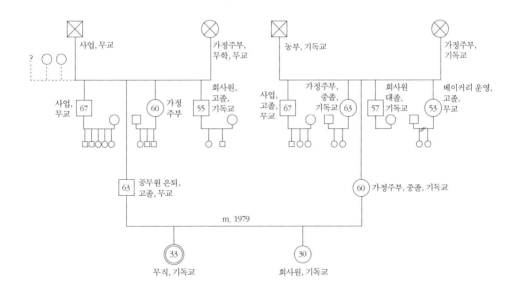

(3) 사회활동 사항

내담자는 직장에 다니다가 그만둔 적이 몇 번 있다. 중소기업에 취직한 후에 남자 부장과의 갈등으로 직장을 그만두었다. 이후에 다른 회사에 취직을 했지만 거기서도 남자 상사와의 갈등으로 그만두게 되었다. 현재는 취직을 하기 위해서 학원에 다니고 있다. 교회에 다니지만 아주 열심히 신앙생활을 하는 편은 아니다. 예배만 드리고 집에 오거나 청년부 집회가 있는 경우에도 활동 수준은 낮은 편이다. 내담자는 주로 많은 시간을 집에서 지내는 편이다. 개인적 취미활동을 하는데 주로 혼자 하는 활동을 한다. 꽃을 좋아해서 화초와 나무들을 키우면서 지낸다. 때로는 꽃과 나무들과 이야기를 하기도 하며, 마치 이들이 사람인 것처럼 취급하기도 한다. 내담자는 "화초나 나무를 생각하면 불쌍해요. 어떤 때는 마치 내 자신처럼 느껴지기도 해요. 누군가 화초나 나무를 해하려고 해도 아무런 저항도 하지 못해요. 나는 화초나 나무를 꼭 지켜 주고 싶어요."라고 혼잣말을 하기도 한다.

(4) 상담 경위

내담자는 요즘 위기의식을 자주 느낀다. 데이트를 하고 싶지만 남자가 무서워서 감히 엄두를 내지 못한다. 이러다가 남자를 사귀지 못하는 것이 아닌가 하는 마음이 든다. 그리고 직장생활을 제대로 하지 못했기 때문에 직장에 들어가더라도 얼마나 버틸 수 있을까 하는 마음이 든다. 이전에 상담을 받은 적은 없으나 상담 관련 세미나에 참석한 적이 있다. 이로 인해서 자신의 마음에 문제가 있음을 더 심각하게 생각하게 되었다. 그리고 자신의 마음의 문제를 해결하기 위해서 상담 관련 서적들을 몇 권 읽은 적이 있다. 이러한 상황에서 내담자는 상담을 통해 자신의 문제를 해결해 보고자 자발적으로 상담을 신청하게 되었다.

3) 슈퍼비전받고 싶은 내용

(1) 동료 상담자에게 도움받고 싶은 내용

사례보고서 작성에 따른 내용들을 점검받고 싶습니다. 기본정보에서 혹시 빠뜨린 내용이 있는지 그리고 임상자료 중에서 더 보강할 내용이 있으면 피드백을 받고 싶습니다. 그리고 상담목표와 호소문제와의 연결에 대해서 더 좋은 생각이 있으면 토론을 했으면 합니다. 영적 상태에 대해서 상대적으로 적은 내용이 기록되었습니다. 영적 상태를 점검하기 위한 구체적 생각이나 기술들이 있으면 듣고 싶습니다. 내담자가 영적 상태에 대해서 전혀 인식을 못하고 있는 경우에 어떻게 하면 영적 상태에 대한 정보를 더 얻을 수 있는지 궁금합니다.

(2) 슈퍼바이저에게 도움받고 싶은 내용

상담자는 Bowen의 개념들과 원자료를 연결하고 있습니다. 이 연결이 원활하게 진행되었는지에 대해서 점검을 받고 싶습니다. 빠뜨린 부분이 있는지 혹은 연결을 다르게 할 내용이 있다면 지도를 받고 싶습니다. 상담자는 Bowen의 입장에서 사례개념화를 하고 있습니다. Bowen의 이론을 적용하는 데에서 꼭 필요한 개념들 중에 혹시 빠뜨린 부분이 있는지 점검받고 싶습니다. 이론적 개념뿐만 아니라 상담전략에서도 필요한 기술이 혹시 누락되었다면 점검을 받고 싶습니다. 현재 진행된 사례개념화의 강점과 약점에 대해서 도움을 받고 싶습니다. 혹시 다른 관점에서 Bowen의 이론을 가지고 사례개념화를 한다면 어떻게 할 수 있는지에 대해서 듣고 싶습니다.

2. 임상자료

1) 내담자의 문제

(1) 심리내적 상태

① 감정
  - 불안, 짜증, 두려움, 무서움, 수치심, 분노 등의 감정을 느낀다.
  - 사람들이 많지 않은 곳에서 편안함을 느낀다.
  - 특히 아버지와 비슷한 사람들을 보면 양가감정을 느낀다.
  - 무서우면서도 그립고 또한 분노를 느낀다.
  - 권위적 인물에 대해서는 미워지고 반항하고 싶어진다.
  - 다른 사람들의 시선에 대해 신경을 많이 쓴다.
  - 누군가 자신을 빤히 쳐다보면 미칠 것 같은 마음이 든다.

② 생각
  - 다른 사람들이 자신을 쳐다보면 속마음이 들킬 것 같은 생각이
    든다.
  - 사람이 많지 않은 곳에서는 편안함을 느낀다.
  - 권위적 인물에 대해서는 적대적인 생각을 갖는다.
  - 남자가 자신에게 무엇인가를 지시하는 듯하면 복수하고 싶은 생
    각이 든다.
  - 남자들은 모두 자신을 이용하려고 한다고 생각한다.

③ 행동

- 사람들이 없는 곳으로 다닌다.
- 사람들이 많은 곳을 피한다.
- 사람들과 눈이 마주치면 피한다.
- 혼자 있을 때 자유롭게 행동한다.
- 갈등이 생기면 폭식을 하는 경향이 있다.
- 음식을 많이 먹고 나면 토한다.
- 울지 않으려고 애를 쓰고, 이로 인해서 넋을 잃는 경험을 한다.
- 대중교통을 이용할 때 누군가 자신을 보면 몸이 굳는 것 같다.
- 나를 쳐다보는 사람을 보지 않으려고 애를 쓰다보면 가슴이 두근거린다.
- 심하면 가슴이 쿵쾅거리고, 견딜 수 없어서 중간에 내리고 만다.

(2) 관계 형태

① 현재가족과의 관계 형태

지금 내담자와 내담자 아버지와의 관계 형태는 이전과 다르다. 이전에는 어머니와 동생을 보호하기 위해서 아버지에게 대드는 행동을 자주 하였다. 내담자는 "나는 예전에는 아버지가 엄마를 때리려고 하면 노려보면서 아버지에게 대들었다. 너무 무서웠지만 엄마를 보호하기 위해 어쩔 수 없이 그렇게 행동을 하였다."라고 보고하고 있다. 어머니는 아버지에게 말대답을 하다가 아버지를 화나게 만들었다. 아버지는 자기 마음에 들지 않으면 어머니를 자주 때렸고, 내담자는 어머니를 보호하기 위해서 아버지에게 "따귀도 맞고 때로는 주먹으로 얼굴을 맞은 적도 있다."라고 보고하고 있다. 아버지는 내담자를 자주 노려보기도 하였고, 내담자는 이로 인해서 '가슴이 쿵쾅거리는' 경험을 자주 하였다. 속으로는 무서웠지만 애써서 괜찮은 것처럼 행동하였고, 때로는 내담자도 아버지를 노려보곤 하였다. 아버지가 어머니에게서 물러나면 내담자는 어머니와 방으로 들어가 같이 울곤 하였다. 그런 후에 자신의 방으로 돌아오면 미칠 것 같은 마음이 심하게 들었고, 어쩔 줄 몰라 하는 행동을 하곤 하였다. 아버지의 무서운 눈이 떠오르기도 하고, 아버지의 화내는 목소리와 물건 집어던지는 소리들이 오랫동안 느껴지고 들리는 듯하였다. 한 번은 아버지에게 미친 듯이 대들어서 아버지가 놀라셨고, 그 이후로는 아버지의 폭력행동이 많이 줄었다. 어머니는 내담자만 쳐다보면서 살고 있는 듯하다. 어머니는 종종 내담자에게 "너 없으면 나는 어떻게 살지?"라는 말을 하곤 하였다. 그런 어머니를 보면 내담자에게는 이중적인 마음이 생긴다. 한편으로는 어머니가 한없이 불쌍하다는 마음이 들지만 다른 한편으로는 어머니가 밉기도 하다. 때로는 어머니를 확 떼어 내버렸으면 하는 마음도 든다. 동생도 무서우면 내담자에게 온다. 내담자도 무섭지만 동생 때문에 괜찮은 척한다. 동생도 보호해야 할 것 같은 마음이 들지만 동생은 어머니만큼 짐으로 느껴지지는 않는다. 동생은 무서울 때만 오고 그렇지 않으면 놀러 가거나 집에 잘 들어오지 않는다. 내담자의 마음이 힘들어 동생에게 의지하려고 하면 동생은 확실하게 경계선을 긋는다. 동생은 종종 "언니 왜 그래? 나 너무 힘들어!"라고 말을 하면서 내담자를 밀어낸다. 이럴 때 내담자는 혼자인 것 같고, 누군가에게 가야 할 것 같은 마음이 생긴다. 내담자는 자기 가족에 대해서 "무서운 아버지와 철부지 엄마 그리고 나 몰라라 하는 동생"이라고 요약해서 말하고 있다.

② 원가족과의 관계 형태
아버지는 엄하고 자기 마음대로 하는 할아버지에게 어렸을 때부터 많

이 맞고 자랐다. 할아버지는 큰아버지를 때리면서 아버지도 같이 때리는 등 아무런 잘못도 없는 사람을 때렸다. 내담자는 어머니의 말을 통해서 할아버지의 폭력은 "아무도 말릴 수 없을 만큼 독단적이고 심했다."라고 상담자에게 말을 하였다. 어렸을 때 많이 맞고 자랐던 아버지는 어른이 되어서는 폭군처럼 변했다. 이후로 할아버지와 무섭게 싸우기도 하였다. 그러나 할아버지가 살아계셨을 때는 간혹 연락을 하기도 하였다. 어렸을 때부터 할아버지에 의해서 폭력을 당할 때 할머니가 아무런 도움이 되지 못했기 때문에 커서 할머니를 미워하였다. 아버지는 할머니를 무시하면서도 불쌍히 여기는 마음이 있다.

외할아버지는 여자들을 무시하고 키웠기 때문에 어머니는 자기 목소리를 제대로 내지 못하면서 살았다. 고집 센 외할아버지가 호통을 치면 외할머니는 아무 말도 못하다가 어머니의 언니(내담자의 큰이모)에게 참견을 하고 트집을 잡아서 야단을 많이 쳤다. 어머니는 외할아버지와 외할머니를 무서워해서 조용히 살았다. 큰이모는 외할머니에게 잔소리를 많이 듣고 자랐다. 어머니와 작은이모는 되도록 조용히 살면서 외할아버지와 외할머니의 눈에 안 띄게 살려고 했다. 그래서 그런지 내담자의 어머니는 외갓집 식구들과 그리 많이 친한 편이 아니다. 무슨 문제가 생겨도 외가에 도움을 요청하지 않고 그냥 혼자 참는 편이다.

③ 사회적 관계 형태

내담자는 관계를 할 때 다른 사람들이 가까이 오면 거리를 유지한다. 사람들과 대화를 하거나 관계를 할 때는 감정을 보이지 않으려고 한다. 아무것도 느껴지지 않는 것처럼 행동한다. 감정적으로 다가오는 사람들에게는 차갑게 군다. 내담자는 남자 친구를 사귀는 데 특히 어려움을 겪고 있다. 얼굴이 예쁘고 날씬하기 때문에 많은 남자들의 주목을 받는 편이다. 자주 데이트를 하지만 남자를 사귀면서 갈등이 자주 발생한다. 특히 감정적으로 가까워지면 많은 갈등이 발생하는데, 내담자는 남자를 지배하려는 경향을 가지고 있다. 자신이 원하는 대로 되지 않으면 욕을 하거나 심지어는 때리기까지 한다. 남자를 사귈 때 처음에는 냉랭하고 차갑게 대하면서 남자를 힘들게 한다. 그런데 남자가 약간 마음에 들면 자꾸 지시하고 시키는 경향이 있어서 남자들이 힘들어 한다. 남자가 감정을 표현하면 더욱 차갑게 대하는 경향이 있어서 남자들을 헷갈리게 만든다. 남자를 사귀고 싶은 마음은 있으나 정작 남자가 접근하면 피하는 편이다. 몇 번 만나는 경우는 있지만 조금이라도 갈등이 생기면 더 이상 사귀지 않는다.

내담자는 교회나 지하철 같은 곳에서 남자들이 빤히 쳐다보면 견딜 수가 없다. 특히 자신이 피할 곳이 없다고 생각되는 상황이나 장소에서는 이러한 현상이 더욱 심해진다. 내담자는 남자들이 자신을 빤히 쳐다보면 "마치 아버지가 노려보는 것 같아서 가슴이 뛰고 쿵쾅거리면서 어디론가 가야 할 것 같은 마음이 든다."라고 말하고 있다. 거칠게 느껴지는 남자들은 최대한 가까이 하지 않으려고 노력한다. 가끔씩 내담자에게 접근하는 남자들이 있는데 이런 남자들은 주로 부드럽고 착한 남자들이다. 그러나 사귄지 얼마 되지 않아서 헤어지는데, 내담자가 관계를 끊고 연락을 하지 않는다.

여자들과는 비교적 그런대로 지내는 편이지만 깊은 감정의 교류를 하는 친구는 거의 없는 편이다. 특히 문제가 있는 여자들을 주로 사귀기 때문에 일상생활이 많이 고달프고 힘이 든다. 외로움을 많이 느끼지만 표현하지 않으면서 다른 사람들이 접근해 오기를 기다리는 편이기 때문에 다양한 관계를 갖지 못하고 있다. 여자 친구들 중에서도 갈등이 있는 사람이 있으며, 소수의 여자 친구들을 사귀지만 이들과 깊은 관계는 맺지 않는다. 내담자는 여자들하고 잘 지내려고 노력하는 편이다. 그러나 여자들 중에서도 강해 보이는 여자들하고는 잘 지내지 못하고 부딪히는 편이다. 불쌍해 보이는 여자들이나 여리고 약한 여자들하고 주로 지내는 편이다. 이런 여자들과 있으면 한편으로는 마음이 편하지만 다른 한편으로는 답답하기도 하다. 때로는 같이 있으면서도 멀어지고 싶은 마음이 들기도 한다.

(3) 영적 상태

내담자는 증상이 발생할 때 자신의 마음을 털어놓을 수 있는 사람이 없기 때문에 하나님에게 매달리는 기도를 한다. 그러나 기도는 잘 나오지 않고, 예배에 가지 않으면 벌을 받을 것 같은 마음이 든다. 교회에는 빠지지 않고 가지만 관계가 어려워서 신앙생활을 열심히 하지는 않는다. 특히 하나님에게 원망하는 마음을 많이 가지고 있다. 사람들과 힘들어지면 하나님을 원망하고 자신을 왜 이런 가정에서 태어나게 했는지에 대해서 불평을 많이 한다. 교회에서 지도자들의 불의한 일을 보거나 잘못하는 것 같이 느껴지면 참지 못하고 자주 폭발한다. 이로 인해서 교회에서도 갈등이 잦아 자주 교회를 옮겨 다니게 된다. 찬양을 할 때는 자주 운다. 울면서 표시를 내지 않으려고 하는 경향이 있다.

(4) 심리검사 결과

검사를 실시한 경우는 검사 결과를 제시하고 검사를 하지 않은 경우는 기록하지 않는다.

2) 내담자의 임상관찰

(1) 전반적인 행동특성

내담자는 날씬하고 얼굴이 예쁜 편이지만 얼굴 표정이 밝은 편은 아니다. 약간은 어두워 보이기도 하고, 지쳐 보이기도 한다. 옷은 단정하게 입는 편이며, 화려하지는 않다. 주로 검정색 계통의 옷이나 회색 또는 진한 청색 옷을 입고 다닌다. 전체적으로 어두워 보이는 색깔의 옷이지만 잘 맞추어서 입는 편이다. 화장은 진하지 않으며 무난하게 보인다. 머리모양은 생머리의 형태로서 특별히 꾸민 느낌은 들지 않는다. 단지 가지런하게 정리를 했을 뿐이다. 전반적으로 무난하며, 다른 사람들의 주목을 받는 옷차림은 하지 않았다. 단화 형태의 신발을 신어서 편안한 느낌을 준다. 얌전한 형태의 신발을 주로 신어 옷과는 전반적으로 어울리는 편이다.

(2) 상담자와의 관계행동 형태

내담자는 얌전하게 앉아 이야기를 하면서 긴장된 모습을 보인다. 다리를 모으고 앉아 마치 선생님을 대하는 듯한 자세를 하고 있다. 대답하기 어려운 질문에 대해서는 자주 한숨을 쉰다. 상담자의 질문에 주로 단답형으로 대답한다. 그러나 자신의 관심사를 이야기할 때는 말을 많이 하여 잘 알아듣지 못하게 하는 경향이 있다. 상담자가 여러 번 질문을 반복한 후에 그 내용을 이해할 수 있는 경우가 있다. 상대방이 질문을 하거나 말한 내용을 확인하려고 하면 다소 피하는 듯한 인상을 준다. 상담자와 눈을 잘 마주치지 못하고 가끔씩 힐끗거리는 경향도 있다. 자주 놀라면서 숨을 몰아쉬기도 하고, 답답해하면서 가슴을 문지르는 행동을 하기도 한다. 그러다가 가끔씩 상담자를 뚫어지게 바라보기도 하는데, 자신이 이를 인식하지 못하는 경우도 있다.

3) 문제발달사

(1) 전반적 생육사

　내담자의 가정은 어려서부터 편안한 날이 별로 없는 집안이었다. 아버지의 잦은 사업 실패와 바람으로 인해서 어머니는 회한과 눈물의 삶을 살았고, 가출도 하였다. 그래서 내담자 가족에게는 많은 갈등이 있었다. 가정의 분위기는 전반적으로 무섭기도 하고 가라앉기도 해서 가족들 간에 정이 없고 친하지 않는 상황이었다. 아버지가 집에 있는 경우에는 특히 아무도 말을 하지 않고, 밥을 먹을 때도 가능하면 빨리 먹고 자기 방으로 들어가는 분위기였다. 아버지는 자기 마음에 들지 않으면 주로 고함을 치거나 화를 냈기 때문에 어머니는 마치 하녀와 같이 아버지의 시중을 들면서 살았다. 아버지가 출근을 하면 어머니는 내담자와 내담자의 동생을 붙잡고 울기도 하면서 하소연을 하였다. 내담자는 어머니의 하소연을 들어주면서 아버지를 미워하였고, 어머니는 내담자에게 의지를 많이 하면서 살았다. 아버지가 없을 때 내담자는 집안의 분위기가 무거우면 어머니와 동생의 마음을 맞춰 주기 위해서 때로는 없는 말도 하면서 연극하듯이 살았던 경험이 있다. 동생은 집안일에 관심이 없고 주로 밖에 나가서 친구들하고 어울려서 살았다. 내담자의 집에 친척들이 온 적도 별로 없고, 내담자의 가족들이 친척들 집에 간 적도 별로 없다. 친가에 행사가 있을 때만 의무적으로 참석을 하였고, 큰아버지와 아버지의 관계가 좋지 않았기 때문에 큰아버지 집에 오래 머문 적이 별로 없었다. 그나마 작은아버지는 성품이 부드러워서 아버지에게 맞춰 주려고 하였기 때문에 내담자는 작은아버지를 편하게 생각하는 편이었다. 외갓집과는 좀 더 왕래가 많은 편이었다. 큰외삼촌은 무섭기 때문에 큰외삼촌 집에는 자주 가지 않았다. 작은외삼촌은 자식이 없어서 내담자를 예뻐하는 편이었고, 내담자가 가장 마음 편하게 대할 수 있는 남자 어른이었다. 성품이 부드럽고 마음이 착한 작은외삼촌에게 내담자는 자신의 마음을 가끔씩 털어놓는 경우도 있었다. 그러나 작은외삼촌에게도 마음속의 깊은 이야기는 하지 못한다. 그냥 외삼촌일 뿐이다.

(2) 문제 형성사

내담자는 남자 친구를 사귀다가 갈등이 있거나 관계가 어려워지면 폭식증에 시달리곤 한다. 남자 친구가 떠난 뒤에는 많은 외로움과 허전함을 느끼지만 이를 말로 표현하지 못한다. 음식을 한꺼번에 먹으면서 허전함과 외로움을 달래려고 하지만 번번이 실패한다. 많이 먹고 토한 적이 있으며, 이로 인해서 우울한 마음도 점점 심해지고 있다.

내담자가 고등학생이 되었을 때 아버지의 폭력사건으로 인해서 자살을 시도한 적이 있다. 이후로 아버지는 더 이상 폭력을 행하지 않게 되었다. 그러나 내담자는 아버지를 미워하고 분노를 느끼면서 살고 있다. 내담자가 중학생 때는 아버지가 어머니를 때려서 내담자가 아버지에게 대들다가 같이 맞기도 하였다. 여동생은 어쩔 줄을 몰라 하고, 어머니와 여동생과 함께 운 적이 많이 있다.

내담자가 초등학교 5학년 때 아버지에게 심하게 맞은 적이 있다. 내담자가 아버지에게 말대꾸를 하자 아버지의 분노가 폭발하였고, 이때 아버지는 내담자의 뺨을 때리고 발길질도 하였다. 이로 인해 내담자는 아버지를 미워하게 되었고 복수심을 갖게 되었다.

내담자가 다섯 살 정도에 아버지가 바람을 피워서 집안에서 큰 소동이 난 적이 있었다. 어머니가 집을 나가서 며칠 동안 들어오지 않았다. 이때 내담자는 몹시 불안해했고, 여동생과 같이 어머니를 찾아 나서기도 했다. 며칠 후에 들어온 어머니는 아무 일 없다는 듯이 생활을 계속하였고, 이로 인해서 그 소동이 일단락되었다.

3. 사례개념화와 상담목표

1) 사례분석

(1) 이론적 입장

상담자는 가족상담의 이론 중 하나인 Bowen 이론을 가지고 사례개념화를 하였다. 상담자가 사용한 개념은 자아덩어리(또는 핵가족 감정체계), 감정반사행동, 분화, 삼각관계, 지적반응행동, 감정체계, 느낌체계, 지적체계 등이다. 각각의 개념들에 대한 간단한 설명은 다음과 같다.

① 자아덩어리

자아덩어리(ego mass)란 한 개인이 가족으로부터 분화되지 않은 자아의 상태를 말한다(Bowen, 1981, p. 281; 1990, p. 476). 자아덩어리는 감정에 의해서 발생하는 감정체계를 말하는데, 이는 인간과 동물 모두에게 존재하며, 감정적으로 얽혀 있거나 매여 있는 관계를 의미한다. 감정체계는 인간과 동물이 모두 생존을 하기 위해서 만들어 낸 정서적 관계다(Kerr & Bowen, 1988, pp. 28-30). 감정은 살아 있는 생명체를 움직이는 가장 기본적 힘이다(Papero, 1990, p. 27).

② 핵가족 감정체계

핵가족 감정체계(nuclear family emotional system)란 가족이 감정적으로 연결되어 있는 상태로서 감정관계의 질을 말한다(Hall, 1991, p. 71). Bowen이 이론을 만드는 초기에 사용하였던 감정덩어리라는 개념이 곧 핵가족 감정체계다(Hall, 1991, p. 71; Nichols & Schwartz, 1998, p. 146).

③ 감정반사행동

감정반사행동(emotional reactive behavior)이란 외부 자극에 의해서 발생하는 감정에 의한 행동, 신경질적 반응, 화를 내는 행동, 무서워서 숨는 행동 등 다양한 행동들이다. 감정반사행동은 외부 자극에 의해 거의 자동적으로 나오는 행동으로써 생각할 여지가 없이 발생되는 행동을 말한다.

④ 분화

분화(differentiation)란 주어진 상황에서 개인이 얼마나 목표 지향적 활동을 할 수 있는가를 척도로 나타낸 개념이다. 특히 불안이 유발되는 상황에서 감정반사행동을 하지 않고 지적반응을 할 수 있는 정도가 분화다. 분화의 수준은 진짜 자기(solid self)와 가짜 자기(pseudo self)의 비례를 통해서 수치로 나타난다. 진짜 자기는 관계에 따라서 변화되지 않는 자기를 말한다. 진짜 자기는 자기 확신이나 신념에 의해서 나타나는 현상으로서 다른 사람들이 바라는 것과 상관없이 자신의 신념에 따라서 행동할 수 있는 심리적 현상이다. 가짜 자기는 관계에 따라서 쉽게 변화되는 자기를 말한다(Hall, 1991, p. 17). 가짜 자기는 자신이 목표를 세웠더라도 다른 사람의 말, 행동, 원함 등에 의해서 쉽게 바꾸는 마음의 상태를 말한다. 자신의 주관, 신념 및 확신에 의한 행동이 아니라 타인과의 관계에 따라서 자신의 정체성, 신념, 확신 및 가치관을 쉽게 바꾸는 마음의 상태가 곧 가짜 자기다.

⑤ 삼각관계

삼각관계(triangulation)란 분화 수준이 낮은 사람이 불안을 견디지 못하여 타인을 갈등에 끌어들여서 만드는 관계 형태다. 갈등관계에 있는 한쪽 또는 양쪽의 사람들이 제삼자를 관계에 끌어들여서 만드는 안정된 형태가 삼각관계다.

⑥ 지적반응행동

지적반응행동(intellectual responsive behavior)이란 외부 자극에 대한 목표 지향적 행동이다. 이 행동은 인지적으로 이루어진다. 분화의 수준에 따라서 지적반응행동의 수준도 달라진다. 분화가 잘된 사람은 감정적으로 연결되어 있으면서도 동시에 자신이 스스로 결정을 내려서 독립된 행동을 할 수 있다. 즉, 연결되어 있으면서도 독립된 사람은 감정반사행동보다는 지적반응행동을 한다.

⑦ 감정체계

감정체계(emotional system)란 감정에 의해서 만들어진 관계 형태를 말한다. 인간이나 동물은 모두 생존하기 위해서 무리 또는 사회를 형성한다. 사회를 형성하는 기본 힘은 감정에 의해서 발생하는데, 감정적으로 매여 있거나 얽힌 상태를 감정체계라 한다.

⑧ 느낌체계

느낌체계(feeling system)란 감정을 느끼는 인지적 기능으로 만들어지는 관계 형태를 말한다. 화가 난 사람이 자신의 화난 감정에 대해서 슬품, 화, 씁쓸함을 느낀다고 할 때, 화난 감정에 대해서 이차적으로 느끼는 정서 상태를 느낌이라고 부른다. 이러한 느낌에 의한 관계 형태가 곧 느낌체계다.

⑨ 지적체계

지적체계(intellectual system)란 생각을 통해서 만들어지는 관계 형태를 말한다. 화가 나고 이에 의해서 슬프더라도 목표 지향적 활동에 의해 관계를 맺는다면 이는 곧 지적체계다. 타인과의 관계에서 발생하는 여러 가지 부정적 감정에도 불구하고 목표 지향적 행동을 할 수 있는 개인의 상태를 지적체계라 한다. 목표에 의한 관계 형태가 곧 지적체계다.

(2) 이론적 개념과 원자료의 연결

① 감정덩어리: 내담자의 자아 형태, 불안하고 두려워서 피하고 싶은 상태

"다른 사람들이 나를 쳐다볼 때마다 가슴이 쿵쾅거려서 너무 힘들어요."

② 감정반사행동: 피하고 싶은 내담자의 행동

"나는 사람들이 없는 곳에서 살고 싶어요."

"사람들이 많은 곳을 피해요."

"다른 사람과 눈이 마주치면 피해요."

"사람들이 없는 곳으로 다녀요."

"아무것도 느껴지지 않는 것처럼 행동해요."

"사람들과 대화할 때 감정을 보이지 않으려고 해요."

③ 분화: 내담자의 낮은 분화 수준, 타인에 의해서 흔들리는 내담자

"다른 사람들이 가까이 오면 거리를 유지해요."

④ 삼각관계: 갈등이 발생할 때 안정시키는 관계

- 주요 삼각관계: 아버지, 어머니, 내담자

"엄마를 보호하기 위해서 아버지에게 대들어요."

- 기타 삼각관계: 어머니, 동생, 내담자
  - 동생에게 의존하고 싶은 마음
  - 어머니를 답답하게 생각하는 마음
- 영적 삼각관계: 하나님, 자기 가족, 내담자
  - 하나님께 매달리는 기도
  - 혼자 있기를 좋아하는 마음
  - 관계를 단절하면서 외로움을 느낌

⑤ 지적반응행동: 내담자가 불안이 낮은 경우에 하는 지적반응행동

"혼자 있을 때 자유롭게 행동해요."

⑥ 감정체계: 내담자는 감정에 의한 관계를 유지함

  - 불안을 느끼지 않으려고 어머니와 밀착관계
  - 순종적인 어머니, 연민을 일으키는 사람
  - 내담자, 여동생, 어머니가 모두 감정적으로 붙어 살았음
  - 아버지에 대한 분노와 두려움
  - 갈등으로 인해서 발생되는 공허감

⑦ 느낌체계: 내담자는 불안과 두려움 그리고 수치심을 느낌

   – 불안과 두려움에 대한 이차적 감정으로 수치심을 느낌

   – 분노에 대한 이차적 감정으로 두려움을 느낌

⑧ 지적체계: 낮은 목표지향적 행동

"혼자 있을 때 자유롭게 행동해요."

"사람이 많지 않은 곳에서 편안함을 느껴요."

(3) 사례개념화

내담자는 분화 수준이 낮은 사람이다. 낮은 분화 수준은 분화 지수가 50 이하인 경우를 말한다. 분화 지수가 50 이하인 경우는 두 가지가 있는데, 하나는 '증상 회복이 낮은 경우'이고 다른 하나는 '만성 증상'을 갖는 경우다(김용태, 2000, p. 335). "혼자 있을 때 자유롭게 행동한다."라는 원자료는 내담자가 사람들과의 관계에서 갈등이 있을 경우에 이를 해결하기 어렵다는 것을 의미한다. 내담자는 갈등 상황에서 목표 지향적 행동을 하기 어렵기 때문에 일정한 거리를 두는 관계 행동을 한다. 원자료에서 보면, 내담자는 갈등이 발생할 때 연락을 하지 않거나 어머니를 확 떼어 내버리고 싶은 충동이 일어난다. 그러나 갈등이 없거나 불안하지 않은 상황에서는 자유롭고 목표 지향적 행동을 한다. 다시 말해서, 내담자는 불안이 낮아지면 목표 지향적 행동을 하는 정도의 분화 수준을 가지고 있다. 불안이 높아지면 감정체계에 의한 행동, 즉 밀착하려는 경향이 생기고, 불안이 낮아지면 지적체계에 의한 행동, 즉 목표 지향적 행동을 하게 된다. 내담자는 '증상이 있으면서 회복이 느린' 정도의 분화 수준을 갖고 있다.

'증상 회복이 낮은' 내담자는 아버지에 대한 반발 그리고 어머니와 여

동생과 밀착되는 감정덩어리를 형성하고 있다. 내담자는 아버지, 어머니 그리고 동생과 반발과 밀착이라는 감정적 연결 상태, 즉 핵가족 감정체계를 형성하고 있다. 내담자는 분노, 불안, 두려움, 수치심, 연민 등과 같은 감정을 가지고 있으면서 이를 통해 관계를 형성하고 있다. 이러한 감정들에 의한 관계 형성은 감정체계와 느낌체계에 의해서 이루어진다. 감정체계에 의한 관계 형태는 인간이 즉각적으로 느끼는 감정인 일차적 감정에 의해서 이루어지고, 느낌체계에 의한 관계 형태는 일차적 감정 후에 나타나는 느낌인 이차적 감정에 의해서 이루어진다. 일차적 감정은 원초적 형태로 존재하지만, 이차적 감정인 느낌은 인지적 형태로 존재한다. 내담자에게 분노는 일차적 감정이다. 불안과 두려움은 일차적 감정이면서 동시에 이차적 느낌이기도 하다. 분노 없이 나타나는 불안과 두려움은 일차적 감정이면서 감정체계 안에 원초적 형태로 존재한다. 그러나 분노에 의해서 나타나는 불안이나 두려움은 이차적 느낌이면서 느낌체계 안에 인지적 형태로 존재한다. 수치심과 연민은 분노, 두려움, 불안 후에 나타나는 이차적 느낌들이다.

　내담자의 감정체계와 느낌체계는 두 가지 형태로 나타난다. 하나는 분노에 의한 관계 형태이고, 다른 하나는 불안, 두려움, 수치심, 연민에 의한 관계 형태다. 전자는 대립 관계이고, 후자는 밀착관계다. 내담자는 아버지, 강자, 권위자 등과는 대립 관계를 형성하고, 어머니, 약자, 부드러운 사람들과는 밀착관계를 형성한다. 내담자는 대립과 밀착을 통해서 삼각관계를 형성하는데, 내담자의 주요 삼각관계는 아버지, 어머니와 동생, 내담자로 나타난다. 아버지와는 대립 구도를 만들면서, 어머니와 동생과는 밀착 관계를 맺는다. 내담자는 권위자, 약자, 내담자로 이어지는 기타 삼각관계를 형성하기도 한다. 권위자는 강한 지도자로 나타나기도 하고, 강한 남성이나 강한 여성이다. 약자는 부드러운 남자나 불쌍해 보이는 여자다.

내담자는 밀착과 반발에 의한 대립적이고 밀착적 관계에 의해서 두 가지 종류의 감정반사행동을 하게 된다. 하나는 분노에 의한 반발행동이고, 다른 하나는 불안과 두려움에 의한 회피행동이다. 내담자는 권위적 인물이나 강해 보이는 사람들에게 반발행동을 하게 된다. "엄마를 보호하기 위해서 아버지에게 대들고 노려보기" "아버지가 엄마를 때리려고 하면 노려보면서 아버지에게 대들었다." "아버지에게 따귀도 맞고 때로는 주먹으로 얼굴을 맞은 적도 있다." 등과 같이 원자료에는 아버지에 대한 반발행동이 잘 드러나 있다. 내담자는 아버지에게 미친 듯이 대들어 아버지로 하여금 폭력을 하지 못하도록 하기도 하였다. 내담자의 반발행동은 권위자로 보이는 지도자에게 나타나기도 한다. 이들이 불의한 지도자라고 생각되면 참지 못하는 경향이 있어서 분노, 폭발을 자주한다. 내담자의 반발행동은 친구들과의 관계에서도 드러난다. 강해 보이는 남성이나 여성과 관계가 좋지 못한데, 이들에 대해서는 경계심을 가지고 있어 쉽게 갈등 관계를 만들어 낸다. 내담자는 주로 부드러운 남자들과 관계를 하는데, 이들과 갈등이 생기면 지배하려고 하거나, 화가 날 때는 참지 못하고 소리를 지르면서 때리는 경향을 보이기도 한다.

내담자는 불안과 두려움, 수치심, 외로움, 공허감, 연민에 의해서 회피행동을 보이고 있다. 내담자의 회피행동은 세 가지 현상을 만들어 내는데, 신체화 증상 및 폭식행동, 소원한 관계, 대인 기피다. "나는 정말 힘들고 어려워요. 다른 사람들이 나를 쳐다볼 때마다 가슴이 쿵쾅거려서 너무 힘들어요. 나는 사람들이 없는 곳에서 살고 싶어요."라는 호소문제에 내담자의 신체화 증상이 잘 드러나 있다. 내담자의 신체화 증상은 주로 대중교통을 이용할 때 자주 발생한다. "대중교통을 이용할 때 누군가 나를 보면 몸이 굳는 것 같다." "나를 쳐다보는 사람을 보지 않으려고 애를 쓰다보면 가슴이 두근거린다. 심하면 가슴이 쿵쾅거리고 견딜 수 없

어서 중간에 내리고 만다."와 같은 형태로 내담자의 신체화 증상은 나타
난다. 이러한 내담자의 신체화 증상은 모두 불안과 두려움에 의해서 발
생한다. 내담자는 수치심과 외로움, 공허감에 의해서 폭식행동, 대인 기
피, 소원한 관계를 만들어 낸다. 사람들과 관계를 하면서 발생하는 분노
나 두려움은 내담자에게 수치심을 만들어 낸다. 이러한 수치심에 의해
내담자는 관계를 하지 않고 피하려고 한다. 내담자는 사람들과 정서적으
로 거리를 두거나 연락을 하지 않는 행동을 한다. 내담자는 누군가와 친
밀해지려고 하면 감정을 보이지 않으려고 하고, 가까이 오면 더 냉정하
게 대하는 방식으로 정서적 거리를 유지한다. 그러다가 갈등이 발생하면
연락을 하지 않는다. 내담자는 갈등을 회피하기 때문에 마음속에 외로움
과 공허감이 있다. 이러한 감정을 회피하는 방법 중 하나로 먹는 행동을
한다. 먹고 나면 불안해지고, 이에 의해 토하는 행동을 한다.

내담자의 연민에 의한 회피행동은 어머니와 동생 그리고 불쌍해 보이
는 여자들하고의 관계에서 나타난다. 어머니, 동생, 불쌍해 보이는 여자
들의 공통점은 모두 약자라는 점이다. 내담자는 약자에 대해서는 연민,
불쌍함 및 슬픔이라는 감정을 느낀다. 내담자는 자신 안에 들어 있는 분
노와 두려움이라는 일차적 감정을 해결하기 어렵기 때문에 약자를 불쌍
히 여기면서 이러한 감정들을 회피하고 있다. 내담자는 약자와 연민에
의한 관계인 밀착관계를 형성한다. 그러나 이들에 대해서 불쌍하게 느끼
면서도 분노하기도 한다. 내담자는 어머니에 대해서 "한없이 불쌍한 마음
도 들지만 밉기도 하고, 때로는 엄마를 확 떼어 내버렸으면" 하는 양가감
정을 느낀다. 이러한 관계 형태는 불쌍해 보이는 여자 친구들과의 관계에
서도 나타난다. 한편으로는 이들을 불쌍하게 여기면서 보호하려고도 하
지만, 다른 한편으로는 미워서 관계를 단절하고 싶은 마음도 든다.

내담자는 혼자 있을 때는 지적반응행동을 한다. 지적체계에 의한 관계

형태를 보이는데, 혼자 있을 때, 즉 불안이 낮으면 목표 지향적 행동을 한다. 내담자는 "혼자 있을 때 자유롭게 행동한다." "사람이 많지 않은 곳에서 편안함을 느낀다."라고 보고한다. 내담자는 꽃이나 나무를 좋아하고, 이것들과 대화를 하며 지낸다. 혼자 있는 상황은 불안이 낮은 상태로, 이때가 되면 내담자는 자신이 계획한 대로 행동할 수 있다.

(4) 도식(관계 가계도)

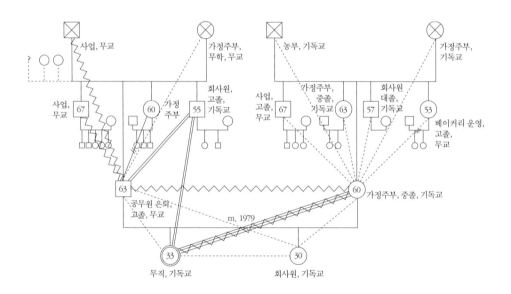

2) 상담목표

(1) 합의된 상담목표

'쿵쾅거리는 느낌을 줄이기 또는 없애기'

또는 '불안 또는 죄책감 줄이기'

또는 '100인 불안이나 죄책감을 50 이하로 낮추기'

(2) 임상적 상담목표

- 분화의 개념을 활용한 임상적 상담목표
  - '증상회복이 늦은' 분화 수준에서 '약한 목표 지향 활동'으로 분화 수준 올리기

- 감정반사행동의 개념을 활용한 임상적 상담목표
  〈아버지에 대한 감정반사행동 줄이기〉
  - 아버지에 대한 반발행동을 줄이고 목표 지향적으로 행동하기

  〈어머니에 대한 감정반사행동 줄이기〉
  - 어머니에 대한 연민의 감정을 줄이면서 목표 지향적으로 행동하기

- 지적반응행동의 개념을 활용한 임상적 상담목표
  〈아버지와의 관계에서 지적반응행동 늘리기〉
  - 분노가 일어날 때 느낌체계를 활용해서 관계하기
  - 느낌체계를 활용하면서 목표를 설정하고 행동하기

  〈어머니와의 관계에서 지적반응행동 늘리기〉
  - 연민이 일어날 때 느낌체계를 활용해서 관계하기
  - 느낌체계를 활용하면서 목표를 설정하고 행동하기

3) 상담전략

(1) 초기전략

① 상담자는 내담자의 말을 경청하여 공감적으로 이해한다.

② 상담자는 내담자가 편안한 느낌을 갖도록 허용적 분위기를 조성한다.

③ 상담자는 내담자의 가족에 대한 가계도를 그릴 때 유머와 위트를 사용한다.

④ 상담에 가족 전체가 참여하고 있다면 상담자는 가능하면 가족 구성원들이 가계도를 그리는 데 모두 참여하도록 돕는다.

⑤ 상담자는 내담자의 가슴이 쿵쾅거리는 느낌이 어떻게 자아덩어리, 감정반사행동, 지적반응행동, 분화, 삼각관계, 감정체계, 느낌체계 등과 관련이 있는지 알아본다.

⑥ 상담자는 내담자의 호소문제와 이야기를 Bowen의 이론적 개념과 연결시키면서 내담자가 Bowen 이론을 통해 자신을 이해하도록 돕는다.

⑦ 상담자는 내담자와 상담목표를 합의한다.

(2) 중기전략

① 상담자는 다른 사람들이 자신을 쳐다볼 때마다 가슴이 쿵쾅거린다는 내담자의 느낌이 가족과 어떤 연관이 있는지 탐색한다.

② 상담자는 불안을 해소하는 내담자의 방식이 아버지와 어머니와 어떤 관련이 있는지 인식하게 한다.

③ 상담자는 내담자가 불안해할 때 어떤 목표 지향적 활동을 할 수 있는지 토론한다.

④ 상담자는 내담자가 불안에 의해서 감정반사행동을 할 때 이를 수용함으로써 지적반응행동을 하게 한다.

⑤ 상담자는 내담자가 자신의 구원자 행동에 의한 책임을 스스로에게서 면제시키도록 한다.

⑥ 상담자는 내담자의 구원자 역할을 어떻게 내담자 자신에게 적용할 수 있는지 도전한다.

⑦ 상담자는 내담자에게 변화된 가족관계에 대해 구체적인 그림을 그리도록 질문과 대안 검색을 한다.

(3) 후기전략

① 상담자는 내담자와 더불어 종결의 징후들을 포착한다.

② 상담자는 내담자의 가슴이 쿵쾅거리는 느낌이 얼마나 줄어들었는지 처음과 비교하도록 한다.

③ 상담자는 내담자가 아버지와 어머니에 대해서 어떤 지적반응행동을 하고 있는지 스스로 점검하게 한다.

④ 상담자는 분화 수준을 점검하는 방법을 내담자와 토론한다.

⑤ 상담자는 가족 모두가 합심하여 내담자를 공격할 때 내담자가 어느 정도 견딜 수 있는지 측정하도록 돕는다.

⑥ 상담자는 내담자가 종결에 저항을 보이면서 가져오는 문제들을 처음 상담하듯이 다시 다룬다.

참고문헌

김계현(2007). 카운슬링의 실제(개정판). 서울: 학지사.

김용태(1995). *An ecosystemic analysis of marital quality among male Korean ministers*. Unpublished doctoral dissertation. Pasadena: Fuller Theological Seminary.

김용태(2000). 가족치료 이론. 서울: 학지사.

김용태(2001). 분노조절에 대한 기독교의 관점. 한국기독교상담학회지, 3, 1-26.

김용태(2004). 초월의 현상으로서 범주확장. 한국기독교상담학회지, 7, 20-44.

김용태(2006). 통합의 관점에서 본 기독교 상담학: 배경, 내용 그리고 모델들. 서울: 학지사.

김용태(2010). 사회심리영적 관점에서 본 수치심: 통합적 이해. 한국기독교상담학회지, 20, 111-132.

김용태(2011). 죄책감에 대한 통합적 이해: 신학적이고 심리학적 관점. 한국기독교상담학회지, 21, 71-94.

박성희, 이동렬(2001). 상담과 상담학: 상담의 실제. 서울: 학지사.

정문자, 송성자, 이영분, 김유순, 김은영(2008). 해결중심단기가족치료. 서울: 학지사.

Bouma-Prediger, S. (1990). The task of integration: A modest proposal. *Journal of Psychology and Theology, 18,* 21-31.

Bowen, M. (1981). The use of family theory in clinical practice. R. J. Green & J.

L. Framo (Eds.), *Family therapy: Major contributions* (pp. 263-311) Madison and Connecticut: International Universities Press, INC.

Bowen, M. (1990). *Family therapy in clinical practice.* Northvale and London: Jason Aronson Inc.

Brown, J. (2004). Shame and domestic violence: Treatment perspectives for perpetrators from self psychology and affect theory. *Sexual and Relationship Therapy, 19*(1), 39-56.

Cheung, M. (1997). Social construction theory and the Satir model: Toward a synthesis. *The American Journal of Family Therapy, 25*(4), 331-343.

Collins, K. (1995). *Soul care: Deliverance and renewal through the Christian life.* Wheaton: Victor Books.

Conn, J. W. (1985). Spirituality and personal maturity. In J. W. Robert, D. P. Richard, & E. P. Donald (Eds.), *Clinical handbook of pastoral counseling* (pp. 37-57). Mahwah: Paulist Press.

De Shazer, S., Dolan, Y., Korman, H., Trepper, T., McCollum, E. E., & Kim Berg, I. (2011). *More than miracles: The state of the art of solution-focused therapy.* 해결중심 가족치료의 오늘: 기적 그 이상의 것(한국단기가족치료연구소 역). 서울: 학지사. (원저 출판 2008년)

Ellerman, C. P. (1999). Pragmatic existential therapy. *Journal of Contemporary Psychotherapy, 29,* 49-64.

Egan, E. (2008). *The skilled helper.* 유능한 상담자: 상담의 문제대처적 접근(제석봉, 유계식, 박은영 역). 서울: 학지사. (원저 출판 2007년)

Elwell, W. A. (2001). *Evangelical dictionary of theology* (2nd ed.). Grand Rapids: Baker Academy.

Farnsworth, K. E. (1982). The conduct of integration. *Journal of Psychology and Theology, 10,* 308-319.

Fernando, D. M. (2007). Existential theory and solution-focused strategies:

Integration and application. *Journal of Mental Health Counseling, 29*(3), 226-241.

Hall, C. M. (1991). *The Bowen family theory and its uses.* Northvale and London: Jason Aronson Inc.

Hill, C. E. (2004). *Helping skills: Facilitating exploration, insight, and action* (2nd ed.). Washington DC: American Psychological Association.

Hill, C. E., & O'Brien, K. M. (2001). *Helping skills: Facilitating exploration, insight, and action.* 성공적인 탐색, 통찰, 실행 상담을 위한 상담의 기술(주은선 역). 서울: 학지사. (원저 출판 1999년)

Hinshelwood, R. D. (1991). *A dictionary of Kleinian thought* (2nd ed.). Northvale & London: Jason Aronson Inc.

Jeeves, M. A. (2004). *From cells to souls and beyond: changing portraits of human nature.* Grand Rapids & Cambridge: William B. Eerdmans Publishing Company.

Jones, S. L., & Butman, R. E. (1991). *Modern psychotherapies: A comprehensive Christian Appraisal.* Downers Grove, IL: Intervarsity Press.

Kerr, M. E., & Bowen, M. (1988). *Family evaluation: An approach based on Bowen theory.* New York and London: W.W. Norton & Company.

McGoldrick, M., & Gerson, R. (1985). *Genograms in family assessment.* New York and London: W. W. Norton & Company.

McGoldrick, M., Gerson, R., & Petry, S. (2011). 가계도 사정과 개입(이영분, 김유숙, 정혜정, 최선령, 박정희 공역). 서울: 학지사. (원저 출판 2008년).

Nichols, M. P., & Schwartz, R. C. (1998). *Family therapy: Concepts and methods* (4th ed.). Boston and London: Allyn and Bacon.

Papero, D. V. (1990). *Bowen family systems theory.* Boston and London: Allyn and Bacon.

Wilson (2000). Creativity and shame reduction in sex addiction treatment. *Sexual*

Addiction & Compulsivity, 7, 229-248.

Worthington, E. L., Jr. (1994). A blueprint for intradisciplinary integration. *Journal of Psychology and Theology, 22*, 79-86.

찾아보기

내 용

김용태

서울대학교 사범대학 수학교육과 학사(B.A.)
서울대학교 사범대학 교육학과 상담전공 석사(M.A.)
미국 풀러 신학대학교 신학부 목회학 석사과정 석사(M.Div.)
미국 풀러 신학대학교 심리학부 결혼과 가족치료학전공 박사(Ph.D.)
한국청소년상담원(청소년대화의광장) 조교수
한국가족상담학회(한국상담학회 내) 회장
현 햇불트리니티신학대학원대학교 연구처장/교수
    한국심리치료상담학회(한국상담학회 내) 회장

상담실습
서울대학교 학생생활연구소(Student Guidance Center) 상담원
미국 밸리 충격상담소(Valley Trauma Center) 상담원
미국 아시아태평양 가족상담소(Asian Pacific Family Center) 상담원
미국 트라이씨티 정신건강상담소(Tri-city Mental Health Center) 인턴

주요 저서 및 논문
『가족치료이론』(학지사, 2000)
『통합의 관점에서 본 기독교 상담학』(학지사, 2006)
「종합적이고 통합적 성격의 기독교 상담학: 학문의 구조를 중심으로」(복음과
상담, 제21권, pp. 9-32, 2013).
「사회-심리적 특성으로서 수치심의 이해와 해결」(상담학연구, 제11권 제1호,
통권 57호., pp. 59-73, 2010).
「An Integration of Psychology and Theology: cientific Psychology Perspective」
한국기독교신학농촌, 제63호., pp. 261-277, 2009).

슈퍼비전을 위한 상담사례보고서

-이론과 실제의 통합적 관점에서 본 해설과 개념화-

2014년 2월 10일 1판 1쇄 발행
2022년 10월 25일 1판 11쇄 발행

지은이 • 김 용 태
펴낸이 • 김 진 환
펴낸곳 • (주) **학지사**

04031 서울특별시 마포구 양화로 15길 20 마인드월드빌딩 5층
대표전화 • 02) 330-5114   팩스 • 02) 324-2345
등록번호 • 제313-2006-000265호
홈페이지 • http://www.hakjisa.co.kr
페이스북 • https://www.facebook.com/hakjisabook

ISBN 978-89-997-0285-3 93180

정가 16,000원

이 도서의 국립중앙도서관 출판시도서목록(CIP)은 서지정보유통지원시스템
홈페이지(http://seoji.nl.go.kr)와 국가자료공동목록시스템(http://www.nl.go.kr/kolisnet)
에서 이용하실 수 있습니다.
(CIP제어번호: CIP2014001739)

출판미디어기업 학지사

간호보건의학출판 **학지사메디컬** www.hakjisamd.co.kr
심리검사연구소 **인싸이트** www.inpsyt.co.kr
학술논문서비스 **뉴논문** www.newnonmun.com
원격교육연수원 **카운피아** www.counpia.com